烟雨江南

罗志英 著

——摇橹梦里水乡

人民交通出版社

图书在版编目（CIP）数据

烟雨江南：摇橹梦里水乡 / 罗志英著. —北京：人民交通出版社，2008.8

ISBN 978-7-114-07142-3

Ⅰ.烟… Ⅱ.罗… Ⅲ.旅游指南－华东地区 Ⅳ.K928.95

中国版本图书馆 CIP 数据核字（2008）第060376号

书　　名：烟雨江南：摇橹梦里水乡
著 作 者：罗志英
责任编辑：李露春　白　倩
出版发行：人民交通出版社
地　　址：（100011）北京朝阳区安定门外外馆斜街3号
网　　址：http://www.ccpress.com.cn
销售电话：（010）85285838，85285995
总 经 销：北京中交盛世书刊有限公司
经　　销：各地新华书店
印　　刷：中国电影出版社印刷厂
开　　本：850×1168　1/32
印　　张：11.25
字　　数：350千
版　　次：2008年8月第1版
印　　次：2008年8月第1次印刷
书　　号：ISBN 978-7-114-07142-3
定　　价：36.00元

序言

不依赖旅行社，独自或结伴出游，随心所欲，自己安排食宿，自主游览；中低档消费，既不自虐也不腐败，带上背包即可上路，不需要帐篷睡袋；区别于攀岩、登山、徒步等户外运动。这就是我们在《旅游圣经》丛书中推荐的旅游方式。

丛书并不针对某个地域的景点进行面面俱到的挖掘，而旨在有重点地推荐，注重路线的连贯，力求为旅行者提供最详细、最全面、最深入、最新的旅游资讯。按照“经典线路、热点地区、精华景点”的选择原则，我们的一些图书是以一个区域，如北疆、滇西北、湘西等为旅游目的地，这样的区域通常是一个省份内的热点区域；另外一些图书是以一个省份，如西藏、山西、河南等作为旅游目的地，我们并不穷尽这个省份的所有景区，而是详细介绍多数旅行者向往的省内热点地区；还有少数图书是以跨省份的区域或一个大景区，如江南、丝绸之路、徽州等为旅游目的地。

我们不仅是创造一个图书品牌，更是倡导一种生活方式，一种价值观。我们希望通过旅行能够更全面、更深入地认识世界，与自然和谐相处，在旅行中成长；在拓宽视野的同时，充分尊重当地的生活方式和环境。

旅游圣经团队成立于2005年春天，从那时起，每一位成员都在为撰写一套优秀的自助旅行手册而努力。从美丽的江南到神秘的西藏，从碧水银沙的海南到白山黑水的塞北，都印上了团队作者的足迹。在每一段优美的文字中，在每一条细致的路线安排和每一处温馨的提示中，都浸透着作者的良苦用心。

如果你想去旅游，又没有太多经验，而且不愿意参加旅行社“赶鸭子”式的旅游，那么，就带上这本书上路吧！

《旅游圣经》主编　桑磊

怎样使用本书

□■交通

这是本书的最大特色所在，我们为读者提供了“往返交通”、“区内交通”、“相连景点交通”等信息，核心是“以住宿点为中心的区内交通”。

□■预算

本书为读者列出了经济档和舒适档的区内预算（不含往返交通费用），包括了涉及的景点门票和交通费用、食宿费用。既提供整条线路的总预算，又有各景区的单独预算。读者在出发时应携带超过预算至少２０％ 的费用。

□■住宿

经过严谨的实地考察，本书客观地选择了数十家住宿点提供给读者。在每一个住宿区域或住宿点，除了描述基本的住宿条件之外，我们还详尽地介绍了以此为中心的游览、美食、购物的交通状况和周边信息，最大程度地方便读者。如住宿三星级以上宾馆，可通过携程网、e 龙网等网站预订房间，以获得优惠价格。

□■美食

本书为读者提供了饭店、小吃等美食信息。每一处餐饮点都提供了详细的交通路线，并且结合该店的风味特色提供适当的消费推荐，给旅行带来更多美食的享受。

□■景点

本书景点介绍后的攻略信息丰富，其中“下一站”为读者指明了前往下一景点及美食场所的交通方案，给读者更多的行程选择，而“作者手记”则是作者亲身体验奉献给读者的独家秘笈。

□■地图

本书提供了多数地区的区域简图或城市详图，详图包含有主要街道、景点、宾馆、饭店、车站等信息，简洁明确，一目了然。

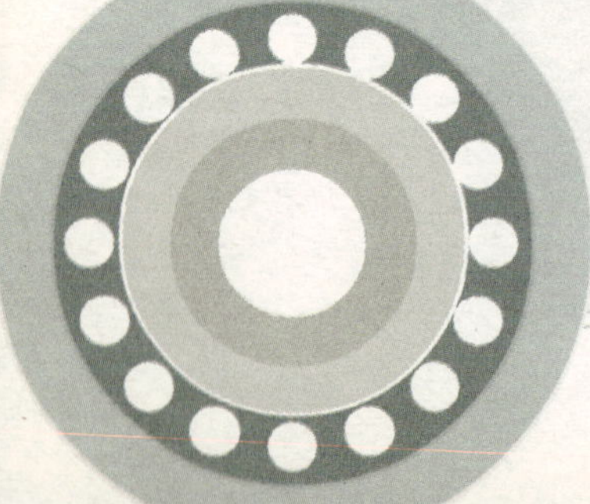

第一章 江南旅行总攻略

第二章 南京——虎踞龙盘帝王都

第三章　扬州——赢得青楼薄幸名

第四章　无锡——太湖之畔的明珠

第五章　苏州——此城只应天上有

第六章　嘉兴——秀山秀水傍秀州

第七章　杭州——暖风熏得游人醉

第八章 绍兴——水乡桥乡名人乡

第九章 上海——江海之交的都会

附录 漫话江南

烟花三月下扬州

能不忆江南

江南，古时原泛指长江以南，近代多专指江苏南部和浙江北部，尤以沪宁杭地区为中心。这里气候温润、河网密布、土地肥沃，是著名的“鱼米之乡”。魏晋及南宋以来数次皇室士族大量迁入，历代骚人墨客纷至沓来，又为其注入了浓郁的文化气息。万里长江滚滚东来，京杭运河沟通南北，货物财宝源源进出，富商巨贾往来交错，造就了江南一副熙熙攘攘的繁华景象。而一代又一代先民的辛勤耕耘，更使其拥有了与黄河文明并肩的辉煌。

江南的古都，历史悠久。六朝故都的南京，曾是闻名遐迩的“金粉之地”；西子湖畔的暖风，也曾薰得南宋君臣“直把杭州作汴州”。虽然这些王朝大多偏安短促，政治上昏暗混乱，军事上无所作为，但却由于安守一隅，远离了战火硝烟，反倒创造出了灿烂的商业和文化成就，直到政权旁落，他们偏安的都城仍然长期是地方的经济重地。

江南的古城，文化璀璨。不管是以园林著称的苏州，还是洋溢着水乡风情的绍兴，无论是兴起于运河的扬州，又或是发端于近代的上海，无不是古迹遍布、文人荟萃的所在。每一座城市的脚下，都有其深厚的文化底蕴，个中内涵非片言只语可以尽述。历史犹如陈酒，越陈则越香，越浓就越是醉人。

扬州瘦西湖的白塔

江南的古镇，星罗棋布。周庄、同里、甪直、南浔、西塘、乌镇、朱家角……如一颗颗明珠镶嵌在江南的纵横水道之上，既有着统一的风格，又因地制宜地创造出各自的特色。它们就是一部部活着的历史，把人们带回那遥远的古代，重温往昔舟光楫影、灯火闪耀的岁月。

江南的古桥，千姿百态。拱式的、梁式的、单孔的、多孔的，木构的、石构的，在这里比比皆是。乃至于复杂的八字桥、双桥、三桥，也是屡见不鲜，俨然就是一座“桥梁博物馆”。桥下的流水，潺潺而过，桥畔的人家，黛瓦粉墙，小桥、流水、人家，构成一幅幅优美的水墨画。人们在这画中生活起居、淘米洗菜、闲聊嬉戏，虽朴实无华却也怡然自乐。

江南的古刹，庄严肃穆。“南朝四百八十寺，多少楼台烟雨中”，昔日寺庙虽大多湮灭无痕，但盛名犹在。栖霞山麓栖霞寺、姑苏城外寒山寺、飞来峰下灵隐寺，钟声依旧回响，来客络绎不绝，千年香火绵延不息。而那一座座高耸的古塔，更是往往超越于寺庙之外，成为一个个城市的地标。

江南的古园，玲珑别致。不同于北方皇家园林的大气磅礴，江南私家园林自以清幽典雅而独树一帜，不出城廓而获山水之怡，身居闹市而有林泉之致。一条长廊、一个花窗、一块叠石，处处都细致入微。连皇帝都要不远千里前来观赏，并不惜成本在宫中仿造，其声名之盛可见一斑。

如今的江南，在现代繁喧的背后，古风古韵仍俯拾遍是。江南，以其优美的风景、灿烂的文化、热情的胸怀，吸引着无数游人从四面八方赶来，一睹其秀美的芳容。

出行江南总动员

日出江花红胜火

唐代的大诗人白居易曾这么写道“江南好，风景旧曾谙。日出江花红胜火，春来江水绿如蓝。能不忆江南？”相信大多数到过江南的人都会有此由衷的感叹。从杭州到绍兴，从苏州到无锡，从南京到扬州，到处都是风光旖旎。泛舟于西湖之中，漫步于运河之畔，流连于钟山之麓，倘佯于太湖之滨。任和风吹拂、碎花漫地、白雪纷飞、明月映照，人如置身梦境一般。恨不得能生在江南、住在江南、醉死在江南。

与华夏齐步的历史

江南一带的文明史，几乎与整个华夏民族齐步。远古时期的河姆渡、文明前夜的良渚、吴越争霸的雄风、六朝流金的岁月、南宋君臣的靡醉、明清繁华的商埠，直至近代风起云涌的革命狂潮，犹如一座座丰碑矗立在历史长河之中。即便是随意漫步在镇里乡间，不经意之中都能触摸到历史的厚重，更不要提那一座座曾经叱咤风云的古城，一段段斑驳陆离的城垣，一桩桩千古流传的典故。

灵动的建筑乐章

有人说，“建筑是凝固的音乐”。如此说来，江南的建筑就是一曲曲轻巧灵动、醉人心魄的柔美乐章。巍峨的宫殿、浩大的皇陵、宏伟的寺庙、高耸的古塔，都曾辉煌一时。而华丽的殿阁、精巧的园林、多姿的小桥、素雅的民宅，则更多地把古朴带到了现在。那飞翘的房檐、纤巧的斗拱、繁复的花窗、精细的雕刻，不正是一个个跳动的音符，在随着节拍翩翩起舞吗？

包容在园林里的城市

如果说苏州是一个由园林组成的古城，那杭州就是一个建在园林里的都市，或者更进一步地说，整个江南就是一座硕大无比的园林。苏州、杭州、扬州连同大大小小的城镇，就是园中之园。飞来峰－西湖、蜀岗－瘦西湖、锡惠山－太湖、钟山－玄武湖，构成了一处处山形水系。而拙政园、留园、网师园、豫园、个园、何园这些江南名园，则无疑是其中点缀的盆景了。

璀璨夺目的工艺杰作

走进那传统而现代的博物馆，漫步于宽敞明亮的展厅中，站在精雕细琢的史前玉器前，不禁会油然而生出对原始先民的一份崇高的敬意。在数千年前的蒙昧岁月里，我们的祖先们就已经开始用粗糙的双手、简易的工具，打造着一件件艺术的珍品，不经意中创造了璀璨的文明。再看到那一排排的陶器、瓷器、漆器、骨器、金器、银器、青铜器，更是令人心潮澎湃、叹为观止，相信谁都要不自觉地眼花缭乱、流连忘返了。

繁华背后的浓郁古风

远离繁华的都市，走出喧闹的街道，你会惊讶地发现，原来在一片繁喧背后，还有如此之多宁静而优雅的去处。小河的细水在慢慢地流淌，斑驳的码头凹凸不平，老旧的石桥静静躺卧，幽深的古弄漫长曲折，错落的民宅朴素凝重。时间在这里凝固，历史在这里驻足，而人们却在这里勤耕不辍、苦读不怠、繁衍不息，这不正是我们苦苦寻觅的精神家园吗？

留名青史的江南才俊

一方水土养一方人，也许只有钟灵毓秀的江南，才能生养出这么多出类拔萃的人物来。大禹、勾践、王羲之、陆游、唐伯虎、徐光启、秋瑾、蔡元培、鲁迅、周恩来、张闻天这些响亮的名字，早已深入到千家万户。从远古的明君良臣，到中古的才子佳人，从近代的仁人志士，再到现代赫赫有名的文豪，翻开厚厚的青史，江南才俊如繁星般闪亮眼前。

道不尽的广博艺术

念不完的诗词曲赋，道不尽的琴棋书画，不过也只是江南艺术翰海中之一粟。昆曲和古琴已是世界遗产，云锦、刺绣也是远近闻名，还有不知道多少悠远的民间工艺流落在街头巷尾。听听苏州的评弹，看看绍兴的越剧，穿穿杭州的丝绸，弹弹扬州的古筝，再买几个无锡的惠山泥人，中华五千年的灿烂文化尽浓缩于其中了。

异彩纷呈的天堂美食

没到过杭州，大概也尝过西湖牛肉羹；没到过扬州，大盘的扬州炒饭怕也没少吃；没到过无锡，盒装的无锡排骨怎能不买回家尝尝；没到过嘉兴，五芳斋的粽子哪个超市里看不见身影？就算没到过绍兴也没喝过黄酒，女儿红的鼎鼎大名应该也是耳熟能详的吧？生活在天堂里的人们，饮食也如天堂一般的考究，连我们这些天堂外的人们，也早慕名向往。心动不如赶紧行动，也去过一回仙人一般的日子。

远胜六朝的现代气魄

六朝浮华已是过眼云烟，西子湖畔的笙歌燕舞也已消逝无踪，但长江后浪推前浪，今日之繁荣富庶早已远胜当年。京杭大运河仍船来船往，但主要的运输工具，早被轰鸣的飞机、疾驰的列车、如织的车流所取代。老房子虽古色古香，但多半只是供游客观赏和怀旧，崭新的楼宇早就雨后春笋般拔起在大街小巷。手机、电脑、DV乃至汽车这些现代玩意，过去王谢之家也闻所未闻，现在早如燕子一般飞入了寻常百姓家。杜郎俊赏，算而今，重到须惊。

南京中山陵

第一章

江南旅行总攻略

旅游指南

“若到江南赶上春，千万和春住。”春天是江南最美的季节，若能趁着春光明媚的日子前往，当然是首选。就是错过了也不打紧，一年四季总有美景，决不会让你失望而归。

江南自古繁华地，这一方水土下养育出来的诸多城市，尽管源出一脉，却又各自有着独特的风姿。南京的雍容、上海的繁华、苏州的灵秀、杭州的妩媚，都很值得细细观赏。即便是散落在苏嘉湖地区的众多古镇，乍眼一看相差无几，然而周庄的桥梁、同里的园林、西塘的廊棚、乌镇

春日扬州瘦西湖

的水阁，还有南浔的众多中西合璧的巨宅，却能让你清楚地感受到它们的特色。

江南的景区大多位于城内，不管公交还是出租都十分方便。南京的钟山、扬州的瘦西湖、无锡的太湖、苏州的园林、杭州的西湖，足够你从旭日初升逛到日落西山。夜幕笼罩下的江南，也同样蕴含着另一份精彩。秦淮河上的灯影、黄浦江上的夜游、苏州园林里的评弹、杭州西湖边的茶艺，正好在品味传统文化的同时，为你洗去一天的辛劳。

至于美食和购物，南京的夫子庙、扬州的四望亭、苏州的观前街、杭州的河坊街、上海的城隍庙，这些不仅是著名的旅游区，同时也是美食和购物荟萃之地。

如果你身在古镇，那大可找个民居客栈住下来，不但古色古香而且价格也不贵，这方面同里和西塘很不错。夜晚的古镇游客稀少，没有了白天的喧闹，可以在老街上散散步，在小河边喝喝茶，也是一种难得的享受。

除非赶上长假，否则无论城市还是小镇，都无须过分担心住宿问题。如果觉得星级宾馆太贵，那不妨选择连锁酒店，比如如家快捷或者锦江之星，标准间价格都是一百多元。不少城市都有青年旅舍，一个床位价格在五十元上下，适合时尚的“驴友”们体验。此外，普通宾馆及家庭旅馆比比皆是，价格也参差不齐。为稳妥起见，最好还是先预订好住处，这样到达目的地后，你就可以放下包袱，轻装上阵，好好地享受一天的旅程了。

这一带交通便捷，各城市之间可乘坐汽车，短则一两小时，长则不过半天，就能轻松移步。若时间充裕，能信马由缰、一网打尽当然最好，半个月都不会觉得太长。反正如果行程短促，或预算有限，那即便找个周末，选择一两钟情之地（比如苏州或者杭州）尽情游玩也是不错的选择。

缤纷四季

客观来说，江南地区一年四季都适合旅游，差别只是在于风景如何、舒适程度高低而已。每一季节都有好景，每一季的景致又绝不雷同，这也是江南的一大魅力所在。

春天 雨水增多，天气晴雨不定，正所谓“春天孩儿脸，一日变三变”，

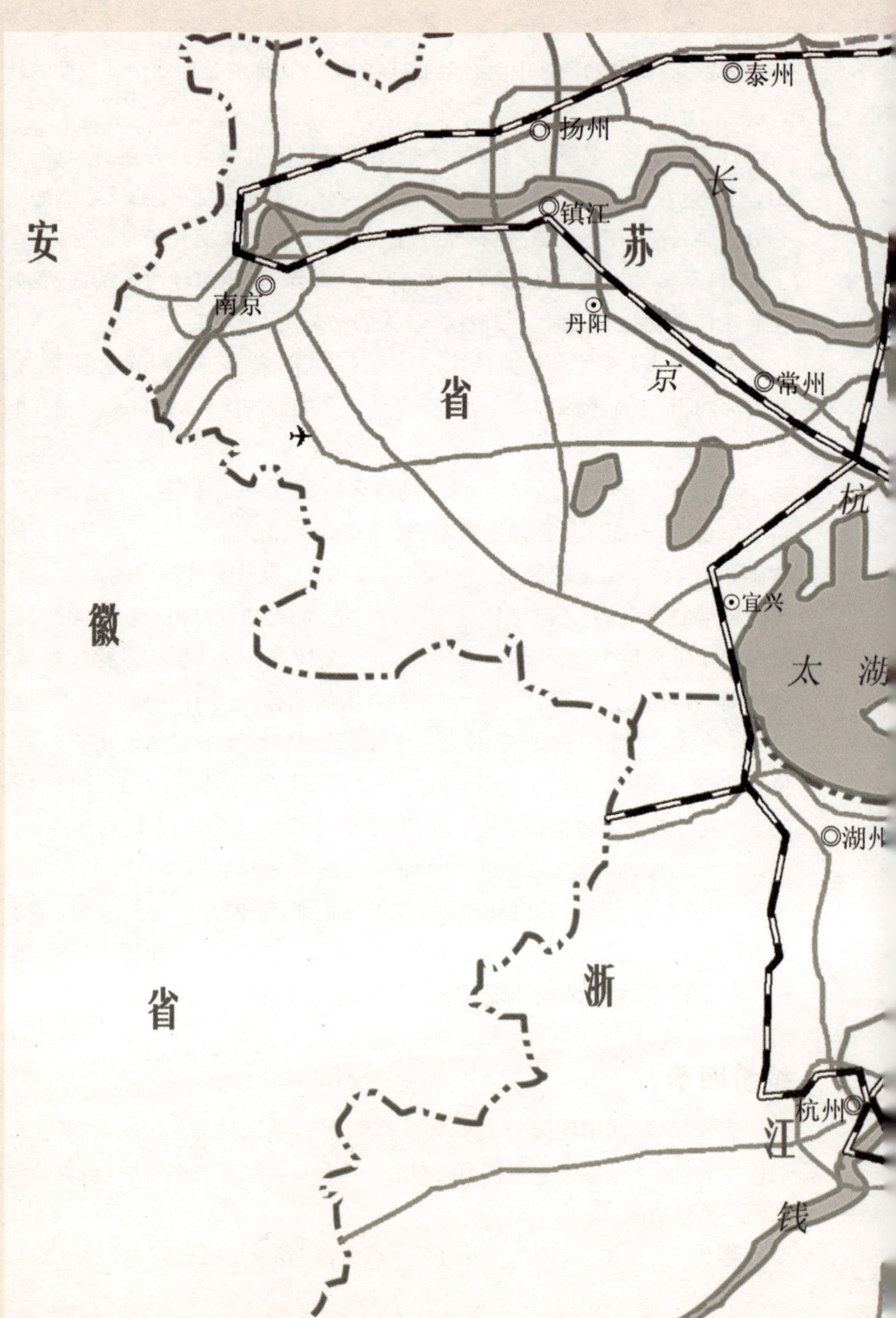

泰州
扬州
镇江
南京
丹阳
常州
宜兴
太湖
湖州
杭州
安
徽
省
苏
省
浙
江
钱
长
京
杭

江南全图
N
海安
江
江
南通
启东
崇明
常熟
长江口
苏州
甪直
上海
同里
朱家角
周庄
东
上海市
运
西塘
嘉兴
乌镇
海
杭州湾
江
余姚
舟山
绍兴
宁波

有时会出现暴雨、冰雹、大风、倒春寒等灾害，但此时天气日渐转暖，各种鲜花争相绽放，桃红柳绿，分外妖娆。各大景区也不失时机地举办各种活动，如杭州西湖的桃花节、苏州虎丘的花会、扬州的琼花节等等，乡间的油菜花也正灿烂无比。这是一年里江南游人最多的时候，热点景区到处都是人头涌涌。尤其是在十一黄金周里，各大主要旅游城市住宿、饮食都很成问题，交通尤其是火车更是一票难求，最好避开这个时段去。

夏天 5～6月逐步进入汛期，俗称“梅雨”季节，暴雨、大暴雨出现概率增加。盛夏易出现晴热干燥天气，造成干旱现象，气温高、降水多、光照强、空气湿润，偶尔还会受台风影响，对出行会带来不少麻烦。不过夏天正是荷花绽放的季节，如西湖的曲院风荷、南浔的小莲庄等都是最美丽的时候，错过了就只能看剩下的残枝败叶了。因为有暑期的存在，这时的游客也是绝对不会少的，不过象苏州的一些景点，如拙政园、虎丘等，此时仍是执行淡季票价。

秋天 初秋，易出现淅淅沥沥的阴雨天气，俗称“秋拉撒”；仲秋，天高云淡、风和日丽，即所谓“十月小阳春”天气；深秋，冷与暖、晴与雨的天气转换过程频繁，气温起伏较大。江南的秋天是很美的，十月桂花开得最盛，杭州的满陇桂雨就是赏桂的绝佳去处。此外，深秋栖霞山上如火的红叶也是远近闻名。好景当然会招来无数的游人，此时的江南正处于一年中的第二个旺季。特别是国庆黄金周期间，拥挤程度绝不亚于阳春三月。

冬天 晴冷少雨、空 气干燥，气温虽然不如北方低，也很少降雪，但因为湿度较大，仍感觉比较阴冷。尤其因为黄河以南地区没有供暖装置，室内也不会比室外暖多少，可能会很不习惯。除了二三月份的赏梅，冬天到江南欣赏风景不是一个好季节，但对文化游来说区别不大，因为那里是四季常绿的，不会象北方那样显得一片萧瑟。而且此时是淡季，游客相对来说要少得多，交通、住宿等方面都比较容易解决，景点游客也要比旺季少得多，部分热门景点还能享受淡季价格。

路线早计划

江南的城市多、景点分散，即使用一个月时间也不足以游完，何况很多景点风格接近，如非特别钟爱，实在没有必要一网打尽。切忌贪多务得，与其走马观花、疲于奔命，倒不如选好重点、细细品味，等将来另有时间再故地重游，或许会是另一种体会。以下列出的是一些大概的路线，具体可参阅各城市里的详细安排：

如果你有2天时间

那你只能局限于某个城市，或在几大古镇里选取两个。可选以下其中之一（逗号是两天行程的建议分隔，可根据实际情况而作相应改变）：

方案一：上海人民广场、外滩、浦东，豫园、城隍庙、朱家角镇；

方案二：南京中华门、瞻园、总统府、夫子庙，中山陵、明孝陵、灵谷寺、玄武湖；

方案三：扬州瘦西湖、大明寺，个园、何园、汪氏小苑；

方案四：苏州虎丘、枫桥、寒山寺、留园，拙政园、网师园、盘门；

方案五：杭州西湖、飞来峰、灵隐寺、虎跑、六和塔；

方案六：绍兴鲁迅故居、沈园、青藤书屋、兰亭、大禹陵；

方案七：周庄、同里、甪直、南浔、乌镇、西塘六大古镇中任选两个。

如果你有4天时间

可以选择两个城市，集中于某一区域，景点同上，实际上就是两个2天游的组合：

方案一：南京－扬州

方案二：苏州－古镇

方案三：杭州－绍兴

方案四：上海－古镇

如果你有8天时间

首选就是苏杭+古镇游，景点参照2天游，当然可以根据自己的喜好酌情增减景点：

方案一：苏州－杭州－古镇；

方案二：南京－扬州－苏州－古镇；

方案三：上海－杭州－绍兴－古镇。

如果你有15天时间

那基本上可以把主要城市和几个古镇串连起来，但仍比较紧促。适当延长时间，或去掉某些次要的城市和景点，可以游得轻松快意一点：

第一天：南京中华门、瞻园、总统府、夫子庙；

第二天：南京中山陵、明孝陵、灵谷寺、玄武湖；

第三天：扬州瘦西湖、大明寺；

第四天：扬州个园、何园、汪氏小苑；

第五天：无锡鼋头渚、锡惠公园、薛福成故居；

第六天：苏州虎丘、枫桥、寒山寺、留园；

第七天：苏州拙政园、网师园、盘门；

第八天：周庄镇、同里镇；

第九天：南浔镇、嘉兴南湖；

第十天：西塘镇、乌镇；

第十一天：杭州西湖；

第十二天：杭州飞来峰、灵隐寺、虎跑、六和塔；

第十三天：绍兴鲁迅故居、沈园、青藤书屋；

第十四天：上海人民广场、外滩、浦东；

第十五天：上海城隍庙、豫园、朱家角镇。

城市	景点	价格	合计
苏州	拙政园	70	425
	网师园	30	
	留园	40	
	虎丘	60	
	枫桥	25	
	寒山寺	20	
	周庄镇	100	
	同里镇	80	
杭州	西湖	45	175
	岳飞庙	20	
	飞来峰	35	
	灵隐寺	35	
	虎跑	15	
	六和塔	25	
	六和塔	25	

精打细算

江南地区消费不低，尤其住宿费用相对较高，门票也很贵（杭州西湖大景区免门票是特例）。一天200元算是基本的，300元也不算过分。节假日住宿费用浮动较大，有时会相差两倍以上，以下仅以平时价格为准。要视自己的钱包而定，有所取舍，否则再多的钱也是不够用的。

经济档 1052元

只能按最为节约的花法，可以选择苏州、杭州和古镇游，5天左右的行程。

门票（总计600元）：

城市	景点	价格	合计
苏州	拙政园	70	425
	网师园	30	
	留园	40	
	虎丘	60	
	枫桥	25	
	寒山寺	20	
	周庄镇	100	
	同里镇	80	
杭州	西湖	45	175
	岳飞庙	20	
	飞来峰	35	
	灵隐寺	35	
	虎跑	15	
	六和塔	25	

交通费（总计127元）：

区间	价格	合计
苏州－同里	7	127
同里－周庄	3.5	
周庄－苏州	14.5	
苏州－杭州	52	
市内交通（公交为主）	约50	

经济档食宿，住40元的普通房间，饮食以小吃为主，一天25元，加上门票和交通费，区内预算合计为：(40+25) × 5+600+127=1052。

舒适档 2983元

可以选择南京、扬州、苏州、杭州和古镇10天游：

门票（总计1050元）：

城市	景点	价格	合计
南京	中华门	20	240
	瞻园	40	
	夫子庙江南贡院	20	
	中山陵、明孝陵、灵谷寺联票	130	
	玄武湖	30	
扬州	瘦西湖、个园、何园联票	140	210
	大明寺	45	
	汪氏小苑	25	
苏州	拙政园	70	425
	网师园	30	
	留园	40	
	虎丘	60	
	枫桥	25	
	寒山寺	20	
	周庄镇	100	
	同里镇	80	
杭州	西湖	45	175
	岳飞庙	20	
	飞来峰	35	
	灵隐寺	35	
	虎跑	15	
	六和塔	25	

交通费（总计333元）：

区间	价格	合计
南京－扬州	25	333
扬州－苏州	31	
苏州－同里	7	
同里－周庄	3.5	
周庄－苏州	14.5	
苏州－杭州	52	
市内交通（公交、出租结合）	约200	

舒适档食宿，住100元的标准间，饮食以特色餐馆和小吃相结合，一天60元，加上门票和交通费，区内预算合计为：(100+60) × 10+950+333=2983元。

如何到达

江南地区交通便捷，是整个华东地区的交通中心，海陆空运输皆十分发达，可以非常方便地到达和离开。

江南船娘

航空

上海、杭州、南京、无锡等城市都建有机场，尤其上海还有虹桥和浦东两个国际机场，每天有大量航班飞往全国乃至世界各地，仅上海浦东机场就有数百个班次。除虹桥外，机场一般都建在离市区较远的地方，机场和市区间有机场大巴往来，时间一般不超过1小时。扬州、苏州、绍兴等地虽然没有机场，但到邻近的南京、上海、杭州机场也有班车，一般耗时也在2小时以内。机票公布价虽然比较贵，但淡季时常能拿到比较低的折扣，价格甚至会低于火车硬卧，不过得视具体情况而定。各大城市一般都设有很多代售点，出售国内主要城市的机票，可以跨市购买。由于航班时刻变动较大，大多数班期也不是天天都有，甚至季节不同执行的时刻表也不一样，具体情况需要向售票机构咨询。

铁路

有京沪、沪杭、浙赣、杭甬等几大干线，串连起上海、苏州、无锡、南京、嘉兴、杭州、绍兴等城市，长江以北的扬州也已经开通了火车。经过几次大提速，到江南的火车时间大大缩短，如北京到以上各大城市基本可以夕发朝至，除西北、西南等偏远地区外，一般也可在一天以内到达。尤其是Z字头的直达火车最为快捷，北京到南京、扬州、苏州、上海、杭州都有开通，北京到杭州也不过只要14小时。但要注意的是，北京到上海和杭州的直达列车只有软座和软卧，没有硬座和硬卧，北京到南京的列车甚至连软座都没有，全列软卧。舒适当然是舒适了，但价格自然也比较可观，要高50%左右。除了到火车站购票以外，市内也有很多代售点出售火车票，一般提前4天，直达列车可以提前20天买到，而且可以异地购票。

公路

连通各大中城市的高速公路已网经成型，京沪、沿海、合宁、徽杭等高速公路连通北京、天津、济南、合肥等主要城市。上海到北京、武汉，南京到合肥、杭州到黄山等地还开通有长途高速班车，也比较快捷。普通公路相当发达，发往邻近省市的汽车多如牛毛，但一般比火车慢，除短途外不推荐乘坐。

水运

水路在历史上曾是江南对外交通的主要方式，但由于现代航空、铁路和公路的发达，已日渐式微。京杭大运河曾是连接南北的主要通道，但除了苏州到杭州仍有观光性质的游船以外，已基本没有客船运营。上海曾是主要的客运港口，但现在除发往普陀山、泗礁嵊泗等地，以及每四天有一班客轮开往大连以外，其余沿江沿海航线均已停航。

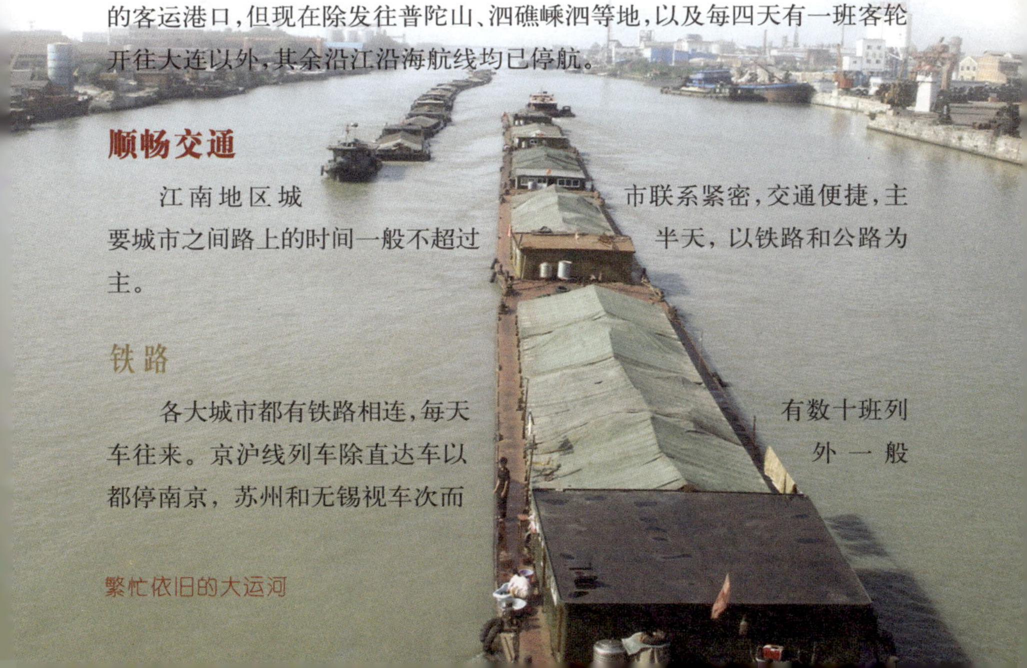

顺畅交通

江南地区城市联系紧密，交通便捷，主要城市之间路上的时间一般不超过半天，以铁路和公路为主。

铁路

各大城市都有铁路相连，每天有数十班列车往来。京沪线列车除直达车以外一般都停南京，苏州和无锡视车次而

繁忙依旧的大运河

定，经沪杭线的列车一般都在杭州停靠。此外，上海到南京、上海到杭州每天还开有多班城际列车，杭州到宁波的城际列车一般都经停绍兴。

公路

城市间的高速客运班车是最为方便快捷的，虽然票价贵点，但时间和舒适度都有保障。各大城市间基本都有快巴来往，班次由几班到几十班不等，甚至有些是几分钟一班流水发车。普通班车则更多，不过比较耗时间，就是中途下车比较方便些。

水运

苏州和杭州间有游船来往，一般晚上出发，第二天早上到，主要是观光性质的，时间上并不合算。

轻装上路

提个塑料袋就能来旅行，听起来有些夸张，但在江南这里也并非天方夜谭。各种旅行需要的物品，如食品、衣物、药品、日常用品等等，在大城市里应有尽有，即使到了小镇上也不需要担心买不到。

钱 这还用说，即使带了信用卡，现金也是必不可少的。最好备些硬币，坐地铁或者公交的时候非常有用，一般公交车都是无人售票的，没有零钱就亏大了。

证件 身份证当然是要随身带的，一般没人查你，但是正规的住宿点都要你出示身份证登记，某些私人小旅馆除外。

背包 自然还是背一个的好，不过不需要太大，帐篷睡袋防潮垫等等除非你是去体验野外生活的，否则绝对是多余。而且在现代的城市里背个大包会引来不少奇异的目光，自己游览起来也不方便，到目的地以后可以放在旅店里或找个地方寄存下来。

洗漱用具 稍好一点的宾馆饭店都会提供，不过为了减少一次性用品对环境的破坏，建议还是自带。

雨伞 是必备的，说不定什么时候就会下雨。虽然到处有卖的，但不巧赶上下大雨会被路边的商家和街头叫卖雨伞的狠宰一把。

胶卷电池 还是自带的好，旅游点出售的不能保证是真货，要补充最好还是到一些大的商场和专门的冲洗店买的好。

带上换洗衣物，背上背包，拿上相机，怀着愉快的心情，就可以轻松上路了。

特色住宿指南

到江南旅游和办事的人都比较多，旅馆业也就非常发达。城市里的宾馆通常都集中在交通中心和主要景区附近，远离这些地区的也有，但是一般不大好找。各种档次的宾馆旅社应有尽有，从超五星级的到家庭小旅馆，从数万元的总统套房到几块钱一张的普通床位，任君选择。下面对比较有特色的一些住宿点作一个简要介绍：

连锁旅馆

近年来在国内逐渐兴起，多以经济型为主，以加盟店方式经营，也有部分直营的。江南地区比较有名的连锁旅馆有莫泰168、如家快捷酒店、锦江之星旅馆等，总部多设在上海，在南京、苏州、扬州、杭州、绍兴等地都设有数量不等的分店。其中莫泰168是准三星的，设施比较豪华，价格稍高一些，还附设较为低廉的青年旅馆；如家快捷酒店为准二星，色彩比较明丽，装饰较为温馨，还有复式家庭房，颇为名副其实；锦江之星旅馆标准略低，价格比较适

扬州文昌阁

中。连锁旅馆最大的好处就是统一设施、统一风格、统一服务，分店间价格相差无几，浮动也不大。

青年旅舍

最早发源于德国，已有上百年的历史，目前也已在国内遍地开花。上海、南京、无锡、杭州等城市各有几家，最大的特点就是自助，多人房里只有简单的床铺和被褥，还有让住客锁放物品的柜子，其他卫生间、洗漱间、淋浴间都是公共的，连被套都要自己拆下来交服务台洗。当然也有带卫生间的那种标准房，但一般价格不便宜，而且旺季还不好订。旅舍里还会有酒吧、公共上网、留言板等附属设施。

民居旅馆

比较常见于一些古城的历史街区和水乡古镇，多为家庭式经营。绍兴有几家，古镇里同里和西塘这方面做的比较不错，周庄也有但不多。旅馆所在大多是古色古香的老宅子，主人家本身也住在里面，有些还对外收门票开放。房间数量一般都不多，设施也不算好，有些简单到只有一张床铺，但住在里面能体验一下当地居民的生活，品味一下回到古代的感觉，也是挺不错的。尤其一些旅馆还提供有古典房，古式家具古式摆设，就差电视、卫生间和人不是古的了。民居旅馆里很多都备有蚊帐，睡觉前要先把里面的蚊子消灭干净，否则它们会骚扰得你整夜无法入眠。民居旅馆节假日价格浮动很大，黄金周跟平时能相差一倍多的价格，最好提前打听清楚。

古镇的早晨

个园抱山楼

拙政园的门窗

苏州狮子林的漏窗

扬州名菜——鸡火干丝

美食荟萃

中国公认的鲁、川、粤、闽、苏、浙、湘、徽八大菜系，江南地区占了两个。苏、浙菜就好比清秀素雅的江南美女，其中江苏菜是由苏州、扬州、南京、镇江四大菜为代表构成，特点是浓中带淡，鲜香酥烂，原汁原汤，浓而不腻，口味平和，咸中带甜。浙江菜则以杭州、宁波、绍兴、温州等地的菜肴为代表发展而成的，其特点是清、香、脆、嫩、爽、鲜。上海菜则是本世纪初汇聚了苏、锡、宁、徽等16个地方风味揉合而成，又称为本帮菜。

通常一些老字号的餐馆都集中在旧城内一些历史浓厚的地区，如上海的绿波廊、杭州的楼外楼、苏州的得月楼等等。一些餐馆云集的地方形成一条条美食街，如上海的云南路、杭州的高银巷、南京的狮子桥等等。比较著名的老店还有苏州的采芝斋、嘉兴的五芳斋、绍兴的咸亨酒店等，都是以经营当地小吃出名的，价格也不贵。

购物天堂

江南主要的旅游城市都辟有一些步行商业街或者是区域，大多也就是在一些传统的历史街区里，通常就是旅游、餐饮和购物于一体了。上海的城隍庙地区、南京的夫子庙地区、苏州的玄妙观地区、杭州的河坊街都是其中赫赫有名的了。古镇的主要街道也是商业街，两旁通常店铺林立，还有一些手工艺人当场表演制作。

来到江南购物的首选当然就是当地的一些传统工艺品和特色食品，如杭州的藕粉、茶叶、丝绸，苏州的刺绣、蜜饯，绍兴的老酒、霉干菜，南京的云锦、雨花石等。古镇里的蓝印花布也是很有特色的，乌镇里还有专门介绍染制工艺的展馆。

旅行小提示

江南地区主要城市建设已经相当现代，各项设施在国内相对比较完善，不少城镇也非常发达，规模比之国内好多中西部地区的县城还要大得多。

邮政 发展快速，综合能力处于国内领先水平。邮局比较常见，基本上已开办了当今国际上使用的各项业务，一般邮寄包裹、汇款等等当然不在话下。

通讯 主要街道公用电话非常多，一般都使用IC卡。近年来街头巷尾还开设了很多的话吧，国内的IP长途通常每分钟才三毛钱。手机没有信号的情况在这里非常少见，一些城市的主要车站，如上海火车站还提供有手机应急充电站。

网吧 十分普遍，以上海为例，有上千家有证网吧分布市内各地，象苏州虽然少些，也不时可以看得到。电脑配置大都不错，价格也很便宜，一般每小时才2元。即使一

南京路

时找不到，打个出租车一般司机都会带你找到。

银行 也比较发达，国内各大银行在主要城市乃至乡镇都设有分支机构，储蓄所、提款机随处可见，“银行多过米铺”不是一句笑话。主要的银行卡如工行牡丹卡、中行长城卡、建行龙卡等都能取到钱。

医疗 体系也建设得比较好，如上海已建立起了先进的“120”急救指挥调度系统，旅游景点也多设有服务中心，加上众多各级医疗机构，为市民和游客的生命安全提供了现代化的保障。

值得一提的是，一般古城和古镇的历史街区现代设施都比较落后些，但在外围都建有新区，保护区里没有的到外面来找就好多了。

安全第一

江南地区人口稠密，社会安宁，警力充足，治安状况一般可以放心。但出门在外仍要小心在意，尤其在车站等鱼龙混杂的地方，要特别注意保管好自己的财物，以防扒手。不要轻易听从某些三轮车夫或者旅馆门口拉客者的怂恿去些风月场所，否则安全是否能得到保证就不可而知了。

急用呼叫

常用全国通用电话一览表：

火警	119	交通事故报警	122
匪警	110	医疗急救	120
电话及长途区号查询	114	话费自助查询	170
消费者投诉热线	12315	天气预报	121

江南地区主要城市区号表：

上海	021	南京	025
扬州	0514	无锡	0510
苏州	0512	嘉兴	0573
湖州	0572	杭州	0571
绍兴	0575		

经验杂谈

- 江南一带名城多、古镇多、景点多，而且都比较大，即使花上一两个月，也是很难尽览的。因此切忌贪多务得，走马观花、疲于奔命，结果只能是什么都游不好，反倒白花了许多时间和金钱。如果时间不太允许，倒不如集中于某个城市或者某个区域，轻轻松松地观赏和感受一下。

● 江南是十分成熟的旅游区，很多主要景点都属于旅游热点，平时大小旅游团已是络绎不绝，节假日更是人山人海。尤其是黄金周的时候，恐怕满眼都是人头涌动，兴致也就先掉了大半。何况这时住宿、饮食都很成问题，成本也往往成倍提高，所以最好不要高峰时期前往，实在没办法就尽量避免前往那些热门景点。

● 江南的城池、古镇、寺庙、园林、民宅都有其相对类似的地方特色，同时大都有其自身的独到之处，也就是人们常说的“大同小异”了。除非对某些方面有特别的兴趣，又或是时间很充裕，否则没有必要挨个扫荡，通常选取几个具有代表性的（未必是最热门的）也就可以了。

● 江南的交通十分便利。机票公布价虽高，但有时打折程度甚至要低于硬卧价格，十分合算。火车通常是比较经济的，很多城市还开通了直达列车，不过要注意这些车次大都只有软座和软卧，价格不菲。区内城市间的交通最好是乘坐高速快巴，班次密、时间准、乘坐舒适，但要比火车贵点。

● 江南主要城市的旅游接待设施都已经比较完善，高中低档旅馆基本都可以轻易找到。当然一分钱一分货，不同档次的旅馆价格差距很大，即使在同一旅馆，不同时候价格起伏也很大，平时淡季和黄金周的房价有时会相差2～3倍。只有一些连锁旅馆相对固定，但旺季房源紧张，最好提前订房。

● 江南水乡古镇风情浓郁，不过白天常常

周庄富安桥

游人如织，喧闹不已，很难看到其原始的一面。如果有时间的话，最好能在镇内住上一夜，伴随着清晨的朝霞和落日的余辉，感受一下古镇人的日常起居，会大有收获。西塘还开放夜游，在朦胧月色下看桨声灯影，更是难得的享受。

● 虽说江南治安状况普遍比较乐观，但带上太多的现金还是存在很多不安全因素。其实主要城市乃至小镇上的银行几乎无处不在，提款机甚至自助银行也是十分常见的，通常办上一两张全国通行的信用卡，随身准备适量现金就可以了。倒是零钱硬币手头上应多留一些，乘公交地铁的时候特别有用。

● 江南雨水充沛，尤其5～6月的梅雨季节更是常常阴雨绵绵。烟雨迷蒙的景象尽管也很浪漫，但会给旅途带来很多的不便，尤其想要拍照更是大受影响。除了雨伞要随身携带以外，多备些换洗衣服也是非常必要的，要不你洗过的衣物可能直到你踏上归程的时候仍然会是湿漉漉的。

留心陷阱

● 到了车站以后要到指定的出租点打车，不要轻信两旁那些游击司机的言辞而不慎坐上黑车。黑车不但没有牌照，可能随时漫天要价或是半途甩客，而且车辆还有可能是报废车，极容易出事故。黑车司机抢劫、勒索等刑事案件也时有发生，千万不要图一时方便或者便宜而冒这样的风险。正规的出租车都有顶灯、计价器，车窗上印有收费标准，车况也较好，十分易认。下车前别忘了向司机索要发票，一般都是自动打印的。

● 很多旅馆外都有灯箱广告，旅馆内大多有把房间照片张贴出来的。虽然可以作为参考，但一般最好亲自到房间里面看看，尤其是对中小型旅馆而言，有些贴出来的照片根本不是旅馆本身的，或者可能是很早以前的，经过几年工夫已经变得破旧了。看房的时候要看仔细一些，试试各种设施是否正常，比如灯亮不亮、水热不热等等。个别旅馆房间里可能挂着整面墙的窗帘，拉开却发觉窗户很小甚至根本没有窗户，要避免上当。退房后记得要张发票，象苏州、南京等城市正规旅店一般都是机打的。

泡一壶西湖龙井

- 江南很多城市有较集中的购物街或是购物区，一般都位于老城的主要景点附近的历史街区内，以小摊小贩出售各式旅游纪念品为主。产品质量良莠不齐，价格也千差万别，一定要看准了还价，要不可能比在正规商店里买还要贵。古玩市场更是没谱，在南京朝天宫、扬州天宁寺、绍兴古玩一条街上都有很多出售古玩的地摊，所售物品五花八门。在这些地方淘宝本身就有很大风险，倒不见得是卖家存心骗你，不过一不小心就会买着赝品，或是高价买回来次品，不是很懂的话就要小心在意，事先作好这样的心理准备。

- 人力三轮车是古镇常见的代步工具，通常一下车就会有很多车夫围上来拉客，大都说能帮你逃掉古镇的入门票。其实有些古镇入口离停车场不过几分钟路程（如乌镇、同里、朱家角），大可以自己走过去，只有象周庄这样离得比较远的才很必要坐车。而且各大古镇的门票制度是不一样的，象西塘、南浔进入古镇街区并不需要门票，只有在进景点的时候才查票，其他古镇就算你能混入镇区，也进不了镇上开放的景点，尤其只卖联票的周庄、同里、乌镇、甪直更是如此。如果确实不需要逃票，那得跟车夫说清楚，免得他到时又要坐地要价，引起纠纷。

- 某些城市街头的很多人力车夫，死缠烂打地要拉你去些风月场所，说只要收你一块钱。路边的一些旅馆前，尤其是晚上也常有各式人等怂恿过往游客去看些黄色表演。千万不要抱着一种猎艳的心理，而轻易地去尝试。据说有很多游客就是这样进了黑店，包房费、饮料费、陪聊费高得惊人，被狠宰数百上千的不在话下，说不准还给自己惹来很多不必要的麻烦。陪上不少钱财、出一身冷汗不说，旅游的好心情也会颓然扫地。

第二章

南京——虎踞龙盘帝王都

南京，历来被人们视为“虎踞龙盘”，诸葛亮曾言“此帝王之宅”。南京也并未辜负了这天赐的风水，近两千年来，共有十个王朝曾在此建都，前后长达四个多世纪，是我国的七大古都之一。不知是自身的缺陷所在，还是命运对这座古都太不眷顾，几乎每一个王朝都是来去匆匆，而结局又偏偏异常地惨烈。在中国的历史之上，找不出第二座如此浮华却又如此悲情的城市。

六朝的帝王之州，三百余年的金粉之地，一朝城破国亡，旋即被新的统治者夷为平地，以期彻底摧毁前朝遗民的意志。那位终日沉溺诗酒美人的陈后主，若见此情此景不知是否还有心思吟诵“玉树流光照后庭”？数百年过去，又一位李后主重蹈覆辙，只能在他人篱下低叹“故国不

南京瞻园一隅

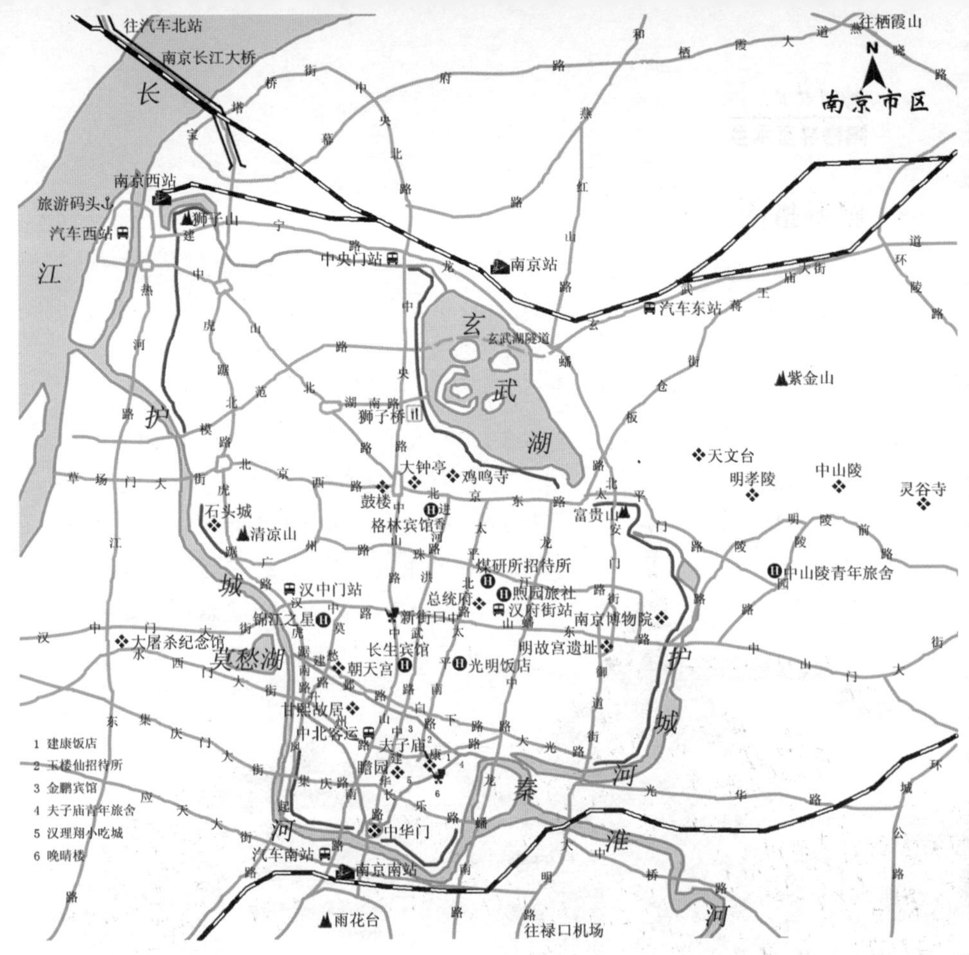

堪回首月明中”。终于到了明代，南京迎来了她辉煌的顶峰。可惜好景不长，朱元璋死后不久，他所寄希望于“永为藩篱”的儿子们，就从他那仁柔的孙子那里夺走了皇位，同时也夺去了南京作为都城的地位。他所苦心经营的明故宫和明孝陵，以及数百年后太平天国营建的豪华宫阙，也在天京保卫战中化为瓦砾。即使是后来的中华民国，也没能躲得过这样的宿命，反而因此遭到了侵略者疯狂的摧残，留下了一道道难以磨灭的疤痕。

然而，南京却是不屈不挠的。一次又一次的近乎灭顶之灾，阻挡不住一次又一次地从废墟中重新屹立。那场惨绝人寰的大屠杀之后半个多世纪，南京又是一派车水马龙、灯影摇曳之景。昔日的种种磨难，都记载在那一尊尊残缺的石像、一块块斑驳的城砖、一根根干裂的枯木之上。如今的南京人，重又生活在一片安宁祥和之中，创造着千年故都新的辉煌。

旅游指南

钟山是南京最主要的风景区，也是文物荟萃之地。世界遗产明孝陵、还有革命先行者孙中山的陵墓都在这里，附近有大大小小的功臣陪葬墓。此外有着明代无梁殿的灵谷寺也值得一游，如果有兴趣还可去参观紫金山天文台，花一天的时间是不为过的。傍晚则不妨到城北的玄武湖休闲散步，虽然可看的古迹不多，但那可是江南最大的城市公园。

秦淮河畔的夫子庙一带，不仅附近有瞻园、煦园（即总统府旧址）这些昔日王公贵族的豪华宅院，同时也是南京城内集美食和购物于一体的场所。如果赶上春节，还有盛大的秦淮灯会。夫子庙对岸的大石坝就是一条美食街，著名的晚晴楼、金陵春这些老字号都在这条街上。这里出售的

南京秦淮河

以土特产和工艺品居多，夫子庙和江南贡院周边尽是密密麻麻的小摊档。如果要找大型商场，那可以到新街口那边去，那里是南京最繁华的商业中心。

住宿可以安排在市区内，除了锦江之星这样的经济型连锁酒店，住在夫子庙周边也比较方便，虽然有些宾馆标价不菲，但去早了常能有一百左右一间特价房，既经济又舒适。

悲情往事

2400多年前，越王勾践攻灭吴国，命范蠡在今秦淮河南中华门一带筑军事堡垒，此为南京建城之始。后越国被楚威王打败，楚国在今清凉山筑石头城，置金陵邑，南京的别称也就由此诞生。

汉末群雄并起，为南京带来了历史性的机遇。吴侯孙权在楚金陵邑故址建石头

城，称帝后又将都城从武昌迁至此地，成为了第一个建都南京的朝代。及至宋、齐、梁、陈朝代更替，虽然偏安一隅，政治上倾轧不断，军事上收复无望，文化上奢靡堕落，却创造了经济上的繁荣和兴盛。

隋初南京遭受严重打击，沉寂一时，城池被毁，空剩下郊外散落的一处处皇陵石刻，还在守护着昔日的主人。五代时曾作为南唐都城，直到后主出降宋朝。南宋江宁府改为建康府，一度作为宋高宗的行都，不久沦于金兵之手。在城南牛头山（今牛首山）一带上演过岳家军大败金兵的故事。

元末红巾军首领朱元璋攻克此地，改应天府，作为南京。称帝后定为京师，南京第一次真正成为全国的首都。之后筑城墙、建故宫、修孝陵，成为当时世界第一大城。可惜如此的显赫并没有维持多久，靖难之役后成祖朱棣迁都北京，京师改回南京，就再也没有逆转。

近代南京先后成为太平天国和中华民国昙花一现的首都，并没有为这座城市带来多少好运，却招致了空前的劫难。隆隆的炮火之下，城市设施损毁严重，大量古迹化为焦土，无数平民死于非命。走进江东门外的"南京大屠杀遇难同胞纪念馆"，万人坑里那一具具扭曲的遇难者遗体，令人触目惊心。日寇在中国犯下的滔天罪行，在此仅是冰山一角，却已足以让每一位参观者不寒而栗。

南京博物院

虎踞龙盘之地

南京是江苏省的省会，简称宁，别称金陵。地处长江中下游平原，长江越境而过，市域西、南、北三面与安徽省接壤，东面则是扬州、镇江和常州。全市下辖玄武、鼓楼、建邺、白下、秦淮、下关、雨花台、栖霞、浦口、江宁和六合共11个区以及溧水、高淳两县。

南京地理位置优越，因西面石头城犹如蹲着的老虎，东面钟山如同盘曲的卧龙，而被誉为“虎踞龙盘”。加上长江的险阻，为其赢得了天然的地利。郊外景色秀丽，城东钟山早已是国家级的风景名胜区，春游“牛首烟岚”、秋登“栖霞胜境”也是令人赏心悦目。孙中山先生在《建国方略》中这样写道：“其位置乃在一美善之地区，其地有高山、有深水、有平原，此三种天工，钟毓一处，在世界中之大都市，诚难觅此佳境也。”这也算是对南京最恰如其分的概括。

南京名人录

祖冲之(429—500)　南北朝时期范阳遒郡（今河北涞源）人，生于建康(今南京)的一个官宦人家。他的几代祖先都在江南做官而且通晓历法，祖冲之自小就受到这种科学氛围的熏染，青年时期还专门进入华林学省研究学术。他最为人所熟知的成就，可算是把圆周率推算到了七位有效数字，比欧洲早了一千多年。其实除此之外，他在数学和天文领域还有不少的成就。

陶弘景(456—536)　南朝齐梁间文学家、思想家和医学家，对历算、地理、医学都有研究，著有《神农本草经集注》等。同时他又喜好道术，齐永明十年辞官归隐句容茅山，炼丹习道，创立了道教茅山上清道团。梁武帝萧衍多次礼聘仍不愿出仕，只得在山中向其咨询国家大事，当时人称之为“山中宰相”。

曹雪芹(约1715～1763)　出生在南京的离子巷（现称利济巷）。少年时家境奢华，不料父亲受政治争斗的牵连被免职，家业被抄，随家迁居北京。晚年生活凄苦，穷困潦倒，不到五十就贫病而卒。终其毕生心血写成的一部《红楼梦》是中国古代文学史上最伟大的现实主义作品。

吴敬梓(1701—1754)　祖籍江苏六合（今南京六合区），出生在安徽全椒的一个“科第仕宦多显者”之家，但因父亲早死和家族争斗而移居南京秦淮河畔，故又称“秦淮寓客”。他曾多次参加科举都名落孙山，积十年之工夫写成了《儒林外史》，辛辣地嘲讽黑暗的科举制度。后人在南京秦淮河畔的桃叶渡建立了“吴敬梓故居”。

邓廷桢(1775–1846)　出身于宦绅之家，世居秦淮河畔万竹园。鸦片战争时历任两广总督和闽浙总督，与钦差大臣林则徐共同禁烟，坚决抗击英国侵略军，是著名的爱国将领。但被腐败懦弱的清政府革职充军，后召还改任甘肃布政使和陕西巡抚，因积劳成疾死于任上，归葬于南京东郊仙鹤门外的邓家山麓。

云锦与剪纸

云锦　“锦”是中国古代丝织物中最高技术水平的代表，而南京云锦则是位居四大名锦之首。自元以来历代统治者相继在南京设立官办织造局，垄断云锦的生产和使用，《红楼梦》作者曹雪芹祖上三代四人就曾在此任江宁织造官。解放后南京成立了云锦研究所，使这一“寸锦寸金”的艺术得以保存和发扬，并正在努力申报世界非物质遗产。

剪纸　剪纸工艺可以分为南方派系和北方派系。北方派系天真浑厚；南方派系则以玲珑剔透见长，南京剪纸则是其中的一个分支。南京剪纸早在明代就广为流传，因地理位置影响，也融入了部分北方风格，常见的样式有喜花、窗花、绣样花等等，有“花中有花，题中有题，粗中见细，拙中见灵”的美誉。

三大特产

雨花石　雨花石是石英、玉髓和蛋白石形成的珍贵宝石，形状如鹅卵石，质地坚硬，色彩斑斓，俗称“雨花玛瑙”。雨花石是由于古长江的长年冲击形成，仅在南京的雨花台、六合、江浦一带出产。在雨花台风景区的原安稳寺遗址，还建有雨花台博物馆，每年举办雨花石艺术节。

雨花茶　雨花茶是茶类中的后起之秀，20世界50年代末才研制成功，曾被评为中国十大名茶之一。因栽种于雨花台烈士陵园之中，为纪念死难的革命先烈而命名为雨花茶。茶叶外形两端略尖，条索紧直，锋苗秀拔酷似松针。冲泡后茶色碧绿，香气清雅，滋味甘醇。

盐水鸭　南京人对鸭子似乎是情有独钟，制鸭的记载可以追溯到1400多年前的南朝时代，向来在国内外享有盛名。盐水鸭以膘肥色白、肉质鲜嫩著称，大多数的游客到南京都会点上一盘，或者带几包真空包装的桂花牌盐水鸭回去馈赠亲友。

旅游路线和时间安排

到南京主要是缅怀之旅，游览的重点还是那些历朝古迹和近代纪念地，当然钟山的风景和栖霞山的红叶也不错。最好能有三天的时间，两天就有些太过仓促了，不过南京有一个较大的优点是景区开放的时间都比较长，有些还提供夜游。

如果你有1天时间

上午先到中华门，然后到瞻园游览，之后步行至秦淮河夫子庙，中午就在那里吃饭购物；下午乘公交到钟山，先后游览明孝陵、中山陵和灵谷寺，傍晚可以到玄武湖休闲散步。

如果你有2天时间

第一天，上午先到中华门，然后到朝天宫，参观南京市博物馆；中午到夫子庙附近吃午饭，下午游览夫子庙和瞻园，晚上住夫子庙附近。

第二天，上午游览总统府，下午乘公交到钟山，先后游览明孝陵、中山陵和灵谷寺，傍晚可以到玄武湖休闲散步，晚上还可以到新街口一带购物。

如果你有3天时间

前两天如前所述，第三天从火车站坐南长线或南龙线公交车到栖霞寺，上午就在那里游览栖霞山、栖霞寺、舍利塔和千佛崖石刻。如果对南朝石刻有兴趣，回程时可以在甘家巷下车看看萧秀等人的陵墓石刻。回到市区以后，有两个地方可选择去看看，一个是中山门内的南京博物院，另一个是南捕厅历史文化区内的甘熙故居。

三天行程的预算

南京的景点众多，通常只需选择市内的主要地点游览，门票不算便宜。各景点之间基本都有公交车来往，交通费用不高。住宿也不便宜，但不少宾馆平时有100元左右的特价标准房，倒也算是经济。下面以三天为例，可以考虑如下几种安排：

经济档 555元

经济档食宿，住50元的普通房间，饮食以小吃为主，一天25元，市内交通基本乘坐公交，一天大约10元。加上门票，区内预算合计为：(50+25+10)×3+300=555。

景点	价格	合计
中华门	15	300
瞻园	40	
夫子庙	免费	
朝天宫	30	
总统府	40	
明孝陵、中山陵、灵谷寺联票	130	
玄武湖	30	
栖霞山	15	

舒适档 1140元

舒适档食宿，住150元的标准间，饮食以家常饭馆为主，一天80元，市内交通公交和出租相结合，一天大约50元。加上门票，区内预算合计为：(150+80+50)×3+300=1140。

如何到达南京

航空

南京禄口国际机场建成于1997年，是我国重要的干线机场之一，位于市中心东南35公里左右，有专门的高速公路连接市区。机场到国内主要城市都有航班来往，但没有到上海、杭州等周边城市的短途航线。在汉中路

180号星汉大厦机场中心售票处有大巴发往机场，从6:00到19:00每半小时一班，经停城东龙蟠中路317号(常府街路口向南100米)，行程约45分钟，票价25元。

航空票务中心问询：025-83610336

铁路

南京是华东地区的铁路枢纽，京沪、宁铜两大铁路在此交汇，和扬州间的铁路也已通车。到国内大部分重要城市都有直通班车，和上海之间还有城际列车往来。市内现有四个客运火车站，分别为南京站、南京西站、南京南站和南京北站，其中始发列车大部分从南京西站发车，途经列车都停靠南京站。由于南京站站房在1999年的一场大火中烧毁，直到现在还没有完全重建好，候车室临时转移到西侧的一座大楼里，站前广场还是一片工地，因此上下车有不少麻烦。不过随着十运会到来前站房的完工，一切都会迎刃而解。

南京火车站问询：025-85822222

公路

南京也是华东地区的公路交通枢纽之一，有沪宁、宁连、宁通、宁合、宁马、宁淳六条高速公路呈放射状向外延伸，宁杭高速公路也在建设之中。市内有9个长途汽车客运站，其中以中央门立交西南侧的南京长途汽车站为最大，宁沪快客多由此站发出，从7:00 - 19:00，每20—30分钟就有一班车发往宁沪沿线五市（镇江、常州、无锡、苏州、上海）。

南京长途汽车站一览表

站名	地址	电话	发车方向
中央门站	建宁路1号	85504973	高速各线、苏北(除扬州、泰州)、北方长途
汽车东站	花园路17号	85410887	东南各省、扬州、泰州、江阴、常熟、张家港
汽车南站	集合村路88号	86623246	溧水、高淳、马鞍山、芜湖
汽车北站	大桥北路22号	58850742	苏北、皖北
汽车西站	汉中路278号	86614109	宁沪快客、江浦、六合、杭州、江阴、连云港
中北客运	升州路100号	52207805	宁沪快客、合肥、黄山、杭州、盐城、连云港
下关	江边路10号	58827455	皖北、河南、湖北、江西
虹桥	中山北路204号	83343966	宁沪快客、合肥、黄山、苏北

区内交通

地铁

南京地铁一号线实行全线分段票价，起步价2元，可乘坐8站，之后每4站递加1元，全程只需4元。

公交车

南京的公交十分发达，现有电车、汽车线路上百条，还有双层巴士和旅游线路。均为无人售票，单一票制，不设找零，普通车票价1元，空调车票价2元。到近郊栖霞寺等地有南长线、南龙线等专线，多在火车站西侧的公交车站发车，有人售票，按站计价。

出租车

南京出租车多为捷达、桑塔纳和富康，起价7元（3公里）。超过3公里单程每公里2.4元，往返每公里1.6元，夜间为每公里2.7元。由于南京市区面积不小，所以打车实际上并不那么经济，不过南京出租车等候时间不计费倒是比较实惠。

线路	发车时间	途径站点
游1线	南京火车站(7:30–16:30) – 中山陵(8:15–17:15)	南京车站—中央门—公交总公司—玄武门—鼓楼—鸡鸣寺—四牌楼—总统府—明故宫—中山门—卫桥—美龄宫—海底世界—中山陵
游2线1	雨花台(8:00–16:20) – 海底世界(8:40–7:00)	雨花台—中华门内—长乐路—三山街—夫子庙—杨公井—大行宫—总统府—解放路—明故宫—中山门—卫桥—梅花山—美龄宫—海底世界
游2线2	雨花台(8:00–16:20) – 海底世界(8:40–7:00)	雨花台—中华门城堡—长乐路（三山街）—夫子庙—杨公井—大行宫—总统府—解放路—明故宫—中山门—卫桥—前湖—石象路—明孝陵—海底世界—中山陵—水榭—灵谷寺公园
游3线	红山动物园(8:30–3:45) – 灵谷寺(9:15–4:30)	红山动物园—黄家圩—南京车站—花木公司—新庄—锁金村—岗子村—太平门路—紫金山索道—廖仲恺墓—中山植物园—明孝陵—海底世界—中山陵—水榭—灵谷寺公园
游4线	南京港客运站 –雨花台烈士陵园 (6:30–18:00)	南京港客运站—南京西站—热河路—盐仓桥—丁山宾馆—定淮门—石城路北站—石城路南站—草场门桥—国防园—汉中门—金陵大厦—康怡花园—江东门—莫愁湖—水西门—三山街—瞻园路—夫子庙—中华路—雨花台—共青团路—雨花台烈士陵园
游5线	锁金村(8:30–15:30) – 明文化村(10:00–17:00)	锁金村—岗子村—富贵山—后宰门—清溪路北站—清溪路—中山门—卫桥—卫岗—小卫街—理工大—孝陵卫—大栅门—农科院—五棵松—钟山学院—马群—马群停车场—白水桥—麒西路—麒麟门西站—麒麟门—锦绣花园—西村—金丝岗—阳山碑材—明文化村

住宿不用愁

锦江之星旅馆——南京朝天宫店

锦江之星旅馆有限公司在南京有两家店：南京店（在中山北路）和朝天宫店，都是一样的设施，简洁、舒适、安全，价格也实惠。朝天宫店在朝天宫之西，楼在一个居民小区内，不是太豪华但比较安静，入口处有锦江之星的标志，但不算显眼。楼的一层设有餐厅，提供中西简餐及锦江大厨的菜肴，早上有10元一位的自助餐，在大堂前台购餐票。

南京锦江之星其他分店地址及电话一览表：

名称	电话	地址
莫愁湖店	025-86601777	水西门大街茶南路口（拓园24号）
下关店	025-58803950	下关区中山北路550号
新街口店	025-84676999	中山南路219号
中华门店	025-52451111	雨花西路118号
中央门店	025-85501508	下关区建宁路18号

房间有单人间和标准间两种，单人间一张大床，标准间一大一小两张床，可住1～3人。内部装饰比较素淡，卫生间不大。

单人间只有5间，每间1159；标准间有113间，每间179。固定价格，不打折也不涨价。

地址：朝天宫西街黄鹂新村 8 幢

电话：025-8662588

南京明孝陵神道石马

到达

● 禄口机场乘大巴到星汉大厦，然后步行至朝天宫西街。

● 南京火车站或中央门汽车站乘坐13路公交到莫愁路站下，然后步行至朝天宫西街。

游览

● 乘坐9路公交可到明孝陵、中山陵、灵谷寺景区。

● 乘坐4、7、804路可到夫子庙旅游购物区。

美食

往东步行可到朝天宫古玩市场和王府美食一条街。

购物

乘坐3、4、5、9、18、804、805路公交可到新街口商业区。

如家快捷酒店 — 南京新街口店

如家是国内经济型酒店的著名品牌，在南京有多家分店，都按准二星标准设置。如家最大的特点就是外观色泽鲜亮明丽，内部装饰温馨别致，颇让旅客有一种回到家里的感觉。而且建筑、设施、服务遵循统一的原则，环境也十分干净整齐。酒店配备茶餐厅和商务中心，提供24小时热水淋浴、空调、电视、电话和免费宽带上网，有标准的席梦思床具及配套家具。

有标准间、单人间、套房等107间房间。标准房分229元和249元两种。平时不打折，黄金周也不提价，最好提前预订。

地址：明瓦廊133号（福中数码港）

电话：025-84213808

南京如家快捷酒店其他分店地址及电话一览表：

名称	电话	地址
三牌楼店	025-83420505	三牌楼大街91号
大中桥店	025--84470123	白下区大光路八宝前街46号（南京电视台侧后30米）
中央门店	025-85506108	下关区东门街48号（原红山会议中心.小市街）

明孝陵神道石像生

到达

● 禄口机场乘大巴到星汉大厦，然后步行至新街口。

● 南京火车站或中央门汽车站乘坐13路公交到新街口。

游览

● 乘坐9路公交可到明孝陵、中山陵、灵谷寺景区。

● 乘坐4、7、804路可到夫子庙旅游购物区。

美食

往东步行可到朝天宫古玩市场和王府美食一条街。

购物

就在新街口商业区附近，可步行前往。

金鹏酒店

位于繁华的夫子庙入口以北不远，江苏省粮油进出口（集团）公司一侧，是一座七层白色楼房，外观稍旧，但里面的大堂装饰还可以。客房在楼上，数量比较多。酒店内设有餐厅和商务中心，前台代办车船机票、组织旅游接待等。

只有标准间，房间较大，窗户也很大，通风采光都很好。平时每间168元，黄金周200。

地址：太平南路慧园街5号

电话：025-52216644

到达

● 禄口机场乘大巴到星汉大厦，然后转乘4、7、804路到夫子庙北行。

● 南京火车站或中央门汽车站乘坐1、801路公交车到夫子庙北行。

游览

● 到夫子庙乘坐Y2旅游公交车可到明孝陵、中山陵和灵谷寺景区。

● 往南步行几分钟就是夫子庙旅游购物区。

美食

到夫子庙过对岸就是大石坝美食街。

购物

乘坐1、4、801、804路公交车可到新街口商业区。

都市客栈

在夫子庙街区北入口西侧，六层仿古式楼房，有点旧。大堂很宽敞，装修也很好。右侧有一个旅游集散中心，代订飞机票和火车票。饭店内有星级标准及普通客房300多套，设有中央空调，住店可免费提供早餐。

标准间比较宽敞，大玻璃窗。价格为170元，家庭间为230元。

地址：建康路68号

电话：025-86623128、4008283999

到达

● 禄口机场乘大巴到星汉大厦，然后转乘4、7、804路到三山街。

● 南京火车站或中央门汽车站乘坐33路到三山街。

游览

● 乘坐Y2旅游公交车可到明孝陵、中山陵和灵谷寺景区。

● 往西步行几分钟可到夫子庙旅游购物区。

美食

到夫子庙过对岸就是大石坝美食街。

购物

乘坐2、4、16、26、33、804、816路公交车均可到达新街口商业区。

南京紫金山天文台浑仪

格林宾馆

东南大学的宾馆，在校园内的一座五层黄色小楼内，临街建了一个钢铁玻璃的大堂入口，显得还比较有档次，里面配有餐厅。门前的路在修，沿路没有什么商铺，也很少有车经过，显得比较清静，不过到周边鼓楼、新街口等繁华闹市区也就几分钟的路程。

标准双人房180元，三人房230元，平时可优惠一点。

普通三人房120元，四人房140元。

地址：进香河路31号－6

电话：025-83794010、83611418

到达

● 禄口机场乘大巴到星汉大厦，然后转乘48路到鱼市街。

● 南京火车站或中央门汽车站乘坐1、28、33、801路到珠江路东行。

● 到珠江路乘坐1、801路可到夫子庙旅游购物区。

游览

● 至新街口乘坐9路公交车到明孝陵和中山陵景区。

美食

到夫子庙过对岸就是大石坝美食街。

购物

乘坐26、30路公交车可到新街口商业区。

光明饭店

白下区人民政府旁，北面比较空旷，南面则紧挨着一排商店。饭店所在是一座半新半旧的六七层黄色小楼，一层大堂一边是个卖玉器的商店，楼上也有不少公司、培训机构等。从大堂往后过走廊上楼就是客房，房间数量也不少。

标准单人间120元，双人间140元，也有100元的特价房，但每天只限10间。

普通间只有床铺和电视，陈设比较简单，卫生间公用，每间60元。

地址：太平南路83号

电话：025-84520424

到达

● 禄口机场乘大巴到星汉大厦，然后转乘4、7、804路到夫子庙北行。

● 南京火车站或中央门汽车站乘坐1、801路公交车到白下路站。

游览

● 北行至杨公井可乘坐Y2旅游公交车到明孝陵、中山陵和灵谷寺景区。

● 往南步行几分钟可至夫子庙旅游购物区。

美食

夫子庙对岸是大石坝美食街。

购物

往西步行几分钟可至新街口商业区。

中山陵国际青年旅舍

在风景优美的钟山风景区内，离明孝陵的四方城十分近，周围古木参天，环境清幽。楼是一座两层欧洲乡村式建筑，里面有个小庭院，设有格调优雅的餐厅，房间布置有怀旧色彩。旅舍内还有小卖部和酒吧，此外附近还开设垂钓区和烧烤场，颇具休闲性质。

标准间共19间，漫铺斜纹地毯，玻璃园几旁放两把藤椅，低柜上摆电视机，简洁而又实用。卫生间除了淋浴房外，都是青一色的钻石牌洁具，24小时都有热水。每间200元。

地址：石象路7号

电话：025-84446688、84432615

到达

● 禄口机场乘大巴到星汉大厦，然后转乘9路公交到四方城下车。

● 南京火车站或中央门汽车站乘Y1路公交到四方城下车。

游览

● 路口不远就是明孝陵四方城，乘坐9路公交可到中山陵景区。

● 到明孝陵乘坐Y2路公交可到夫子庙旅游购物区。

美食

同样到明孝陵乘坐Y2路公交可到大石坝美食街。

购物

乘坐9路车可到新街口商业区。

夫子庙国际青年旅舍

在南京最负盛名的夫子庙周边，一边紧靠秦淮河，另一边是两条马路的交叉口，交通及环境都十分不错。旅舍在一座四层白色仿古小楼内，一楼有留言板和阅览室，外面还有个喜刷刷小火锅和格林奥风味冰淇淋店，楼上设有小商店、餐厅、酒吧、咖啡室、电视房和公共活动室。旅舍除有行李寄存，代订火车票、飞机票和汽车票外，还提供自行车及8座、11座面包车及轿车中长途租赁。另外，还组织江苏周边自助旅行线路服务。

标准间和一般宾馆差不多，都有电视和卫生间，分空调和非空调房两种，使用空调季节房价有所上调。价格分为120元和150元两种。

多人房是青年旅馆的特色，上下铺设计，每床位有锁放物品的柜子，其余只有一张小桌子。卫生间、洗漱间和淋浴间公用。其中4人房2间，每床65元；6人房3间，每床55元；8人房2间，每床40元。

比较特别的是，旅社四楼观光平台还提供露营服务，平日每人50元（提供帐篷、睡袋、地垫），另增加一人加收20元，自带帐篷收取30元／顶的费用。

地址：夫子庙平江府路68号

电话：025-86624133、52264434

到达

● 禄口机场乘大巴到星汉大厦，然后转乘4、7、804路到夫子庙。

● 南京火车站或中央门汽车站乘坐1、801路公交到夫子庙。

游览

● 乘坐Y2旅游公交可到明孝陵、中山陵和灵谷寺景区。

● 北面河对岸就是夫子庙旅游购物区。

美食

门前就是大石坝美食街。

购物

乘坐1、4、801、804到新街口商业区。

长生宾馆

位于洪武路上的建设银行大楼之北，临街一层都是些商店，从左侧入口通道处上楼梯，经过的二三层是公司，四层是大堂和客房所在，五层也是宾馆。前台还比较宽敞，地上铺有地毯，看起来也比较卫生。

标准间为中央空调，夫妻房和两人房都是220元，平时可打折到120元。

普通房只有简单床铺和电视，卫生间公用，不过同样有中央空调，每间80元。

南京甘熙故居友恭堂

地址：洪武路166号
电话：025-84461980、84463236

到达

- 禄口机场乘大巴到星汉大厦，然后转乘3、4、5、9、18、804、805到新街口，然后沿洪武路南行。
- 南京火车站或中央门汽车站乘33路公交车到三元巷然后东行。

游览

- 北行至新街口乘坐9路公交车可到明孝陵和中山陵景区。
- 东行至白下路乘坐1、31、304、801、802可到夫子庙旅游购物区。

美食

到夫子庙过对岸就是大石坝美食街。

购物

西行不远就是新街口商业区。

玉仙楼招待所

在繁华的夫子庙商业区以北不远，太平南路东侧的一座旧式楼房内。门面在一排小店铺之中，比较狭小，二到五层是一些公司，六七层是客房。招待所内设施都比较简易，属于私营小旅馆一类，卫生还过得去。

标准间实际上不那么标准，卫生间只是用铝合金和玻璃在房间里隔出来的，不过使用起来倒也差不多。窗户比较大，房内有电视和桌椅。大床房和双人房都是100元，黄金周涨幅不定。

普通间很小，有些还没有窗户，陈设也特别简单，只有床铺和电视。有大床间和三人间两种，每间50元。

地址：太平南路585号
电话：025-52335721

到达

- 禄口机场乘大巴到星汉大厦，然后转乘4、7、804路到夫子庙北行。
- 南京火车站或中央门汽车站乘坐1、801路公交车到夫子庙北行。
- 其他同金鹏酒店。

煦园旅社

在总统府旧址东侧的小街上，往里步行一段就到，对面围墙内是民国

时的行政院旧址。旅社设于路边的七层居民楼内，原来叫南京金星冰花招待所，楼不算很新。一、二层都是客房，陈设比较简单，三层以上就是居民的住宅了。

只有普通间，走廊两侧是客房，卫生间在走廊的末端。房间空间狭小，有的还没有窗户。有简单的床铺和电视，卫生情况一般般。以床位计价，单人房50元，双人房30元，三人房25元，四人房25元。有的房间装有空调，但开空调得另加10元。

地址：东箭道31号

电话：025-84505541

到达

- 禄口机场乘大巴到星汉大厦，然后转乘29路到总统府，然后顺右侧

江南贡院民远楼

小路北行。

- 南京车站或中央门汽车站乘坐 Y 1 到总统府，然后顺右侧小路北行。

金陵美食

除了制鸭技术久负盛名，南京的饮食文化其实也源远流长。南京菜属苏菜系里的金陵风味，当地厨师又称之为“京苏帮”，又称“京苏大菜”。除了南方菜的传统特色以外，因地利原因又吸纳了部分北方特点，素以选料严谨、制作精细、突出主料、玲珑细巧、色泽艳丽著称，并按时令季节不断翻新品种。著名菜肴有贡淡海参、清炖鸡、炖菜核、鸭包鱼翅、贵妃鸡翅、胰油烟野鸭等。

饭店

夫子庙对岸的大石坝街是南京著名的美食一条街，两侧尽是仿古式的两三层小楼，大量的餐馆小店排列两旁，多以传统的金陵菜为主。还有很多商铺超市出售南京的传统食品如板鸭、盐水鸭、金陵十二酥等，真是可以“吃不了兜着走”了。

晚晴楼

在夫子庙对岸的影壁后面，过文德桥即可见到那醒目的五层仿古楼房，装修富丽堂皇。楼内现设有美食轩、风味轩、风俗轩三个分部，专营晚晴“八绝”风味小吃。风味以淮扬菜为主，菜名也颇为新奇，什么“众虾闹秦淮”、“桃园聚晚晴”等等，五花八门。人很多，当然价格也不便宜。

地址：秦淮区大石坝街126号

交通：乘坐1、4、7、31、40、44、49、301、304等公交到夫子庙下

金陵春饭店

民国时期南京餐饮业的龙头，有“秦淮第一楼”之称，当时社会各界名人常光临此地。现店位于大石坝美食街中心，为明清徽派建筑风格，内部装修豪华典雅。主营秦淮风味小吃和粤式维扬大菜，招牌为“秦淮八绝”小吃。

地址：夫子庙广场贡院西街1号

交通：同晚晴楼

美食地带

位于湖南路的狮子桥是小吃一条街，有很多特色小吃，绝对不容错过。此外贡院西街西口牌坊北侧的汉理翔则是集各种小吃于一身的大型小吃城，

游览购物之余在此饱餐一顿是再好不过的了。

汉理翔小吃馆

就在夫子庙西牌坊北侧，是目前南京最大的小吃馆。两层楼内共有1900多个餐位，不仅大而且品种丰富，两侧餐台上密密麻麻摆满各式菜点，看着都眼花缭乱。什么荷叶饭、面条沙锅、小笼点心等等，足有500多个品种。价格也十分低廉，从2元一份的小馄饨到38元一份的海鲜面应有尽有，二三十块钱足可以把你吃撑了。要先到收银台买票然后自己挑选，多余的票可以退，二楼也可以点菜。

地址： 秦淮区贡院街西侧

交通： 乘坐1、4、7、31、40、44、49、301、304等公交到夫子庙下

狮子桥

狮子桥是从面对湖南路的一道牌坊开始的，是一条小吃街，当地人多到这儿来而不是去夫子庙。傍晚时分，霓虹闪烁，五光十色，热闹非凡。这里汇集了来自各地风格迥异的美食小吃，不仅有回味鸭血粉丝、狮王府狮子头、尹氏鸡汁汤包等国内著名小吃，还有韩国料理、泰国咖喱等外国风味，可谓是国际化美食街了。

交通： 乘坐47、95、303路到湖南路下

南京江南贡院至公堂

逛街购物

在南京购物，现代的要数新街口一带，那里商厦林立、品类齐全、热闹非凡。传统的就要到夫子庙了，一条贡院前街以及夫子庙周边全是出售各种当地特产、旅游纪念品的大小摊档，令人眼花缭乱。要专业的也多的是，朝天宫的古玩市场、雨花台的雨花石城等等，不怕没有你合适的，就怕你舍不得掏钱了。

新街口

南京最繁华的商业中心区，目前已经集中了近700家商业，其中1万平方米以上的大中型商业企业就有近30家。其中比较著名的有新街口百货商场、中央商场、金鹰购物中心等，还有一个大型的南京书城。小到生活用品，大到汽车、商品房应有尽有，“新街口买不到的东西其他地方也很难买到”已成为南京人购物的经验。

交通：乘坐1-5、9、16、18、25-28、30、33-35、38、41等很多公交线路都可到达。

夫子庙

秦淮河夫子庙一带的贡院街和夫子庙周围密密麻麻的全是各种小店。

南京城墙之上

其中贡院街上主要是出售板鸭、盐水鸭、金陵酥等特色食品，而夫子庙和江南贡院周边则基本是以出售云锦、雨花石、金陵剪纸等传统工艺品为主。其他也有很多出售服装、茶叶、玉器等店铺，这里是一个集旅游、购物、餐饮一体的商业文化区。

交通：乘坐 1、4、7、31、40、44、49、301、304 等公交可达

朝天宫古玩市场

就在朝天宫棂星门内到大成门之间庭院的两侧，都是一些古玩爱好者的地摊，有数百个之多，和北京的潘家园并称全国两大古玩旧货市场。远至春秋战国，近至文革时期，金石字画、玉器古玩、家什杂物，奇奇怪怪，无所不包。不过在这里“淘宝”要识货才行，因为古玩的价值实在不好估算。

交通：乘坐 23、41、43、48、82、83、306、312、317、804、807 路公交可达

故都寻古

夫子庙 江南贡院——十里秦淮

孔子是汉以后历代帝王都尊崇的至圣先师，除了在其故乡曲阜建有规模宏大的孔庙、孔府、孔林以外，旧时几乎每座县城内都建有孔庙，因与供奉关羽的武庙相对而称文庙。南京孔庙和曲阜孔庙、北京孔庙、吉林孔庙并为全国四大孔庙，因尊称孔子为孔夫子，一般又习惯称为“夫子庙”。

南京夫子庙以秦淮河为天然的泮池，河之南侧为全长110米的大照壁，为全国照壁之最。北面木牌坊是在原址南移重建的，和其北的棂星门隔贡院街相对，原来街东西两侧还各有一座牌坊，不过都已不复存在了。牌坊以北的大成门现在成了正门入口，进门是一条石砌通道，直通往重檐歇山式主殿大成殿。殿内复原了孔子及其主要弟子的画像，殿前两侧的廊庑里则陈放着用檀木雕刻的中国世界遗产微缩浮雕展览。

穿过大成殿后门可到明德堂，从前这里是府学的所在。现在改成了器乐表演场所，每天定时演出编钟和民乐节目，当然也可以花钱点曲。明德堂前的庭院里，两侧分别有钟亭和鼓亭，环绕庭院的厢房里，展出南京的一些传统文化和文物陈列。

夫子庙建筑群还包括邻近的江南贡院，与在庙东面贡院街北的龙门街正对。贡院是举行封建科考的地方，以前分乡试、会试和殿试三级，

夫子庙大成殿

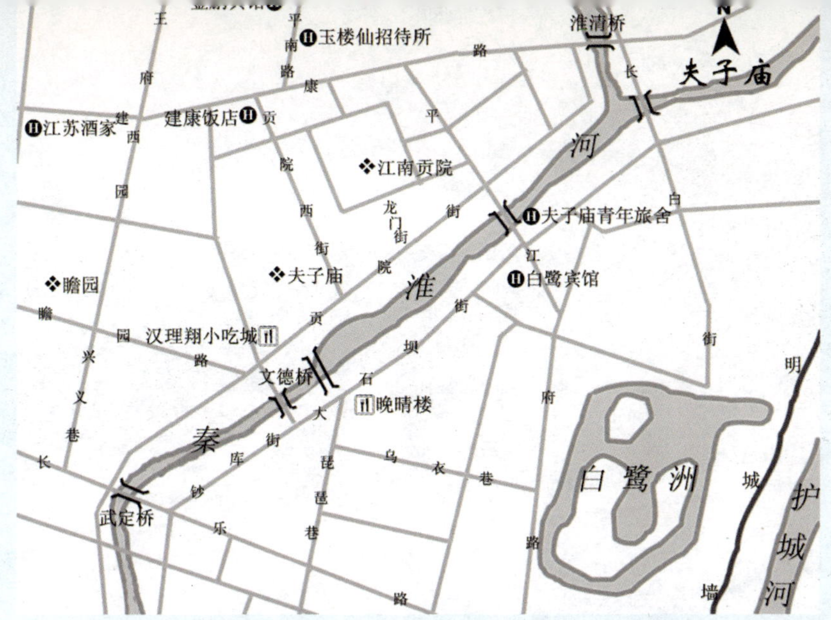

每三年举行一次。江南贡院是举行乡试的地方，由皇帝派来的考官主持，考中了就称为举人，第一名为解元。原来规模很大，明远楼四面是一大片考棚，但都在民国后拆除。如今的入口明远楼其实是原来贡院的中心建筑，是用来监考的设施。现在楼后复建了部分考棚，以蜡像方式展现了从前的考场百态，《贡院历史陈列展》可以让大家对黑暗的科举制度有一个大致的认识。

到达

乘1、4、7、30、31、40、44、49、301、304、801、802、804、Y2路公交车可达。

门票

夫子庙20元，江南贡院6元

开放时间

夫子庙8:00-21:00，江南贡院8:00-18:00

游览时间：2小时

下一站

● 继续游览：乘坐44、402、Y2均可到达总统府。

● 美食：夫子庙地区的晚晴楼、金陵春饭店都是南京著名的餐饮老字号。

作者手记

● 夫子庙所在地区商店、餐馆、小吃店林立，都被统一改成了明清仿古风格，成为现今南京城内最为繁华的旅游商业文化步行街，也是最具老南京味道的地方，每天人来人往，经常都是人头攒动。

● 每年农历正月初一到初八，这里还举行夫子庙灯会，更是熙熙攘攘，热闹非凡。

煦园不系舟

总统府旧址（煦园）——失落的天朝宫殿

煦园是南京城内的另一座名园，前身是明成祖朱棣的次子、汉王朱高煦的府邸，因而称煦园。清代改成两江总督署，成了清朝监督征收钱粮的要地。太平天国定都天京（即南京）后，把这里改扩建为洪秀全的天王府，大兴土木，极尽奢华，不幸在清军攻占天京后付之一炬。后重又成为两江总督署，辛亥革命后民国政府又把这里选定为总统府，并在一旁设行政院等机构，直到南京解放。一座煦园的历史，可谓是一部浓缩了的中国近代史，所以这里现在也被开辟为中国近代史博物馆。

总统府的大门，是一座西式的门楼，建于民国时期，当年解放军渡江后，就是把象征胜利的红旗插在了这里。正对着的大殿，清朝的时候是两江总督署的大堂，太平天国时期就是宏伟的天王府正殿，民国时是接见贵客的场所，可谓是重中之重。大堂西侧有民国时建成的大礼堂，蒋介石就曾多次在此发表演讲。沿正中的长廊直行，到二堂、三堂都是按民国时期的办公设施复原，最后一进是民国增建的五层行政办公楼，因国民政府主席林森字子超而称“子超楼”，蒋介石和李宗仁都曾在子超楼的二楼办过公。

煦园博爱湖

总统府的东路是重新恢复的东园，称复园。复园往东是民国时期的行政院旧址，分南北两楼，都是民国时期的建筑，现在设国民政府五院文物史料陈列。复园之南，是原两江总督署的建筑，现设洪秀全和天朝宫殿历史文物陈列，以及清两江总督署史料展。

回中路大堂从西侧进园门可到西路的煦园。煦园的中心是一个长条形的南北向人工湖，名太平湖。北面湖心建有漪澜堂，正对南边湖中有一画舫名不系舟，石底木身，是清乾隆时遗物。两侧有曲桥通向两岸，西接夕佳楼，东连桐音馆。桐音馆向北，穿过忘飞榭旁长廊，可到当年孙中山先生的起居处。

历尽沧桑的总统府，解放后曾长期作为江苏省各级机构的办公地，如今已经过全面整修，对游客开放。漫步于其中，观看各类专题展览，犹如重新领略了近一个多世纪以来的风风雨雨。

到达

乘29、44、65、95、304、Y1、Y2路公交车可达。

门票：40元

开放时间

夏7:30–18:00，冬8:00–17:00

▶ **游览时间**：3－4 小时

▶ **下一站**

●继续游览：从总统府往东去，到中山门内有一座南京博物馆。这是国内四大博物馆之一，建于民国时期，目前珍藏有各类珍贵文物多达四十多万件。其中一部分以专题形式对外展出，展品包括青铜器、玉器、漆器、书画等各门各类。抗日战争时南迁的故宫文物，就曾存放于这里。抗战胜利到解放前国宝运往台湾的期间，也曾在此短暂停留。

●美食：乘坐44、402、Y2可回夫子庙地区。

瞻园——金陵第一园

南京的园林，远不如苏州和扬州之盛。比较有名的，也就瞻园和煦园两处，但前身都是明代的王府，并有皇家背景，尤其以瞻园为著。瞻园原来是朱元璋登基前的吴王府，后赐给中山王徐达，已有六百多年

瞻园大厅

的历史。清初改为布政使司衙门，太平天国时成为东王杨秀清的王府，可惜毁于天京保卫战中。清末两次重修，仍难复旧观，解放后重新恢复开放。

瞻园分为两个部分，东半部是府邸，西半部是花园。从影壁正对的大门进去是府邸部分，现在辟为太平天国历史陈列馆。迎面是一个敞空的过厅，中立一块刻有龙形的挡板，其上“太平天国历史陈列”匾额，是郭沫若所题写。正厅主要陈列太平天国时期的文物，正中摆放着洪秀全的半身铜像，展厅内有包括天父上帝玉玺、天王皇袍、忠王金冠、大旗、宝剑、石槽等在内的300多件。

走进庭院西侧的园门，就是瞻园的园林部分，是一座典型的江南园林。园中央是静妙堂，三面环水，把园分为南北两部分，南小而北大。堂南北各有假山一座，岁寒亭立于北边假山之上，周边还有一览阁、花篮厅、致爽轩、迎翠轩等建筑。园中的石矶和紫藤，都是明代之物。还有两块宋代奇石－仙人峰、倚云峰，相传是宋代花石岗的遗物。南侧小园有一窄长池水，与主园相通，浮萍漫布，游鱼成群，两侧回廊环绕，虽面积不大却十分精致。

到达：乘301路公交车可达。

门票：白天40元，夜游50元。

开放时间：白天8:00–19:00，夜游19:00–23:00

游览时间：2小时

下一站

- 继续游览：东行不远就是夫子庙。
- 美食：夫子庙既是旅游区又是美食购物区。

作者手记

瞻园开放夜游，可在园内品南京雨花茶、吃秦淮小点、赏园林夜色、听丝竹音乐，确是一种难得的享受。

南京瞻园

明孝陵——七星皇陵

在南京的城东，有一座不高的小山叫钟山，也叫紫金山，这就是南京的“龙盘”所在。历朝的统治者都把这里看作风水宝地，死后就埋在这青松翠柏之间，还有大批重臣良将陪祀周围，坟茔遍布整座紫金山的山麓。

南京是明太祖朱元璋的龙兴之地，他也把京师定在了这里，即位后就着手选定陵址，最终选中了钟山南麓的原灵谷寺所在。为了建陵，不惜动用大量民力，把灵谷寺搬迁到西部现址。因梅山的阻隔，特意让神道在此绕了一个弯，形成一个北斗七星的形状，可谓独具匠心。明孝陵在整个明清皇家陵寝中，规模是空前的，也奠定了后世的格局，以其当之无愧的价值在2003年被增补进世界文化遗产名录。

陵园南端是大金门，是陵园的正门，受太平天国战火波及，整个陵区建筑木构部分大都被毁，大金门也只剩三个砖砌门洞，四面陵墙已不复存在。穿过陵园路到对面，那座大型碑亭也是同等命运，四面墙身高耸，中间矗立着一座巨型的神功圣德碑，直指蓝天，被人们形象地称之为四方城。

四方城下来就到神道，神道又分为两段，前一段是石像生，后一段是文臣武将立像，两者呈钝角相连，连接处有一对高大的望柱。这是守护皇陵的仪仗，每个石像都用整块巨石雕制而成，虽经数百年的风雨，仍坚守在各自的岗位上。

过大石桥就是主陵区所在，从陵门到碑亭、享殿、明楼、宝顶，分布在一条南北向中轴线之上，整齐有序，步步升高。虽然主要殿宇大都毁于战火，但从残存的遗迹仍能窥见当年的雄壮，尤其享殿所在的那座三层汉白玉巨大台基，更是令人侧目。

南京皇陵石刻

明孝陵殿基

上面那座清末缩建的小小单殿，相形之下就显得特别渺小了。宝顶之前的明楼，是明孝陵始创，宝顶也一改前朝的方形平顶，变为圆形穹顶，四周建宝城环绕。据考古遥感，孝陵的地宫就位于宝顶之下，一代英主朱元璋，应该就长眠于地宫之中。

到达：乘20、Y2、Y3路公交车可达，或乘9路到四方城下。明孝陵、中山陵、灵谷寺之间有电瓶车往来，票价10元。

门票：70元，联票130（含明孝陵、中山陵、灵谷寺、梅花谷、音乐台），四方城和石像路的文臣武将段不查票。

开放时间：6:00–19:00

游览时间：2小时

下一站

- 继续游览：乘坐Y2、Y3旅游公交车都可到中山陵。
- 美食：乘坐Y2可回夫子庙地区。

作者手记

- 通常到陵区主体的游客多些，石像路人很少。
- 神道西侧有座梅花山，是赏

梅的地方，每年的2月28日~3月18日在这里举行南京国际梅花节。

● 梅花山下还有东吴大帝孙权的陵墓，明初修建孝陵时曾打算将其迁移别处，因明太祖一句“孙权也是一条好汉，留着给我看门吧”而保留了下来。今地面建筑和坟丘早已没有痕迹，只在原址上新竖了一尊孙权塑像以作标记。

● 朱元璋所立的皇太子朱标早死，死后追封为孝康皇帝，葬于孝陵之东，称孝东陵。地面建筑都毁于兵火，近年又重新发掘出土，以遗址方式展现，供游客更进一步了解明陵的规制。

中山陵——革命先行者长眠地

伟大的革命先行者孙中山先生，生前视南京为“前途无可限量”之地，在南京就任临时大总统，为民族的振兴呕心沥血。他逝世以后，人们为了缅怀这位一代伟人，在钟山第二峰茅山南麓为他选定了陵址。陵园由当时国内著名建筑师吕彦直设计，外形犹如一座巨大的警钟，横卧在一张绿毯之上，庄严而肃穆。陵墓于1926年1月动工，1929年春落成，同年6月1日，孙中山先生的灵柩从北平西郊的碧云寺石塔内奉迎回南京，葬入中山陵。

陵依山而建，座北朝南，从牌坊前的平台到顶部的墓室，700多米的距

中山陵大门

离以石阶连接，逐级升高，上下落差达70余米。沿线的建筑，都以传统的民族风格为主，仿木的结构，花岗岩为主体，上覆蓝色琉璃瓦，整齐排列在中轴线之上。最南端是三楼四柱石牌坊，矗立在广场之北，正中石匾上刻孙中山手书“博爱”二字。走过435米的墓道到重檐九脊顶陵门，正面石额上镌孙中山手书“天下为公”。陵门后是碑亭，亭中立墓碑。碑亭至祭堂的正道，分为八段290级石阶，每段设平台，游人到此瞻仰，无不怀着一份崇敬之心，走完这三百九十二级台阶。

祭堂是陵园的主体，重檐九脊蓝色琉璃瓦顶，上下檐间嵌孙中山手书“天地正气”直额。祭堂四角立花岗岩砌成的石柱，堂前两侧立石华表一对。正面三座石拱门，安装镂空紫铜扇门，门楣上分别刻有“民族”、“民权”、“民生”篆字。进入堂内，正中为孙中山石雕坐像，前后排列花岗岩石柱12根，顶部为覆斗形天花，地面是大理石铺地，东西两壁分刻孙中山遗著《建国大纲》全文。安放灵柩的墓室就在祭堂之后，呈半球形，孙中山先生的遗体就安卧于大理石卧像石座之下。数十年来，到此缅怀的各界人士不计其数。

到达：乘9、Y1、Y2、Y3路公交车可达。

门票：联票80（含明中山陵、灵谷寺、梅花谷、音乐台）

开放时间：6:00—19:00

游览时间：2小时

下一站

- 继续游览：乘坐Y2、Y3路旅游公交车可到灵谷寺。
- 美食：乘坐Y2可回夫子庙地区。

作者手记

- 几乎是游客到南京的必到之处，来此瞻仰的人络绎不绝。
- 为纪念中山先生，当时还纷纷集资兴建了一批纪念建筑，主要有陵前的音乐台、行健亭、仰止亭、流徽榭，陵东的中山书院和藏经楼（现为孙中山纪念馆）等。如今这些都已成为中山陵的一部分。当年和他并肩作战的国民党元老，如廖仲恺、邓演达等，也多葬在周围地区。
- 为表示对一代伟人的敬意和缅怀，陵区内请不要大声喧哗和随意说笑。

灵谷寺——国民先烈埋骨处

灵谷寺是钟山惟一留存至今的南朝佛寺，原址在今明孝陵陵区之内，明太祖下令将其迁至此地，并亲自题名“天下第一禅林”。原寺规模很大，从山门到大殿就有五华里之远，可惜大部分毁于太平天国战火，仅余无梁殿等少数建筑。中山陵完工之后，国民政府把灵谷寺改扩建为国民革命军阵亡将士公墓，纪念北伐及淞沪抗战中牺牲的官兵。

墓门原为灵谷寺的金刚殿，光绪年间重建后成为大门，建公墓时也以此作为大门，门额题“国民革命烈士之祠”。墓门以北为五间六柱式钢筋水泥牌坊，仿照我国传统木结构式样建造，顶覆绿色琉璃瓦，牌坊前还设一对石兽。

过牌坊沿青石甬道北行，是由明代无梁殿改造而成的公墓祭堂。原来因供奉无量寿佛而称无量殿，又因为殿身是砖石拱券结构，没有一梁一木而俗称无梁殿，是我国现存最大的一座无梁殿。殿内后正堂中奉有“国民革命烈士之灵位”，两边是国父遗嘱和民国国歌，四周以黑色大理石碑刻上国民革命军阵亡将士的名录。祭堂后是第一公墓，以花瓣形半圆围墙围起蛛网式小路，前竖一对花岗岩纪念碑。祭堂东西两端还分别有第二和第三公墓，共葬入一千多名北伐战争和淞沪抗战中的阵亡将士。

南京灵谷寺塔无梁殿

沿公墓两侧阶梯而上是纪念馆，原来是灵谷寺戒律堂的旧址，民国时在原址上仿中国传统古建筑形式建两层走马楼，陈列阵亡烈士遗物。纪念塔在公墓的最北端，纪念馆之后，用钢筋水泥和苏州花岗岩混合构筑，八角九层，塔高66米。塔中有螺旋形扶梯可登临，每层外有走廊，围以栏杆，从塔上可眺望钟山的山林秀色。

到达：乘Y2、Y3路公交车可达。

门票：联票80（含明孝陵、中山陵、灵谷寺、梅花谷、音乐台）

开放时间：6:00–19:00

游览时间：2小时

下一站

- 继续游览：到中山陵乘坐Y1路旅游公交可到玄武湖公园。
- 美食：乘坐Y2可回夫子庙地区。

作者手记

虽也是旅游热点，但相对明孝陵、中山陵而言游客要少一些。

玄武湖——江南最大的城中公园

在南京城的东北面，钟山之东麓，有一片波澜不惊、水光涟滟的湖面。然而一千多年前，却经常是擂鼓震天、杀声四起，原来这里是六朝训练水军的所在。到六百多年前的明代，又成为了皇家的禁地，用于在湖中小岛上存放户籍赋税的黄册。直到辛亥革命后，才开辟为五洲公园，解放后改称玄武湖公园，成为了老百姓的休闲场所。

玄武湖是江南最大的城中公园，虽没有杭州西湖的声名鹊跃，可同时也没有了那如织的人潮，尤其适合一日奔走之后傍晚在此休闲漫步。

玄武湖中有五座小岛，其前身是南朝宋文帝时挖湖泥堆积而成的“蓬莱”、“方丈”、“瀛洲”三岛，明朝时基本形成现在的面貌。从玄武门入口进内，走过一道短堤可到环洲。环洲是一条形如玉环的陆地，沿岸种满柳树，有“环洲烟柳”之称。洲西端假山石峰中有形似“童子拜观音”的太湖石，是宋代花石岗的遗物。环洲从三面紧抱樱洲，有小桥相互连通，每年四月樱桃如火，樱花轻扬，为“樱洲花海”。从环洲向北过芳桥是梁洲，是开辟最早、风景最佳的一洲，每年秋天菊展在此举行，故称“梁洲秋菊”。梁洲沿湖过翠堤是翠洲，洲上苍松、翠柏、嫩柳、淡竹，构成“翠洲云树”景色。此外，环洲之西南还有位于湖中心位置的菱洲，过去盛产红菱，有“千云非一状”的钟山云霞，自古就有“菱洲山岚”的美名。五座小岛风光各异，四季皆有佳景。

到达：乘1、3、8、15、22、25、26、28、30、33、35、38、47、56、74、304、801、802、819、Y1路公交车都可到达。

门票：20元，举办大型活动时可能上调。

开放时间：8:00-21:00

游览时间：2小时

下一站

● 继续游览：乘坐1、22、28、33、801、819、Y1到南京车站转乘南龙线、南上线可到栖霞山和栖霞寺。

● 美食：乘坐1、304、801、802可到夫子庙地区。

作者手记

● 四季皆有好景，四月的樱花，夏日的荷花，秋天的菊花，都是玄武湖比较美丽也比较热闹的时候。

● 玄武湖公园内有时会举办一些大型活动，如灯会、花展一类，当然这时门票也会水涨船高。

● 如果不想花门票钱，其实沿着湖边的古城墙信步而行，也是不错的选择。

栖霞山 栖霞寺——南朝四百八十寺

南京民间有“春牛首、秋栖霞”之俗，其中栖霞山是位于城东北22公里的一处风景胜地，因山深林茂、泉清石峻而闻名，尤其是深秋如火的红叶而令人向往，素有“金陵第一名秀山”之称。

栖霞山更为人所熟知的，还是位于山麓的栖霞寺，那是“南朝四百八十寺”中留存不多的一座，和苏州寒山寺、杭州灵隐寺等齐名。栖霞山之名，就是因此而来。

进入大门，第一景是明镜湖，是清乾隆时兴建的，湖中有湖心亭和九曲桥，景点名“彩虹明镜”。向东月牙池后，就是栖霞寺的大门。大门外两侧各有一座碑亭，左边的一座是乾隆的御碑，右边的一座更为珍贵，是唐代的明征君碑，碑上的行书体是著名的书法杰作。进入天王殿后是毗卢殿，这是清光绪时重建的，里面的佛像都是近年重塑。

从寺右侧门口出外，紧贴寺墙是一座八角五层舍利塔。其前身是隋仁

栖霞寺

栖霞山

寿年间建成的木塔，毁于唐会昌灭佛运动，南唐时重建为石塔。全塔用白石砌成，塔基上刻着释迦牟尼出家修道的故事，以上各层塔外壁刻满天王、菩萨、飞天、供养人等各种形象，雕刻细腻，装饰华丽，是佛教艺术在江南的代表作。

舍利塔后石崖上分布有大小不一的佛龛，从南朝永明年间开始，历经唐、宋、元、明各代，共开凿700余尊佛像，号称千佛崖。最大的一尊是位于大佛阁内的无量寿佛坐像，凿于南齐永明年间，是江南最大的一尊摩崖造像。可惜的是这里的石质易于风化，很多造像都已模糊不清，头部不知去向。而且经民国时寺僧用水泥涂抹修缮，大都面目全非。唯有大佛阁内两胁侍菩萨等少数几尊未遭此待遇，不过也难现旧观。

从千佛崖一侧的小路可上山，乾隆时曾在山上建行宫，现在还能看见当时的行宫、御花园假山、御碑等部分遗址。经桃花涧一线，可重新回到栖霞寺大门入口。除了秋天赏枫叶以外，夏天时候绿树成荫，水声潺潺，也是一处清幽宜人的休闲之地。

到达：南京火车站乘南龙线、南上线可达，行程约40分钟。

门票：15元

开放时间：8:00–18:00

游览时间：2–3小时

最佳游览季节：秋天是最佳的赏红叶的季节。

下一站

● 继续游览：南京的周边有很多六朝的皇帝和王侯的陵墓石刻，栖霞山附近最为集中，有陈文帝的永宁陵、梁萧融墓、萧景墓、萧秀墓等，石刻种类有麒麟、天禄、辟邪、望柱和石碑几种。如果感兴趣的话，不妨在回城路上的甘家巷下车，到甘家巷小学内看看保存石刻最多的梁忠烈王萧秀墓石刻。此外甘家巷西的农田里有并排的萧恢、萧 兄弟墓，其他的就只能打个摩的去了。

● 美食：从火车站转乘33路可到夫子庙，再到对面的大石坝美食街。

作者手记

平时游客不多，比较清静。

中华门——固若金汤的堡垒

城墙，是冷兵器时代十分有效的防御工事。中国古代县级以上的驻地绝大部分都筑有城墙，通常行政级别越高城墙就越为高大牢固。城墙是与战争如影随形的，在刀光剑影、炮火连天之中，不少雄壮的城墙变成残垣断壁，又随着冷兵器时代的结束而平毁废弃，退出历史舞台。南京城墙就是其中鲜明的代表。

南京最早的城墙——范蠡所筑的军事堡垒早已荡然无存，清凉山上的石头城也已所剩无几，六朝的故城更是难寻形迹。今天所见的南京城墙是元末明初朱元璋采纳谋士“高筑城、广积粮、缓称王”的建议修筑起来的，共花费了数十万劳工21年的辛劳才筑就。城因山形水利呈不规则形状，周长33.5公里，高度在12米以上，厚7.62至12.19米，开有13座城门，是当时世界上的第一大城。除此以外，城外还筑有一道60公里长的外城墙，上有18座城门，内外一道拱卫着京师的安全。

历经数百年的战火洗礼，以及解放初期的人为破坏，如今南京城墙已不再完整。外城湮没无痕，仅余一个个空洞的城门。保存比较完好的，有城南的中华门、西北以挹江门、东北玄武门、城东的中山门等，尤其中华门是最为宏大的一座，是游览城墙的必到之处。在明初，这里是都城的正门，原名聚宝门，中华门的名字是民国的时候才改的。

大多数的城门都设有瓮城，用以对入侵敌人来个“瓮中捉鳖”，但通常都只有一重。象中华门这样有内外三道瓮城、四座城门一线贯穿的城堡可谓绝无仅有，它也是我国现存最大

南京中华门

的一座城堡。而且其布局也有独到之处，一般瓮城都是凸出在城墙之外，而中华门却是缩在城墙以内，这能给进犯的敌人来个措手不及。从城墙高大的北门洞进内，一种森严之感由然而生。穿过一道再一道城门，高大的镝楼随即矗立眼前。虽然楼顶已毁，但豪不掩其气势。墙体上并排的两层13个大型藏兵洞，以及瓮城外登城马道两侧的各7个藏兵洞加在一起，足可以容纳3000名士兵。沿左侧台阶登上城墙，居高临下，上下夹击，足以给入侵者以致命的一击。何况城墙外还有宽阔的护城河，在冷兵器的时代，可谓是固若金汤了。

到达：乘2、16、26、33、49、101、102、105、106、802、814、816、820、Y2、Y4 路公交可达

门票：20 元

开放时间：8:00-20:00

游览时间：半小时

下一站

● 继续游览：乘坐33 路到三元巷下，西行约一站距离到朝天宫。

● 美食：往北步行几分钟可到繁华的夫子庙地区。

作者手记

看城墙除了中华门以外还有好几个地方，其中玄武湖一带的城墙保存较好，还有个明城墙的陈列馆。

朝天宫——朝拜天子的地方

朝天宫的所在地，相传是春秋时期吴王夫差在此冶铜铸剑，所以称冶山，后世帝王多在此建寺庙宫殿。明洪武年间在此建道观，因都城的文武官员都要来此学习朝贺天子的礼仪，所以称为朝天宫。清咸丰时道观被毁，后在原址改建孔庙，并将江宁府学迁至一旁，但原来的宫殿式格局却基本保留，朝天宫之名也延续了下来。

朝天宫是江南现存规模最大、保存最完好的一组古建筑，西路的卞壶祠的和东路的江宁府学现均未对外开放。正中是孔庙的棂星门牌坊，门前一堵朱红色的大影壁，前有泮池，左右两座相对的牌坊分别书有“德配天地”、“道贯古今”匾额。从棂星门入内，过大成门，迎面是那座重檐歇山式的主殿——大成殿，建在高大的汉白玉台阶之上。过去殿里供奉的是孔

子及其弟子的牌位，定期举行祭祀大典，现已改为南京市博物馆的展厅，设立《六朝风采》、《明都南京》等展览。大成殿后还有崇圣殿和敬一亭，也是孔庙的标准组成部分。

到达：乘4、23、41、43、48、82、83、306、317、804、807路公交车可达。

门票：30元

开放时间：8:00-17:00

游览时间：1小时

下一站

- 继续游览：乘坐4、804路公交可到夫子庙，瞻园就在不远处。
- 美食：夫子庙地区是著名的美食和购物区。

作者手记

- 一般游客很少。
- 棂星门内到大成门前的院子里，东西两边是古玩市场，有众多的摊档，出售各式古物，不想买也可转一转。
- 现在经常在大成殿前举行大型古乐表演和朝拜天子的礼仪表演，是在明史专家的指导下按明朝的程式编排的，其中文武舞百戏、丹陛大乐和中和韶乐等尤为声势浩大。

南京朝天宫大殿

第三章

扬州——赢得青楼薄幸名

“故人西辞黄鹤楼，烟花三月下扬州”，这一脍炙人口的诗句，总让人对那举世无双的琼花浮想联翩。据说当年，那位昏庸暴虐的隋炀帝，就是为此不惜劳民伤财开凿运河，不远千里乘坐水殿龙舟而至。结果引致官逼民反，王朝土崩瓦解，自己也客死他乡，只换得雷塘数亩田的葬身之所。大概他生前从未料到，那条只为自身一时享乐的大运河，却让扬州这座始于吴、兴于汉的城市，在唐代推向了极盛，直到明清“依旧淮南第一州”。

在江南诸多名城中，杭州以城市山水胜，苏州以私家园林名，而扬州则是兼具两者而有之，且又绝不雷同。瘦西湖虽小，却是“两堤花柳全依水，一路楼台直到山”，一草一木、一桥一亭、一砖一石，无处不透露出其灵秀。扬州园林虽无皇室之家的恢宏，也少官宦世家的大雅，却并蓄了儒商的奇巧，叠石复廊构景自然精妙，更彰显其独特魅力。昔日“园林甲于天下”之扬州，屡遭战乱，所存园景不及盛时之一二，但仅其中的何园与个园，就已是中国园林史上绕不开的辉煌一页。

瘦西湖　二十四桥

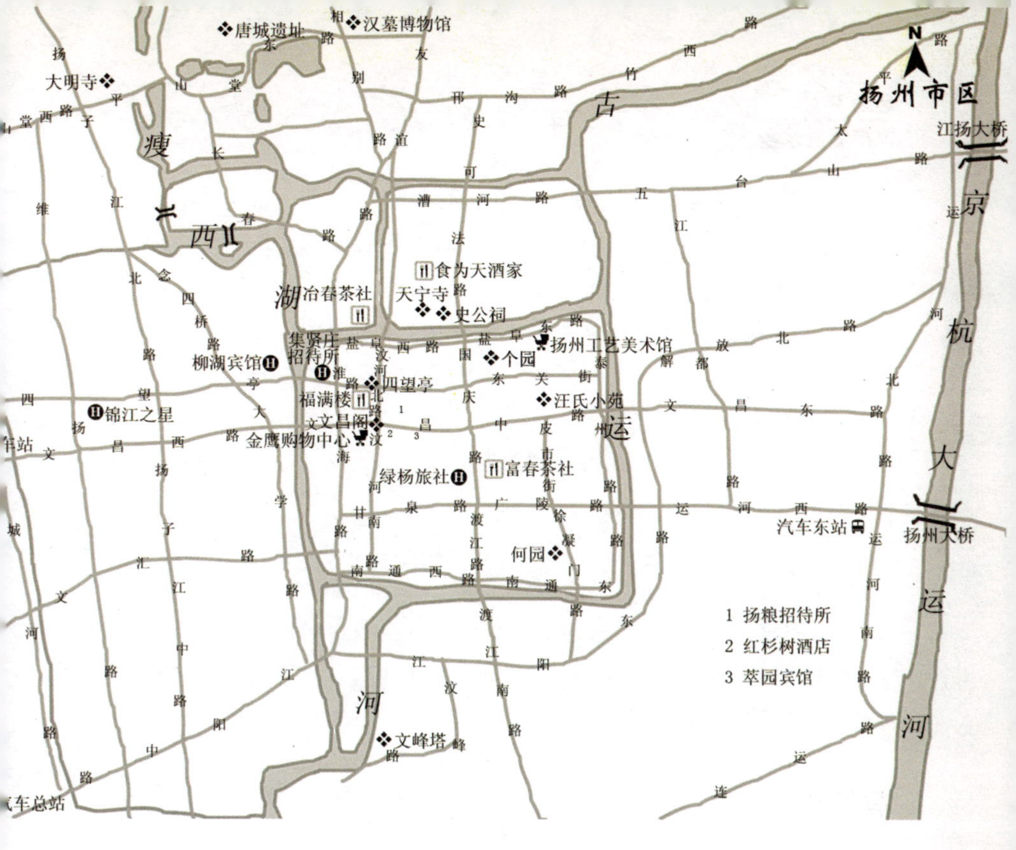

历史上的扬州，舟船如梭，盐商云集，风物繁盛，富甲天下。然而兴于运河，发于盐业，却随着盐法变革、运河淤塞而走向衰落。津浦铁路的通车更是将其冷落一旁，一晃百年。只有那惊艳的琼花，还能不时勾起人们对其的点滴记忆。随着新世纪的到来，宁启铁路的开通、润扬大桥的建成，扬州才从低谷中逐渐回转，以其当年发端的步伐，重又在塑造一个新的“淮左名都”。

旅游指南

“烟花三月下扬州”，这是一句家喻户晓的诗句，但要注意这里指的三月是农历。每年这个时节，不单琼花会竞相开放，而且瘦西湖两岸桃红柳绿，直可以与杭州西湖斗艳。

瘦西湖就在扬州市区的西北角，是一个折尺形的湖泊，是扬州的标志性景区。如果嫌走着较累，岸边也有游船可代步，一边观赏风景一边还可欣赏民乐。那蜀冈之上大名鼎鼎的大明寺，就在瘦西湖公园北门的对面。

个园和何园称得上园林里的经典，足以和苏州园林比肩。就是小巧玲珑的汪氏小苑，也不失为一件精致的作品。这些宅园都位于扬州的老城区里，相距并不太远，用一天时间转下来绰绰有余。

如果还有闲暇，不妨到天宁寺参观扬州市的博物馆，在那大殿前的古玩市场淘淘宝。顺便，你还可以到邻近的史公祠拜谒一下忠魂。这样的旅程，就很完美了。

扬州的中心位于文昌阁到四望亭一线。其中文昌阁四周大型商厦林立，而四望亭主要是美食街。住宿也以这一带为宜，高中低档的宾馆旅店都有不少，价钱略低于苏杭等城市，通常一百块钱已经找到能相当不错的标准间了。如果是驴友，建议去绿杨旅社体验一晚，那里曾住过许多近现代的著名人物，现在已被列为省级文物保护单位。

繁华往昔

扬州之名来自于《禹贡》中的九州之说，西汉时正式成为一级行政区域，但驻地不定。直到隋唐，几经更改，先后为吴州、江都郡、邗州、广陵郡之名，最后才定为了今天扬州的专有地名。隋炀帝开凿大运河，扬州成为水运枢纽，奠定了唐代空前繁盛的基础。交通的便利，促进了商业和手工业的发达，成为东南第一大都会，时有“扬一益二”之称（益即今成都），地位仅次于京城长安和洛阳。扬州不仅是运河的重要枢纽，还是海运的四大港口之一，鉴真东渡、遣唐使来华，以及各国客商的侨居，使扬州成为对外交往的重地。昔日唐城的子城残垣，至今仍矗立于蜀冈之上，在其南门旧址上建有博物馆。城西的大明寺，也一直留存至今，成为游人争相前往之地。

唐代以后，扬州一度成为杨行密的“杨吴”政权所在，宋高宗时又为行宫一年，几经战乱，又几度兴复，城址屡经缩小，作为漕运要冲的地位却始终未变。到清代，“扬州十日”的血腥过后不久，扬州就迎来了又一次辉煌时期。康熙和乾隆多次南巡，使扬州出现空前的繁华。盐税占据清政府财政的支柱作用，各地商贾云集于此，园林会馆纷纷兴建，文化艺术盛极一时。直到清末，地位才逐渐旁落。但扬州的悠久历史和重要地位，却已牢牢地铭刻于青史之上，也理所当然地成为中国第一批24个历史文化名城之一。

扬州地理

扬州虽地处长江以北，但与沪宁杭地区密不可分，习惯上仍视为江南的一个重要组成部分。京杭大运河纵贯市境而过，在南部与长江交汇。隔江相望是镇江，有润扬大桥相接；西部临接省会南京，铁路已经开通；北部运河与淮安沟通，水路货运依旧繁忙；东部则是泰州和盐城的区域所在，高速公路四通八达。扬州是地级市，现设广陵、维扬、邗江三个区，并下辖江都、高邮、仪征三市和宝应县。

扬州依长江临运河，境内水网密布，原来城内就有多条河流穿过，虽部分被填埋，但主要的护城河等仍存。瘦西湖本身就是河道的一部分，加上湖北面的蜀冈，现被列为全国重点风景名胜区。市境北部多湖泊，由南向北依次为劭伯、高邮、宝应、白马四湖，由运河贯穿。沿河和沿湖多为平原，只有市郊北部和仪征、宝应一带是丘陵，但都不高。

冶春茶社附近的春景

名人足迹

鉴真　14岁出家，20岁到京城求学，26岁回到扬州后在江淮一带建造佛寺、传讲佛法，55岁受邀开始其东渡壮举。经历五次失败，自己双目失明，几位弟子或死或离，直到66岁高龄才抵达日本。他在那里传戒、建寺、讲学、行医，十年后安息在那里。当年他所任主持的大明寺，后人为其建起了纪念堂，堂内有鉴真楠木雕像，仿自日本唐招提寺鉴真干漆夹像。

欧阳修(1007–1072)　吉州庐陵（今江西省吉安市）人，曾任扬州知州。欧阳修虽然不是扬州人，也只在扬州当过不到一年的太守，但并不影响人们对他的敬佩和追思。并不仅仅因为他在大明寺内建了一座平山堂，更是因为他的文章做得好，并且以他的文章道德教化了他管理的那一方水土。若干年后，另一位扬州太守苏轼还在平山堂前填词立碑凭吊他的这位恩师。

史可法(1602—1645)　河南祥符（今开封）人，扬州历史上最为可歌

春日融融游人如织

可泣的一位英雄人物。李自成灭亡明朝后，福王朱由崧在南京立，史可法任兵部尚书兼东阁大学士。后驻守扬州受清兵围攻，誓死拒绝清摄政王多尔衮的诱降，城陷被俘后又坚贞不屈，最后从容就义。后人在扬州城北梅花岭畔建史公祠及其衣冠冢，遂了他生前“我死，当葬梅花岭上”的遗愿。

郑燮(1693—1765)　号板桥，江苏兴化人，扬州八怪中的代表人物。“扬州八怪”是扬州书画界的杰出代表，其实并不止八人，以郑燮、罗聘、黄慎、李方膺、高翔、金农、李　、汪士慎为主。他们大都不是扬州本地人，却因为共同的志趣聚集到了一起，形成了这个独特的群体。所谓“怪”，也只是因为他们大胆创新，不为当时所谓正统人士认同，却为后世画家所传承。他们的作品，数量繁多，流传广泛，影响甚广。扬州市还专门在八怪之一的金农晚年寄居的西方寺，建立了一个“扬州八怪纪念馆”，展出他们的一些书画作品。

朱自清(1898—1948)　生于江苏东海县，成长于扬州，所以自称扬州人。朱自清是文学研究会的早期成员，中国新文化运动的开拓者之一，他的《背影》、《荷塘月色》等是为人熟知的教材作品。他在清华大学任教期间，曾多次参加学生游行运动。最令人敬佩的是他崇高的气节，宁可饿死，也拒绝领取美国的救济。他在扬州的故居位于安乐巷27号，是一座三间两厢的平房古宅，朱自清的青少年时期有十三年是在这里度过的，今天已辟为朱自清纪念馆。

扬州二绝

玉器　到过北京故宫珍宝馆的人们，大都会惊异于那座重逾万斤的玉器之王——《大禹治水图》玉山。此玉石产于新疆和田，却要不远万里运送到扬州，经数年的雕琢再运至北京安放，可见当时扬州玉器的雕刻水平在全国无出其右。扬州制玉的工艺可追溯到4000多年前的新石器时代后期，历经汉、唐、宋几个高潮，到清乾隆时进入全盛时期。玉器的用途也由陪葬、饰品向陈设品发展，花鸟、炉瓶等品种日益丰富，造型、琢磨艺术水平也逐渐提高，现已成为扬州的重要艺术品代表。

漆器　漆器在春秋战国的时候就已经很流行了，到了汉代更是达到了高峰时期。从扬州郊区的汉代墓葬中出土的漆器及残片，总计多达万件。唐代时扬州漆器仍为名贵贡品，日本奈良唐招提寺中的几尊国宝级的佛像，就是扬州的鉴真弟子所造。元代时扬州更是全国漆器的制作中心，到明清时达到全盛，直至今日不仅在国内备受青睐，还远销海外。

扬州特产

扬州三把刀　就是指厨刀、修脚刀、理发刀。可别小看了这三样小东西，虽不如漆器和玉器那样荣登大雅之堂，在当地的能工巧匠手里一样精工细作，远近闻名。三把刀与百姓的日常生活息息相关，也对当地饮食业、洗浴业、美发业的兴旺有一定的促进。扬州的三把刀现已成为一个著名的文化品牌，乃至于在富春茶社前的得胜桥上还形成了三把刀一条街。

牛皮糖　"牛皮糖，可不是吹牛皮的糖"，这一广告语在扬州随处可见，事实上这广告也绝不是吹牛皮的。牛皮糖是"扬州一绝"，早在清朝乾、嘉时期就已经面市，经历过失传又重见天日，保持原有特色又加以创新，使口感达到集弹性、韧性、柔软性三者于一体。甜度低、色泽明、香甜味美、口味适中，且老少咸宜。

酱菜　扬州酱菜早在清代乾隆年间就是宫廷早晚御膳的小菜。主要品种有乳黄瓜、宝塔菜、萝卜头、甜酱瓜、香心菜、什锦菜等，经腌、酱、切、缸四大工序制成，具有鲜、甜、脆、嫩四大特点。生产扬州酱菜的厂家，以"三和"、"四美"两家酱品厂最负盛名，有很多纸盒包装的出售。

双黄蛋　双黄蛋产于扬州市辖下的高邮，据说是因为这里食料好、鸭体壮，连续排卵而致。高邮的咸鸭蛋，主要特点为颜色红而油多，蛋白如凝脂白玉，蛋黄似红橘流丹，不仅好吃而且看起来赏心悦目。

·夜晚的文昌阁

旅游路线和时间安排

扬州的重点是瘦西湖和扬州园林，两天的时间就足够了。

如果你有1天时间

上午先到瘦西湖，沿十里湖堤漫步，或者也可以坐上游船游览，一直到景区的北门。出门后马路对面的蜀冈上就是大明寺，大致参观一下。下午回市中心区，游览个园和何园。晚上可以到四望亭路的美食街品尝小吃，或者到文昌阁路的购物街购物。

如果你有2天时间

第一天，上午先到瘦西湖，沿十里湖堤漫步或坐游船，出景区北门后到对面的大明寺参观；下午返回市中心区，到天宁寺参观扬州市博物馆（有兴趣的话还可以在寺内的古玩市场掏掏宝），然后步行至东边不远的史公祠缅怀一下这位英雄人物。晚上可以到四望亭路的美食街品尝小吃。

第二天，早上起得早一点，到富春茶社尝尝早点，然后就近去到何园游览。中午的时候可以去东圈门的古巷走走，顺便去趟汪氏小苑。下午游览个园，晚上就在文昌阁路的购物街购物。

如果你有3天时间

前两天如前所述，第三天可以坐城际公交到隔岸的镇江，游览三山。因不在本书的叙述范围，此处从略。

预算

景点	价格	合计
大明寺	45	225
瘦西湖、个园、何园联票	140	
汪氏小苑	25	
史公祠	15	

扬州的消费相对江南其他城市要低些，主要景点都在城内，公交车来往非常方便，门票也不算很贵。下面以两天为例，可以考虑如下几种安排：

经济档 395元

经济档食宿，住50元的普通房间，饮食以小吃为主，一天25元，市内交通基本乘坐公交，一天大约10元。加上门票，区内预算合计为：(50+25+10)×2+225=395。

舒适档 605元

舒适档食宿，住100元的标准间，饮食以饭店和小吃相结合，一天60元，市内交通公交和出租相结合，一天大约30元。加上门票，区内预算合计为：(100+60+30)×2+225=605。

如何到达扬州

航空

扬州没有机场，要乘飞机需到南京。每日8:30、11:30、14:30在扬州市北门外街1号(友好会馆西侧)有班车发往南京禄口国际机场，途径仪征。市内的航空售票点也能买到全国各地各班线的机票。

铁路

扬州火车站已于2004年4月18日投入使用，目前只有一班发往北京的直达列车，以及到上海、广州、汉口、西安等几班列车，其他还得到南京去乘坐。火车站在城区的西边，离市中心有一段距离，坐22或26路公交车可以到达，打个出租车大概也就二三十元。

公路

扬州古代以水路交通便利著称，进入近代以来在公路交通上比较欠缺，但近年来已经得到很大改观。尤其是润扬大桥的通车，使其与长江以南的联系得到很大的改善，到对岸的镇江还开通了城际公交。此外京沪高速距离扬州不远，到南京也有高速公路相连，到邻近的江南主要城市都十分方便快捷。扬州有三个汽车站，分别为汽车总站、汽车东站、汽车西站，其中汽车总站的车次最多。

汽车总站问讯：0514-87963658

区内交通

公交车

扬州的公交车全部为无人售票，上车投币，不设找零。空调车2元，普通车1元，上车时看清楚车上标示。市区有两条旅游公交线，基本连通各主要景点，此外还有到镇江的城际公交线，这几条线路如下：

线路	发车时间	途径站点
游1线	5:50–18:00 每8分钟一班	汽车西站—琼都宾馆—扬州大剧院—南宝带小区—春江花园—侨光公司—水利学院—荷花池公园—育才小学（苏北医院）—渡江桥—七二三所—何园—长城饭店—跃进桥—市人医—东关古渡—莱茵苑小区（工艺美术馆）—个园—史公祠—瘦西湖—迎宾馆—五亭桥—扬庄—观音山—大明寺—环境资源学院—二十四桥—东方百合园—念四新村—双桥—扬大师院—京华大酒店—畜牧兽医院—扬大农学院—宝带宾馆（宝带新村）—石油城—邗江公安局—邗江区政府—汽车西站
游2线	6:10–18:20 每8分钟一班	汽车西站—邗江区政府—邗江公安局—石油城—宝带宾馆（宝带新村）—扬大农学院—畜牧兽医院—京华大酒店—扬大师院—双桥—念四新村—东方百合园—二十四桥—环境资源学院—大明寺—观音山—扬庄—五亭桥—迎宾馆—瘦西湖—史公祠—个园—莱茵苑小区（工艺美术馆）—东关古渡—市人医—跃进桥—长城饭店—何园—七二三所—渡江桥—育才小学（苏北医院）—荷花池公园—水利学院—侨光公司—春江花园—南宝带小区—扬州大剧院—琼都宾馆—汽车西站
扬镇专线	6:00–19:00 每20分钟一班 票价10元	（扬州）平山堂—瘦西湖—文昌阁—京华大酒店—时代超市—世纪家园—江海学院—（镇江）大桥村—金山公园—西津渡—第一人民医院—大市口北站—甘露寺—焦山公园

出租车

大多为桑塔纳和富康，起步价7元3公里。超过起步价后，车上往往标着1.6元每公里，但这是往返价，下面还有一行字是单程加收50%的空驶费，所以实际上是2.4元一公里。不过扬州市区倒也不大，在几个主要景点之间往来一般都在十元以内。

人力车

扬州市内也有很多人力车，起步价2元，每公里3元。如果有兴致，不妨租个人力车到旧城的传统街区里转转。

寻找合适的住处

萃园城市酒店

在市中心文昌阁之东，原来是潮音庵故址。清宣统时筑大同歌楼于此，不久毁于大火。民国时盐商集资改建为萃园，园中仿瘦西湖五亭桥，筑有草亭五座，当年为宴饮之所。解放后改为市政府第一招待所，也叫萃园城市酒店，现在是市级文物保护单位。临街门厅是新建，进内有个院子作为停车场，南面是一座仿古的青楼，是酒店所在，里面设有餐厅和商品部。萃园及西部后来纳入的息园都在青楼后面。

酒店按准三星标准建造，有标准间91个。普通标准间门市价398元，打折后可到248元。

地址：文昌中路459号

电话：0514-7801999

到达

● 扬州火车站乘坐26路公交到文昌阁站下。

● 汽车西站乘坐12路公交到文昌阁，汽车东站乘坐22、26路公交到文昌阁下。

游览

乘坐4 路公交可到瘦西湖景区。

从瘦西湖换乘游1 或游2 路可以到大明寺。

美食

从文昌阁往北步行几分钟可到四望亭美食街。

购物

往东不远就是文昌阁商业区。

红杉树酒店

在市中心文昌阁东面的路南，外观是座五层仿古楼房，里面装修豪华大气，是一家三星级宾馆。酒店大堂明快高雅，内设中西风格餐厅两个，中式餐厅聘请淮扬名厨掌勺。

全部是标准间，包括单人房3间，双人房102间，三人房3间。中央空调，配备宽带网络。商务单人房256元，标准房266元，也有280元的普通标准房。

地址：文昌中路499号
电话：0514-87800878

其他同萃园城市酒店。

柳湖宾馆

在扬州旧城西护城河外侧的一座七层居民楼下，上面四层是住宅，底下都是宾馆所在。门前有停车场、小绿地和荷塘，荷塘以北就是扬州大学瘦西湖校区，往北走不远就是瘦西湖的南大门。周围环境十分不错，也不觉吵杂。大堂很大，楼下设有餐厅。走道和房间都是满铺地毯，卫生也很不错。标准间150元。

地址：柳湖路1幢楼1号
电话：0514-7931720

瘦西湖吹台

到达

●扬州火车站乘26路到石塔寺，然后北行到来鹤桥。

●汽车西站乘3路到琼都宾馆换20路到扬大师院下，汽车东站乘坐26、66路公交到石塔寺北行。

游览

●往北步行几分钟就是瘦西湖景区南入口。

●乘坐游1路可以到大明寺。

美食

出门左拐过桥就是四望亭美食街。

购物

往南到石塔寺乘坐12、26、66路公交可到文昌阁商业区。

锦江之星连锁旅馆——扬州四望亭路店

位于扬州市区西部的新区，距离市委市政府等主要机构很近，到新开通的火车站也十分方便。旅馆就在主干道四望亭路西端之南，秉承旅馆一贯的素淡色调，五六层小楼，东西两端稍高，中间部分为入口。大堂西侧有餐厅，提供中西简餐和锦江大厨菜肴。服务台提供购票、传真、复印、打印和异地订房等服务。

各连锁店统一的设施和服务，客房清洁、舒适。分单人房和标准房两种，区别在于前者只有一张双人床，后者有一张单人床和一张双人床，可住1～3人。单人房每间169元，标准房169元，电话预订可打95折。

地址：四望亭路363号

电话：0514-87963800、4008209999

到达

● 扬州火车站乘坐26路公交到扬州海关站下。

● 汽车西站乘坐20路到双桥站，汽车东站乘坐12、66路到扬州海关站。

游览

● 乘坐20路或游2线可到瘦西湖景区。

● 乘坐游1或游2路可以到大明寺。

美食

乘坐20路公交可到四望亭路美食街。

购物

乘坐12、26路公交可到文昌阁商业区。

周边信息

对面有个烟花三月酒楼，规模还不小，装修也挺豪华。

集贤庄招待所

就在美食街上，六层楼房的二层。一层大都是商铺，中间有个小门脸上楼梯，老板一般就在楼梯半道的桌子后坐着玩电脑。过道挺宽敞的，铺深色木地板。房间数量看着也不少，靠街的房间有窗户，靠里面的房间没有窗户，都还比较卫生。

标准间每间120～150元，黄金周浮动幅度不定。普通间每间100元，稍小一点，床铺也简单一些，也有空调和电视，公共卫生间在楼梯口的另一条过道尽头。

地址：四望亭路74号

电话：0514-87183980

到达

● 扬州火车站乘26路到石塔寺，然后北行到来鹤桥。

● 汽车西站乘3路到琼都宾馆换20路到集贤小区下，汽车东站乘坐26、66路公交到石塔寺北行。

游览

● 往西过来鹤桥转北步行几分钟就是瘦西湖景区南入口。

● 从瘦西湖换乘游1或游2路可以到大明寺。

美食

● 门口就是四望亭美食街。

● 招待所两侧有朝阳春酒楼和明茗茶楼。

购物

往南到石塔寺乘坐12、26、66路公交可到文昌阁商业区。

绿扬旅社

民国初年开办的旅社，已经有近百年的历史了，曾有许多近现代著名人物在此住过，现在这里已经被列为省级文物保护单位了。旅社是三层小楼，西式的外立面已经有点沧桑陈旧了，楼内中心有个玻璃顶的天井，当时也是时髦之极。各层客房就环绕在天井四周，地面漫铺的地板已经很有年头了，木头楼梯和雕花围栏也是当年之物，虽然早已不再是扬州最好的旅馆，甚至显得比较落伍了，但到此怀旧却是最好的选择。

标准间周末170元，非周末140元。两人和三人普通间周末120元，非周末80～100元。

地址：国庆路西侧新胜街23号

电话：0514-87341590

到达

● 扬州火车站乘坐26路公交到世纪联华，转乘8路车到绿杨旅社站下，进右侧新胜街步行几分钟。

● 汽车西站乘8路车到绿杨旅社，汽车东站乘坐26、66路到世纪联华转乘8路车到绿杨旅社站。

游览

● 乘坐8路公交到世纪联华转乘4路公交可到瘦西湖景区。

● 从瘦西湖换乘游1或游2路可以到大明寺。

美食

● 乘坐8路公交到世纪联华转乘4路公交可到四望亭美食街。

● 旅社门口一侧有家很小的绿杨馄饨店。

● 出路口斜对面胡同里就是富春茶社。

购物

乘坐8路公交到世纪联华转乘4、12路可到文昌阁商业区。

斜对面富春茶社所在的得胜桥路上，有很多卖扬州三把刀（切菜刀、修脚刀、理发刀）的小摊。

扬粮招待所

位于市中心的文昌阁东边，在三元商场楼上，从一层服装商铺东侧的楼梯口上楼即到。招待所是扬州市粮食局开办，装修比较简单。不过周围倒是各种购物服务设施齐全，交通也十分方便。

普通房分双人、三人、四人三种，都带电视、空调、电扇，还有桌子和柜子。标准间150元，双人房每间100元，三人房每床32元，四人房每间120元。

地址：文昌中路516号

电话：0514-87342025

到达

●扬州火车站乘坐26路公交到文昌阁站下。

●汽车西站乘坐12路公交到文昌阁，汽车东站乘坐22、26路公交到文昌阁下。

●其他同萃园城市酒店。

吃在扬州

淮扬菜是中国四大菜系之一，苏菜就是由以扬州为中心的淮扬菜发展而来，旧时有“玩在杭州，穿在苏州，吃在扬州”之说。著名的大菜有八宝葫芦、扒烧猪头、彩蝶飞舞、扬州五亭桥、琵琶对虾、菊花海螺等，红楼宴、三头宴、全藕宴是扬州菜中的三颗明珠。

扬州的饮食名店几乎都聚集在四望亭所在的一条街上，从四望亭路口到西边的护城河，两边的餐馆密密麻麻，从老字号大酒楼到各类小吃店，应有尽有。不过要是想品尝正宗的淮扬菜，最好还是到大的饭店里，因为正宗大厨大都被这些名店网罗了。

扬州小吃名满天下，著名小点如扬州干丝、蟹黄包、春卷、三丁包、干菜包等，都有很浓的地方风味。这些名点在四望亭路美食街可以尝到，一些老字号饭店如福满楼、富春茶社、冶春茶社等也有供应。

福满楼

著名正宗淮扬菜馆，就在四望亭旁。门口欢迎的是几个身穿唐装的中年男人，也算是别出心裁，里面地方还比较大。菜单上有整页是淮扬菜，其中的三头（蟹黄狮子头、拆烩鲢鱼头、扒烧整猪头）是招牌特色，当然还有太湖银鱼羹、煮干丝、炒百合、土豆丝等著名小菜，扬州炒饭更是必不可少的。

地址：汶河北路30号

交通：乘坐4、18、20等公交到四望亭

富春茶社

扬州人一向有“早上皮包水，晚上水包皮”的俗语。后半句指的是澡堂泡澡，不过过去的老澡堂子已经不多见了，代之而起的是各种休闲中心；前半句则是指吃早茶，这一习惯一直延续至今，而富春茶社又是其中的首选。富春茶社已经有一百多年的历史了，其所在的得胜桥并没有桥，却是一条青石板小路，直通向两层的仿古茶楼之前。茶社第一层象个大食堂，先买票后等服务员送餐，二层则为包间，通常要电话预定。店里所制三丁包子、千重油糕、翡翠烧麦是扬州小吃三绝，其他淮扬细点品种多、花色巧、做工精。每天早上要想占个座位都得早点起来。

地址：维扬区得胜桥35号

交通：乘坐8路公交车到绿杨旅社然后进得胜桥路口

冶春茶社

以特色早点闻名扬州。在虹桥西岸，临河而居，是康熙时虹桥的茶肆名，仿古外观颇有徽派特色。主要小点有冶春蒸饺、千层油糕、翡翠烧卖、糯米烧麦等，菜肴则以淮扬特色菜为主。

地址：丰乐下街8号

交通：乘坐5、29、55路公交到瘦西湖站

食为天酒店

以经营传统和新派维扬菜为特色，崛起时间不长，但很快就颇具名气。现有三家分店，分别为梅岭东店、荷花池店和东鹤店，其中梅岭分店所在区域比较繁华。地方很大，环境不错，价格不贵，服务也较好。主要名菜有美极鸭首、麻香鸭掌、蟹粉排鸡腰、荷香糯米鸡、翡翠南瓜虾等，还有各式淮扬名点。

地址：维扬区梅岭东路19号

交通：乘坐20、30路公交车可达

购物好去处

“扬州二绝”玉雕、漆器做工精致、携带方便，是送礼佳品。此外统称“扬州八刻”的木刻、竹刻、石刻、砖刻、瓷刻、牙刻、刻纸、刻漆也是著名的民间手工艺品。扬州主要购物场所都集中在以文昌阁为中心的文昌路和汶河路上，此外北护城河南的盐阜路一线有很多的工艺品商店。

金鹰国际购物中心

位于市区最繁华的文昌阁西南角，隶属于南京金鹰购物集团，营业面积超大，分为购物中心和生活广场，外观仿古风格，内里装修现代时尚，商品荟萃国内国外众多著名品牌。

地址：汶河南路120号

交通：乘坐3、4、5、6、15、16、18、27、29、30、32、66均可到达

东关街

东关街是老扬州的东西交通要道，以前从水路来扬州都要从东首的东关古道上岸入街。清代和民初这里是十分繁华的商业大街，有很多盐商在此一带居住，现存的有汪氏小苑等。后来城市中心迁移，东关街逐渐冷落和破败。近年来开始整体保护和整治，逐步恢复一些“老字号”店铺，买卖古玩字画、土特产品、扬州小吃，开辟弹词、清曲、扬剧等传统文化表演场所，以期重现昔日的繁华景象。

交通：乘坐8路公交车到妇幼保健院下，然后南行转东

扬州工艺美术馆

全国最大的专业性工艺美术展馆之一，在扬州的北护城河之南扬州漆器厂园区内，个园往东150米处。该馆珍藏了闻名中外的漆器、玉器、刺绣、剪纸、通草花、微雕等稀世珍品，在欣赏这些大师们的精心之作的同时，也可以选购自己称心如意的旅游纪念品。

地址：盐阜东路沿河街50号

交通：乘坐游1、游2路公交车到个园然后东行

湖光山色画中游

瘦西湖——两岸花柳全依水

瘦西湖与其说是一个湖，不如说是一条稍宽的河道。其实它原本就是河道的一段，在此转了几个直角的弯，形成了一个折尺形，南边与护城河相接，北面则通往蜀冈。据说当年开凿河道时，怕堤岸不稳，于是在河岸遍植柳树。隋炀帝下扬州时，赐柳树与其同姓，于是便称“杨柳”。后世不断在湖边兴建亭台楼阁，尤其在清初康熙、乾隆南巡时达到极致，于是有了“两堤花柳全依水，一路楼台直到山”的秀美景观。

今天运河船只已不再由此经过，湖区之内也不再有皇家禁苑。十里湖堤尽可供游人尽情漫步，古式画舫也成了水上巡游的工具。从当年的御码头起步，沿曲折的湖中水道，可以直达北面的蜀冈大明寺之下。沿途杨柳依依、水波粼粼、亭阁耸峙、塔桥映衬，令人陶醉，难怪当年皇帝之尊也要屡次留连于此。

在瘦西湖南大门的东侧，有一座三孔低坡石拱桥，名叫虹桥，是瘦西湖名景之一。

瘦西湖五亭桥

瘦西湖小景

二十四桥

瘦西湖大虹桥

金山上的香海慈云

四望亭
莲性寺
万条垂下绿丝绦
徐园一隅

进园门向北，左边路旁是桃林片片，右边堤岸是杨柳成排。每年春季，桃红柳绿的时候，是最为烂漫的景致，所谓“长堤春柳”。堤北端转角处建有一园名徐园，园子不大，但结构得体，穿过月洞园门，中心一叶荷塘，北面是园主体春草池塘吟榭，旁有听鹂馆，馆前两具铁镬据说是南朝梁时遗物。徐园前过东侧春波桥原来是清康乾时期的趣园，园久已荒废，六十年代于旧址建楼，称“四桥烟雨”楼。

小金山在徐园北对岸，是由开挖莲花埂新河的泥土堆积而成，那时满岭遍植梅花，称“梅岭春深”。现建筑是清光绪时重建。

小金山西部，有一片长渚直伸湖心，一座重檐四角亭立于渚尖之上，从亭之西、南两个月洞门望去，五亭桥和白塔分别收于其内，三景合一，是瘦西湖的著名小景。

五亭桥是瘦西湖的标志，位于湖区的正中心，连接南北两岸。桥的造型独特，中间圆拱之上建有重檐小亭，四角小拱又伴有四座小亭映衬，故名“五亭桥”。因形状象一朵盛开的莲花，所以又称莲花桥。五座亭子一色的黄瓦顶，立于青石筑就的桥体之上，借鉴北京北海琼岛春荫之景，却又因地制宜另辟蹊径，乾隆南巡时大为赞赏。据说当年乾隆皇帝曾感言可惜少了一座白塔，第二天桥南岛上就出现了一座白色喇嘛塔，原来是当地盐商

凫庄俯瞰

连夜用盐堆就。盐做的塔当然不可能竖立那么久，这座白色喇嘛塔其实是用砖建成，因位于莲性寺内而名莲性寺塔。“白塔晴云”，原也是瘦西湖二十四景之一。

“二十四桥明月夜，玉人何处教吹箫”是晚唐诗人杜牧的名句，但二十四桥到底所指为何，却一直没有定论。新建的二十四桥为单孔石拱桥，东有九曲桥连接重檐亭，西为熙春台、望春楼、十字阁，亭台楼阁交相辉映，重现当年的“春台明月”景致。

二十四桥以北都是近年增建的休闲景区，环境优雅，游人疏落。从河道两岸都可一路直到北门，远远可见那座高高矗立的四角九层新栖灵塔，那就是大明寺的所在。

游园

到达：乘1、3、4、5、6、15、22公交车可达

门票：旺季90元，淡季60元。联票（含瘦西湖、个园、何园）旺季140元，淡季110元，限两天内游完。

开放时间：6:30～17:30

游览时间：3～4小时

最佳游览季节：春季，尤其是农历三月琼花盛开的季节，不过这时游人也很多。

下一站

继续游览：出北门过马路便是大明寺。

美食：出南门前行几分钟就是四望亭美食街。

作者手记

相对于人山人海的杭州西湖，游人确实要少一些，但也是扬州的旅游热点，黄金周的时候游人也是熙熙攘攘。

瘦西湖南门北的长堤之畔，密密麻麻地停靠着众多的仿古游船，有大的有小的，有手摇的也有电动的。人多的话不妨租个船水上游湖，还可以随处泊岸，游览拍照。船妹子们大都是来自各乡镇的渔家姑娘，除熟习水性以外还有一定的文化素养，可以熟练地向游客讲解典故，或唱上几曲扬州民歌。

大明寺——须作淮东第一观

扬州城西北的大明寺，是和一位唐代僧人鉴真的名字密不可分的。这位生于扬州、学于京城、弘法于江南的佛学大师，并没有满足于既得的成就，在迟暮之年仍执意东渡。先后几次失败，历尽磨难，才得以抵达彼岸，把佛法之光传到了东瀛之地。大明寺这座建于南朝宋大明年间的寺庙，也正因此成了日本佛教的圣地。清代因乾隆皇帝忌讳大明之名，曾改名为法净寺，不过到了上世纪八十年代又改回原名。

大明寺建在蜀冈之上，从瘦西湖北门对面弯弯的石阶路而上，即可到达山门之前。山门东南墙上嵌有“淮东第一观”石刻，西侧南墙嵌有“天下第五泉”字样，都出自清代名书法家之手。过大雄宝殿后的右侧门，是七十年代建造的鉴真纪念馆，参照日本唐招提寺金堂设计。正堂内端放的鉴真大师像，是仿日本回归的鉴真干漆夹纻像塑造。堂内还摆放着鉴真东渡时的遣唐使船模型，是日本当年遣唐使船工匠的后代送给大明寺的。

大明寺内原来建有一座栖灵塔，不过早在一千多年前就已倒塌无存。今天在瘦西湖上就可以远远望见的高大方塔是1988年重建的，在大明寺的东侧。塔高九层，仿唐式风

大明寺平远楼

大明寺平山堂
大明寺栖灵塔

格，可登塔一睹蜀冈和瘦西湖的全貌。

另一位和大明寺有深厚渊源的，可谓是宋时的大文学家欧阳修了。这位支持革新的政治家，受保守势力排挤贬出京师，在扬州为官不足一年，为人称道的并非政绩，而是他那一手的好文章。他任职扬州期间，在大明寺内大雄宝殿西侧建平山堂，经常在此邀朋宴饮论道。四十多年后，他的弟子苏轼也贬官至此，在平山堂后建谷林堂，并留下了《西江月》一首。后人为纪念这位文章太守，在谷林堂后建起了欧公祠。

平山堂以西是清时的御园，乾隆时又称西园、芳圃。中心一汪清池，池中有小岛一座，沿石砌小道到岛中小亭上，即是那“天下第五泉”。亭中小井虽位于池中，却和池水并非同一来源，可谓奇观。这等佳境自然少不了那位乾隆皇帝的御笔了，在池北的碑亭内有他题写的诗句，黄石山之东还有他的爷爷康熙皇帝的御笔碑亭。

到达： 乘 5 、游 1 、游 2 公交车可达

门票： 旺季 45 元，淡季 30 元

开放时间： 7:45–17:00

游览时间： 2 小时

下一站

继续游览：乘坐游 1 、游 2 路公交均可到史公祠。

美食：乘坐游 1 、游 2 路可到冶春茶社。

作者手记

一般旅游团队的必到之处，游客很多。

大明寺的大殿内是不允许烧香的，只能在殿前的香炉内燃点。

史公祠——点点梅花故臣泪

犹如到杭州不应忘记去趟岳飞庙一样，到了扬州也别忘了去趟梅花岭之下的史公祠，凭吊一下这位为民族大义而壮烈殉节的英雄人物。

史可法是河南祥符（今开封）人士，明末任南京兵部尚书，参赞军机大事。李自成攻入北京，崇祯帝景山自尽后，史可法在南京拥立福王朱由崧为帝。但福王无道，史可法受马士英、阮大铖之流排挤，只好被迫提出到扬州督师。在扬州受数万清军围攻，孤立无援，仍坚拒不降，最后城破被俘，从容就义，他所誓死保卫的这座名城也随即遭到“扬州十日”的悲惨际遇。后人遍寻其尸骨不得，于是遵其生前遗愿在城北梅花岭下葬其衣冠为冢。

颇为耐人寻味的是，最先为史可法立祠祭祀的，竟是下令杀害史可法、制造“扬州十日”惨案的清军主帅多铎。后来在乾隆时期又为其赐谥号褒慰，咸丰年间祠堂被毁，不久之后重建，祠墓前依护城河、背靠梅花岭。进入祠门，首先是飨堂，内有正襟危坐的史可法塑像。堂前悬挂楹联“数点梅花亡国泪，二分明月故臣心”，正是史公生前写照。飨堂西边是祠堂，有神龛供奉史公神主和遗像。飨堂之后就是史可法的衣冠冢，墓碑上刻着“明督师兵部尚书兼东阁大学士史公可法之墓”字样。

到达：乘1路公交车可达

门票：15元

开放时间：上午8:30-11:30，下午14:00-17:15

游览时间：半小时

下一站

继续游览：往东步行可到个园。

美食：往西步行不远可到冶春茶社。

作者手记

史公祠西边不远的天宁寺，山门内是一个古玩市场，满是出售各式古旧物品的私人地摊，可以随便进去看看。大殿现作为扬州市博物馆，进内需要购票。

扬州个园春景

个园——春夏秋冬汇一园

扬州“园林多是宅”，个园也不例外。其前身是明代的寿芝园旧址，清两淮盐业商总黄至筠购置重建。因园主爱竹，取清袁枚“月映竹成千个字，霜高梅孕一身花”之意而取名个园。

个园给人最深刻的印象，莫过于那满园子的青青翠竹。从北面的门厅进入，迎面是透迤的土山，山上山下遍植竹子，种类繁多。间有小亭、水榭、长廊，翠竹幽幽，沁人心脾。看那一根根挺拔的竹杆，上面长满尖尖的竹叶，倒过来看象不象一排排“个”字叠加在一起的呢？

“扬州以名园胜，名园以叠石胜”，个园的四季假山就是叠石中的精品，国内遗存的孤例。从竹林小道进入主园区，南面的一个门额上题有“个园”的月洞门，门前两个花坛里的竹子挺拔修长，绿竹间石笋犹如破土而出，点出了春天的意境。北面太湖石堆叠而成一幅瘦漏透皱的假山，山前池水中还立有一“丑”形石山，即使炎炎夏日也是清爽宜人。从曲桥进假山之内，蜿蜒而经穹隆石室到山顶鹤亭。穿过两层七间“抱山楼”堂过长廊至楼东，这里用大块黄石叠成秋山，最高处建有拂云亭。秋高气爽的时候，这里最适合登高。顺假山内小道盘曲而下，沿途经过山腹内两个幽室，出去后往南假山

个园夏景

个园建筑

以宣石造就，色白如雪，在阳光的照耀下犹如一座座雪山。地面还用不规则的白矾石铺就，好像冬日结了一层薄冰。这一园之内汇集了春夏秋冬的景致，被人戏称为世界上最大的园林。

园的南部是住宅部分，是园主一家居住和生活的地方。内中陈设已经多不是原样，但从局部的木雕、砖雕乃至门口的石雕之中，都能看出当年住宅的精致。

到达：乘1、游1公交车可达

门票：旺季40元，淡季30元，联票旺季140元，淡季110元（含瘦西湖、个园、何园）

开放时间：7:00—18:00

游览时间：2小时

下一站

继续游览：从个园南门出来沿东关街东行，然后转入马家巷可到汪氏小苑。

美食：个园北门东侧有家富春茶社的分店。

汪氏小苑——小苑春深

扬州是旧时的交通要地，商贾云集，尤其以盐商最为显赫。这些叱咤于商坛的巨贾们，却大多不是本地人士，以来自徽州的为主。盐商们日进斗金，除了在家乡置田买地之外，当然免不了在扬州大兴土木，为自己建造一处安身之宅。汪氏小苑是徽商汪竹铭在清末民初所建，名小苑实则不小，共三路三进，四角还分别辟有精致的花园，房屋总数达百间之多，也可谓是当时扬州盐商住宅的一个代表。

汪氏小苑外表朴实无华，看不出多少富商门面，在兵荒马乱的年代，这是一种自我保护的手段。进门是住宅的中路建筑，第一进“树德堂”是汪老先生用于接待宾客之用，堂后的两进居室则是汪竹铭及其长子汪泰阶、三子汪泰科的居室。从中路转西路厢房，是汪家两个女儿的居所。从房间西边的夹巷往南走，就到达第一进“秋雩轩”，是接待女宾所用，装饰十分朴素。轩前有一座小小的花园，名叫“可栖犀”，庭院中间的地面是用砖瓦片镶嵌而成的“万”和“寿”字水纹样图案，加上院西侧的船厅，就好像船在水中行一样。

从东侧门穿过天井到东路，这里又叫春辉堂，堂前有宽阔的庭院，大门是用竹子编的，十分有特色。花街地面全部用鹅卵石、瓷片、砖条、瓦片等铺砌成各式吉祥图案，以示对家族的美好祝愿。堂后的两进住宅，分别为次子汪泰麟、四子汪泰第的居所。为防盗贼抢劫，在卧室的地板之下还设了藏宝洞，可谓考虑周全。

宅后的花园由隔墙分为东西两部分，东部花园叫“迎曦”，南墙之上开了五个漏花窗，上面的砖雕十分精致。北面是一个西式浴室，里面的浴缸、

扬州汪氏小苑

汪氏小苑 地面上的仙鹤

墙面瓷砖、地面地砖都是当时原物。西边的花园叫"小苑春辉"，北面花厅名"静瑞馆"，现辟为盐商历史陈列馆。花厅的北墙之上设有秘密通道，厅南庭院之中还开挖了防空洞，以防不测。

汪家富庶一时，可是在那种风雨飘摇的社会，盛衰难料。四个儿子虽然不是身居高位就是手握重金，但不是被绑撕票就是英年早逝，只有老二汪泰麟得以善终。他们的万贯家财，也在战火中化为乌有，留下的也只有这座精巧玲珑的老宅子了。

到达： 乘坐12、26、32、33、66路公交到琼花观下，进观巷转左地官底。

门票： 15元

开放时间： 8:00–18:00

游览时间： 1小时

下一站

继续游览：沿皮市街南行至徐凝门路可到何园。

美食：乘坐12、26、66路等公交到文昌阁，往北步行可到四望亭美食街。

作者手记

游客相对较少，比较清静。

汪氏小苑门前的东圈门老街，是一条以出售传统工艺品为主的商业街，目前人还不是很多。

何园——庭院深深深几许

在扬州的园林里，何园无疑是最年轻的，同时也是最具活力的。它不仅仅包容了江南园林的种种特色，还别出心裁地并蓄了不少外来的元素，构成了一组中西合璧而又协调共存的景致。何园最初的主人，是清光绪时的道台何芷舠，其子孙枝叶繁茂，后来大都迁居上海，园子在解放后捐献给了国家。

何园又名寄啸山房，取自陶渊明《归去来兮》中“倚南窗以寄傲”、“登东皋以舒啸”句意。进入后来新辟的东大门以后，迎面便可见波浪形的园墙上所开月洞门，上刻“寄啸山房”砖额，这才是园子原来的正门。透过月洞门往里看，一块秀美的太湖石映照眼前。石后是牡丹亭，名字来源于厅东墙上所嵌“凤戏牡丹”砖雕。厅北是四面船厅，四周地面用瓦片和石子铺成“波光粼粼”的形状，廊柱上悬木刻楹联“月作主人梅作客，花为四壁船为家”。两厅东面园墙之下，是连绵的假山叠石，靠池水而筑，此为东院。

东院穿西墙之门可到西院，两园墙上以漏窗相隔。西院以池水为中心，湖石绕池，偏东筑有一方亭，为水心亭。北面是蝴蝶厅，是一座两层楼阁，

何园片石山房
扬州何园隔扇

上下隔间楠木板壁上刻有韩琦、苏轼、唐寅、郑燮、刘墉等名人书画，不过已有部分不存。整个西院最引人注目的，是依院墙而建的两层回廊，沟通了南北方向的蝴蝶厅、牡丹厅、桂花厅、半亭、赏月楼等主体建筑，上下分行互不干扰，日晒雨淋不受影响，可谓现代立交桥的雏形。

沿回廊可到南面玉绣楼，这里是当年主人一家生活的场所。南北两座两层楼房，加上四面围廊形成回字形的走马楼结构，即有西方风格又不失中国传统。室内装饰以西式为主，地砖壁炉都是模仿西方住宅结构，彩画玻璃一律从西方进口，在当时是十分奢华之举。当年居住过的不少房间、用过的器具，乃至于案上的一笔一墨，都如往日一般地陈设着。部分房间开辟为展室，展示园主一家的家族史和成员事迹，更让人感受到这座何园的鲜活所在。

玉绣楼南面是明代的楠木厅，则完全是中式结构。楠木是非常名贵的一种木材，可历千年而不腐，就是在皇家建筑里也不多见，园主的财富可见

扬州何园玉绣楼走廊

一斑。楠木厅前往东的片石山房是园主归隐扬州后购得。山房内假山是明代叠石名家石涛的惟一存世作品，弥足珍贵。外观看似为实心，近至却发觉里面有两个空洞，可以在内弹琴下棋，可见作者之独具匠心。假山南隔池相对，是一临水小榭，旁边半壁书屋之内，却暗含“琴棋书画”四景，也是精巧之至。

到达：乘1路、19路公交车可直达

门票：旺季40元，淡季30元，联票旺季140元，淡季110元（含瘦西湖、个园、何园）

开放时间：7:00-18:00

游览时间：2小时

下一站

继续游览

乘坐游1、游2路公交可到瘦西湖和大明寺。

美食

乘坐游1、游2路公交到瘦西湖站，南行可到四望亭美食街。

扬州何园花窗

第四章

无锡——太湖之畔的明珠

在名城荟萃的江南，无锡往往会被周围苏州、杭州、扬州等城市的耀眼光环所掩盖，而被游人轻易地忽略。然而无锡绝非泛泛之地，也非乏陈可善，借着得天独厚的太湖之滨的优势以及运河之畔的便利条件，同样地出类拔萃。也许没有苏州的秀气，也没有杭州的妩媚，但却自有一份独特的灵气，散发着太湖明珠的柔和光芒。

千万不要因为灵山大佛和影视城的宣传，而误以为无锡是一个新兴的旅游城市。其实早在商朝末年，周太王的长子泰伯偕其弟仲雍，就已在今无锡境内筑城，史称“句吴”国。楚相春申君都邑于吴，据说行宫位置就在今城中公园内。到2000多年前的西汉，无锡县正式建立。数百年后茶圣陆羽品茶，惠山之麓的那口泉

无锡锡惠公园

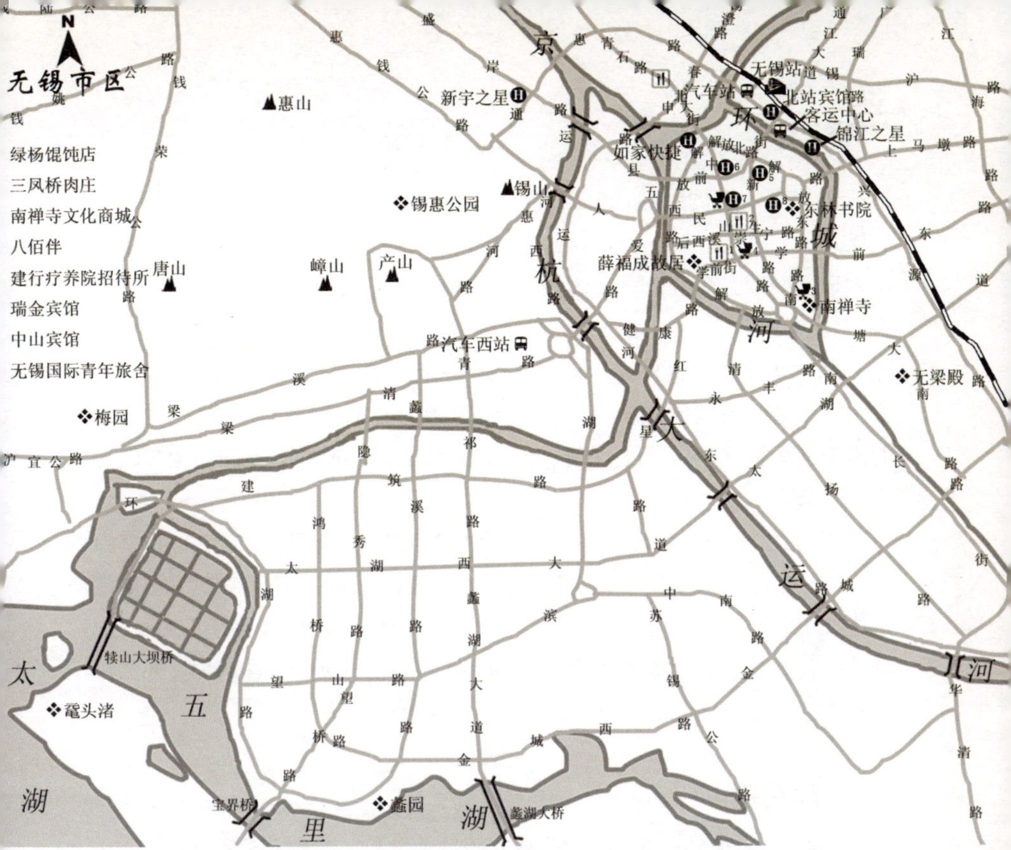

水，比之为人注目的杭州虎跑泉还要高上一位。至于明代影响一时的东林书院，则更是无锡历史上辉煌的一页了。

很少有人注意，无锡也是一个名人汇集之所。东晋的著名画家顾恺之，被称为一代画圣；明代的地理学家徐霞客，可以说是自助旅行的前辈了；明末的东林党人顾宪成，开一代评议时政的先河；清末的外交家薛福成，是维新派的代表人物。到了近代更是艺术名家辈出，绘画大师徐悲鸿、音乐名家华彦钧、刘天华，给这座小城平添了几分艺术色彩。如今在城里乡间，还遗留有不少名人的故迹，供后人去探访缅怀。

旅游指南

无锡是座小城，但那只是相对周边那些盛名远扬的热点旅游城市而言。一天逛下来有些局促，如果时间允许，还是多留一天的好。

要观赏太湖的壮丽，到无锡西郊的鼋头渚是不二选择。相传范蠡携西施泛舟的五里湖，就位于鼋头渚内侧，后人根据这个美丽的传说在湖边建起了蠡园。再到近代又有“红色资本家”在湖的另一侧建起了梅园，每年的二月下旬到三月中旬，可是赏梅的最佳去处。

从鼋头渚回市区的路上，会经过锡惠公园。虽然只是两座小山岗，却集中了象惠山寺、寄畅园、天下第二泉等众多的古迹，不容错过。名闻遐迩的惠山泥人也是出自此处，在锡惠公园东侧的院墙外，还有专门售卖惠山泥人的一条街。

无锡的老城确实很小，主要的住宿、饮食、购物都位于市中心的中山路上。无锡排骨当然是要尝尝的，太湖的三白（银鱼、白虾、白缌鱼）也是水中上品，其它小吃还有很多。除了吃喝，老城里还有两个上好的去处，那就是近代外交家薛福成的故居，还有明代叱咤风云一时的东林书院，都离得不算太远。

有锡和无锡

若从周泰伯在梅里平墟筑句吴城的时候算起，无锡已经有3000年的历史了。即使从西汉初年正式建县开始，无锡这个名字也已存在了2000多年。新莽时一度改为有锡，东汉时又恢复原名，之后一直没有再变。据说无锡之名是因锡山原来有锡矿，后来锡源采尽了就叫无锡，历史上还有“有锡兵，天下争；无锡宁，天下清”的传说，不管是否真实，总归是反映了老百姓的一种美好愿望。

除孙吴时期曾废无锡县置毗陵典农校尉（西晋复置县）、元贞元时曾升无锡县为州（明初复降为县）、清雍正时分无锡县为无锡和金匮两县（民国又合并）外，历代无锡县的建制一直没有多大的改变。无锡自古物产丰富，是著名的“鱼米之乡”。明代更开始有制砖、冶坊、陶瓷、缫丝、织布等手工业，东林党的革新思想，就是从无锡城内的东林书院点起的。清代维新派薛福成的致力推动，更是影响了后来民族工业的形成和发展。

近代无锡发展成为工商业发达之地，一批新兴的民族资本家建起了梅园、蠡园以及鼋头渚一带的郑园、陈家花园等，现在已成为旅游热点。解放后无锡升为省辖市，经济进一步发展，现已成为长三角地区的一个现代繁荣的工业城市。

无锡山水

无锡位于江苏省东南部，长江三角洲江湖间走廊部分，北临长江，南濒太湖，东邻苏州，西接常州，是南京和上海之间的重要城市。无锡是地级市，市区包括滨湖、南长、崇安、北塘、新区、惠山和锡山七区，另外代管江阴和宜兴两市。

无锡位于太湖之滨，鼋头渚一带是太湖国家重点风景名胜区的主要组成部分，也是观赏太湖的最佳地点。市辖境内主要以平原为主，北部是高沙平原，南部是水网平原，中部是低地辟成的水网农田，也是典型的江南水乡风貌。此外还零散分布着一些低山和残丘，以西南部宜兴的地势较高，其中的竹海、茶林、溶洞等自然风光也十分秀美。市区之西的锡山和惠山相对而立，建于其间的锡惠公园是重要的风景区和文物集中地，是无锡的主要旅游点之一。

无锡名人

顾恺之(345–406)　东晋大画家，被誉为“画圣”。父亲顾悦之曾任无锡县令，顾恺之就生于无锡。他的画擅长刻划人物内心世界和思想感情，一改魏晋的古拙之风，对后世影响巨大。此外他的山水、花卉、鸟兽画同样精妙，线条行云流水，形神兼备，人称“铁线描”。

徐霞客(1587–1641)　生于江阴马镇，自幼喜爱古今典籍和地志图经，逐渐萌生远游四方之志。从第一次出游在太湖之滨，到登遍包括五岳在内的数十座名山大川，中晚年又致力于考察地源地貌，足迹遍及大半个中国。后人根据他的考察日记编辑成的《徐霞客游记》，广泛涉及各地的地理、物产和风土民情，纠正了不少前人的谬误，是地理学上的旷世之作。在他的故乡江阴马镇南岐村，有清顺治年间他的侄孙徐君铨为其重建的故居。

顾宪成(1550–1612)　无锡张泾桥人。年少学习程朱理学，明万历年间中进士，曾多次入京为官，屡次因为议论朝事而被降职削职。回乡后与高攀龙、顾允成等人讲学于东林书院，往往讽议朝政，裁量人物，一时聚集了众多名士，被称为东林党，顾宪成理所当然成为领袖。他的那副“风声雨声读书声声声入耳，家事国事天下事事事关心”的著名对联，至今仍悬挂在东林书院之中，成为天下读书人的座右铭。后人在无锡惠山听松坊还建有“顾端文公祠”。

薛福成(1838–1894)　清道光年间无锡人。光绪时曾任浙江宁绍道台，在中法战争中多次击退法舰入侵，是中国近代对外战争中少有的胜绩。其后曾出任英法意比四国大臣，率使团往欧洲考察。他主张向西方学习，实行君主立宪，支持私人兴办工商实业，设立新式学堂进行近代文化技术教育，对洋务运动起到过很大作用。他的故居中西合璧，规模恢宏，是无锡城内的第一豪宅。

华彦钧(1893–1950)　这个名字大家也许不大熟悉，但说到瞎子阿炳和他那首凄怨的《二泉映月》，大概就无人不晓了。华彦钧是无锡东亭小四房人，家道贫寒，幼年丧母，随父在崇安寺当小道士。35岁时因为眼疾无力医治而失明，靠沿街卖唱和演奏为生。在如此艰苦的条件下，先后创作出《二泉映月》、《听松》、《大浪淘沙》、《昭君出塞》等脍炙人口的名曲。他的故居在无锡崇安寺东侧。

徐悲鸿(1895–1953)　近代著名绘画大师兼美术教育家，宜兴屺亭桥人。擅长油画、中国画，尤其精于素描，他画的马饮誉画坛，并为国内外博物馆和私人所珍藏。近年在他故乡的亦园之内，建成了宜兴徐悲鸿纪念馆。

惠山泥人

紫砂陶瓷　无锡属下的宜兴市丁蜀镇，是我国著名的“陶都”，出产的紫砂、青瓷、均陶、彩陶、精陶“五朵金花”扬名海内外。尤其紫砂茶具更是家喻户晓，以其紫砂泥质天然的双气孔结构，以及独特的成型工艺，沏茶色、香、味俱全，成为茶具中的珍品。宜兴制陶已有5000年的历史，紫砂始于北宋，盛于明清，到现代更是达到了辉煌境界。

惠山泥人　泥塑艺术是我国众多传统民间工艺之一，北方有“泥人张”，而南方就要数“惠山泥人”为最了。惠山是无锡城西的一座小山，和锡山相对，取自周围地面下的黑泥，细腻柔软，可塑性极佳，非常适合“捏塑”之用。惠山泥人产生时间已难探究，兴盛于明代，到现在也有400多年历史了。作品多以人物为主，造型通俗，技艺精湛。那对胖墩墩笑盈盈的大阿福，就是惠山泥人的代表作了。在锡惠公园周边，就到处是出售泥人的小店铺。

当地特产

太湖三白　太湖银鱼、鲚鱼、白虾并称为“太湖三白”，都是产于太湖之中的美味佳肴。银鱼是一种生活在海边的鱼，后定居在太湖繁衍，长只有两寸多，色泽似银，似无骨无肠。鲚鱼又称白鱼，因头尾俱朝上而得名，体形狭长侧扁，细骨细鳞，银光闪烁，是食肉性鱼类。白虾则通体透明，晶莹如玉，略见棕色斑纹，除食用外还可入药。

无锡排骨　又称“无锡肉骨头”，起源于清朝的光绪年间，已有一百

寄畅园

多年的历史。先后出现过“老三珍”、“陆稿荐”等多家牌号，后来三凤桥慎余肉庄兼取各家之长，创制了“三凤桥肉骨头”，成为延续至今的名牌特产。特点是油而不腻、酥而又香、咸中带甜、美而又鲜。

油面筋　产生于清乾隆年间，已有二百多年历史了。油面筋外观球形，里面中空，色泽金黄，表面光滑，味香性脆，用于佐饭、烧菜、做汤均可。当地习俗，每逢节日合家团聚，肉酿油面筋是必不可少的，以取团团圆圆之意。

行程安排

到无锡主要是游太湖和锡惠公园，一般两天时间可以从容游一遍。当然你要是有更多的时间，可以去看看灵山大佛、影视城这些人造景观，但这不属于本书的叙说范围，以下从略。

如果你有1天时间

上午到锡惠公园，参观天下第二泉及寄畅园，下午到鼋头渚游览，可以乘游船到太湖中小岛之上。傍晚到市内王兴记吃馄饨，如果还有兴趣的话，晚上还可以去薛福成旧宅夜游。

如果你有2天时间

第一天，上午先去鼋头渚，看太湖风光，乘游船到湖中小岛之上。出来后到湖滨蠡园游览，如果赶上梅花盛开的季节，还可以去梅园观梅。傍晚到市内王兴记吃馄饨，晚上住无锡市区。

第二天，上午锡惠公园，参观天下第二泉及寄畅园。下午到薛福成旧宅参观，如果有时间，还可以去趟东林书院。

如果你有3天时间

前两天如前所述，第三天可以根据自己的喜好，去看看灵山大佛或中央电视台外景拍摄基地等。

经济档和舒适档的预算

无锡市内景点不算多，主要景区都有公交车往来，开销不大。由于不属热点旅游城市，节假日和平时相差也不是很悬殊，消费不算太高。下面以两天为例，可以考虑如下几种安排：

门票统计见右表：

景点	价格	合计
鼋头渚	105	260
蠡园	40	
梅园	30	
锡惠公园	60	
薛福成故居	25	

经济档 410元

经济档食宿，住40元的普通房间，饮食以小吃为主，一天25元，市内交通基本乘坐公交，一天大约10元。加上门票，区内预算合计为：(40+25+10) × 2+260=410。

舒适档 640元

舒适档食宿，住100元的标准间，饮食以饭店和小吃相结合，一天60元，市内交通公交和出租相结合，一天大约30元。加上门票，区内预算合计为：(100+60+30) × 2+260=640。

到达无锡的方式

航空

无锡机场航班不多，只有到北京、广州、深圳、成都、昆明等少数几个城市的飞机。班车在胜利门的喜来登大酒店门前乘坐，发车时间周一(08:30、13:30)、周二(08:00)、周四(10:50、15:55) 周五(11:30)，行程约半小时。

无锡火车站东侧200米的高墩桥客运汽车站有高速班车前往上海虹桥及浦东国际机场，发车时刻为 06:15、07:00、07:45、08:30、09:15、10:00、11:00、12:00、13:00、14:00、15:30，其中除8:30和15:30两班只到虹桥机场外，均是到浦东机场中途停靠虹桥机场。到虹桥机场票价70元，到浦东机场票价100，行程约2～3小时。

铁路

无锡是沪宁铁路上的大站，沿途列车大都在此停靠。始发的列车并不是很多，只有到邻近的上海、南京、杭州等几个城市有，其他还是要到上海去转。

公路

无锡位于江苏省公路网的交叉口，沪宁、澄锡、锡宜高速公路在这里交汇，北面的江阴长江大桥可直达苏北各城市，交通十分便利。无锡市内有3个长途客运站，最主要的是位于火车站西侧的无锡汽车站，大部分走高速公路的快客都从这里发车。此外无锡客运总站主要是发往市郊各乡镇及苏北等地普通客车，无锡汽车西站多是发往浙江、安徽方向的客车。

区内交通

公交车

无锡公交车线路虽不如上海、南京等大城市多，却也有上百条线路。大都为无人售票，上车投币，不设找零。也有部分线路有人售票，如火车站到鼋头渚的K1路。普通车单一票价1元，空调车（K字打头）单一票价2元。

无锡还有两条旅游观光线路，均为7:00－16:00每25分钟一班：

路线	停靠站点
旅游观光一线	火车站－胜利门－崇安寺－中信银行－锡惠公园－河埒口－荣巷－梅园－太湖饭店－鼋头渚（犊山）－鼋头渚（充山）－宝界桥－唐城－水浒城－三国城
旅游观光二线	火车站－胜利门－崇安寺－八佰伴（三凤桥）－朝阳广场－永丰路－人民大会堂－清扬路－蠡港桥－水秀新村－体育中心－正大电器厂－蠡园－欧洲城－宝界桥－鼋头渚（充山）－宝界桥－唐城－水浒城－三国城

出租车

无锡的出租车计价比较复杂：起步价3公里8元；3－8公里每公里1.8元，还要加收20%的空驶费；8公里以后每公里1.8元，还要加收50%空驶费。不仅复杂，而且单价不便宜。在旧城区内转转花不了多少钱，但要到鼋头渚等地就很可观了。

住在无锡

如家快捷酒店——无锡胜利门店

如家酒店连锁的直营店，位于火车站和汽车站附近。二十层白色高楼上的“如家快捷酒店”标牌远远可见，从商场一侧可到酒店大堂。店内环境干净温馨，设施齐全舒适，风格简约别致，是如家连锁店统一建筑、统一服务、统一设施的真正体现。店内还设有餐厅，提供10元的中西式早餐。此外在市中心五爱路81号（广发银行旁）还有如家的另一家直营店，也是差不多的设施和价钱，电话0510–82760111。

酒店按二星级建造，都是标准间，共139间。其中双人床209元，大床房199元，执行固定价格，不打

无锡灵山大佛

朴初老题写的“灵山大佛”

折也不涨价。

地址： 崇安区北大街1号　**电话：** 0510-82626258

到达

● 无锡机场乘大巴在喜来登酒店下车北行到胜利门广场。

● 无锡火车站和汽车站南行到胜利门广场。

游览

● 乘坐K1路公交车可到鼋头渚景区。

● 乘坐81路公交可到锡惠公园。

美食

向西北步行几分钟就是北大街和青石路特色餐饮街。

购物

门前的胜利门到南禅寺之间的中山路是主要的商业区。

无锡锦江之星其他分店地址及电话一览表

名称	电话	地址
春申路店	0510-82607288	春申路38号
梁青路店	0510-85877383	梁清路10号
学前店	0510-82108988	学前东路588号
运河东路店	0510-82740688	运河东路102号

锦江之星旅馆 — 无锡火车站店

经济型的连锁旅馆，就在无锡火车站对面，前面是古运河景观带，环境很好。旅馆为红色的三层小楼，前面有停车场，从右侧门口进大堂。里面设有锦江大厨特色餐厅，以家常小酌为主，价廉物美。服务中心提供复印、传真、打印、贵重物品保管等服务，还可代订车、船、机票。

共有客房123间。标准房179元，固定价格，节假日也不涨价，性价比比较高。

地址：工艺路40号

电话：0510-82322280、4008209999

到达

- 无锡机场乘大巴在喜来登酒店下车，向北过桥到火车站前东行。
- 火车站和汽车站东行不远就是。

游览

- 乘坐87、K1路公交车可到鼋头渚景区。
- 乘坐K87、2/K2路公交可到锡惠公园。

美食

过桥南行几分钟转西北就是北大街和青石路特色餐饮街。

购物

向南过桥从胜利门到南禅寺之间的中山路是主要的商业区。

新宇之星宾馆——无锡店

浙江大学新宇酒店连锁的直营店，和上海那家新宇之星是同一个系统的。酒店按三星级建造，楼高八层，大堂入口是一块乳白色的幕墙，上有新宇之星的标志。宾馆门前正对京杭大运河，左侧为锡惠公园，过桥就是市内繁华区域，环境和交通都很好。内部设有中餐厅，以杭帮菜为基础，配合苏锡特色，住宿费含免费早餐。

共有房间122间，所有客房都带有卫生间，很新也很干净。可免费宽带上网。其中单人间188元，古典标间178元，商务标间198元，全年价格浮动不大。

地址：北塘区盛岸路25号

电话：0510-83025888

到达

● 无锡机场乘大巴在喜来登酒店下车，转乘60、K85路公交到蓉湖庄。

● 无锡火车站和汽车站乘坐10路公交车到蓉湖庄站下。

游览

● 乘坐K85路公交到胜利门转乘K1路可到鼋头渚景区。

● 乘坐10、56路公交车可到锡惠公园。

美食

乘坐K85路公交车可到北大街和青石路特色餐饮街。

购物

乘坐60、K85路公交车到胜利门，往南到南禅寺之间是主要的商业区。

无锡国际青年旅舍

在市中心东林广场西南侧，一排七层小楼中的一座，外墙比较旧，门口也很小，不过竖立着的招牌很醒目。旅舍内都以白色为主调，灯光柔和，木板铺地，看起来还比较舒服。也是按国际青年旅舍的标准设置，但规模较小，房间也不多。

标准间有几间，其中单人房1间，每间100；双人房3间，每间120。多人房都是上下铺床位，窗户很大，装有空调，带桌椅和柜子，公共卫生间、洗漱盆和淋浴房。其中5人房2间，每床45；6人房1间，每床40。

地址：人民中路49号

电话：0510-82755990、82756990

到达

● 无锡机场乘大巴在喜来登酒店下车，乘坐K57、211路公交到东门站下。

● 无锡火车站和汽车站乘10、25、30、35、89路公交到东门站下。

游览

● 乘坐10、211路到梁溪大桥转乘K1路公交可到鼋头渚景区。

● 乘坐10路公交可达锡惠公园。

美食

乘坐K57、211路公交到胜利门，西北就是北大街和青石路特色餐饮街。

购物

往西步行一站路可到中山路商业区。

北站宾馆

就在无锡火车站站前广场东侧，是上海铁路局无锡站按星级标准建造的宾馆。楼高五层，外观比较新，大堂也比较宽敞，还有休息的沙发。楼上是客房，共有108间，以标准间为主，还有部分豪华房和经济房。宾馆内设有餐厅，前台代办旅游、票务等服务。周围人来人往，比较嘈杂一些。

标准房64间，房内比较宽敞。有100元和80元两种，周末涨20元。

普通房38间，分单人、双人、三人三种，房间稍为小些，有电视和电话，卫生间公用，平时只要40元一个床位，节假日差别比较悬殊。

登高望远尽收眼底—灵山大佛全景图

地址：火车站广场15号

电话：0510-82238815

到达

● 无锡机场乘大巴在喜来登酒店下车，往北步行火车站前广场东侧。

● 就在火车站和汽车站前广场东侧。

游览

● 乘坐87、K1路公交车可到鼋头渚景区。

● 乘坐K87、2/K2路公交可到锡惠公园。

美食

过桥南行几分钟转西北就是北大街和青石路特色餐饮街。

购物

向南过桥从胜利门到南禅寺之间的中山路是主要的商业区。

苏锡帮大菜和小吃

无锡的饮食与苏州相近，都是属于“八大菜系八大帮”的苏菜系苏锡帮，口味偏甜。比较独特的是太湖三白——银鱼、鲚鱼、白虾，很多餐馆都能吃到。酱排骨是无锡的知名食品，以三凤桥为最。此外王兴记的蟹粉小笼包和各式馄饨是当地著名的小吃。

太湖船宴是无锡的一大特色，很早的时候就已存在，到明清盛极一时。如今游客往往坐游船一边赏太湖风景，一边品尝船菜美味。市内则以中山路为主要美食餐馆所在，从胜利门到南禅寺共两公里，除商家林立之外，还集中了王兴记、三凤桥等多家百年餐饮老店。

太湖船菜

太湖船菜就是船家利用新鲜捕捞上来的水产，通常就是太湖盛产的“三白”（银鱼、白鱼、白虾），配以菱、藕、茭白等作为主料，以炖、焖、烩、焐等技法烹调，制作出“清、洁、高、雅”特色的菜肴，代表性风味菜有芙蓉银鱼、干炸银鱼、酒酿银鱼、活炝虾、清煮大虾、清炒虾仁、银鱼莼菜汤等，美味可口。船菜店一般都紧靠湖岸，船体装修得颇有特色。近年无锡市为保护太湖水质，很多船店被关停，但在岸上也能尝到比较正宗的船菜，例如五爱路的太湖船菜馆，区别只是在于没有了那种水上摇曳的感觉而已。

地址：五爱北路528号

交通：乘坐K1、K85、5、31、35、55、58、60、61等公交在胜利门下

三凤桥肉庄

无锡排骨是无锡三大特产之一，三凤桥肉庄的酱排骨则是无锡排骨中的代表之作。三凤桥肉庄是百年老店，现在除酱排骨以外，还经营以苏锡帮菜系为主的餐饮菜肴，有虎皮凤爪、梅汁翅中、太湖凤尾鱼、梁溪脆鳝等等。当然临走还可以买几包真空包装的无锡排骨回去。

地址：崇安区中山路240号

交通：乘坐3路公交可达

王兴记馄饨店

王兴记馄饨店创办于1913年，最初在崇安寺升泉浴室旁，以经营三鲜馄饨和小笼馒头而享有盛名。今天王兴记已发展成为集酒宴、点心、旅馆、娱乐为一体的综合性公司，但人们多半还是冲着它的馄饨而去。除了以上两

无锡天下第二泉

样招牌名点外，还推出了蟹粉煮干丝、蟹粉大馄饨、蟹黄汤包、蟹粉小笼等多种蟹类点心小吃。

地址：崇安区中山南路221号

交通：乘坐21、27、63路公交可达

青石路

青石路是一条特色餐饮街，也是一条百年老街，又叫北大街。全长一公里的路两侧，有数十家有无锡地方特色的餐馆和异国风情餐酒廊、咖啡馆、茶吧等聚集于此。其中有状元楼大酒店、无锡鸡粥店等餐饮名店。

交通：乘坐K1、K85、5、31、35、55、58、60、61等公交在胜利门下

购物

明末清初，无锡就是我国著名的米市和布码头，近代工商业的自发兴起，更是让无锡的经济繁盛一时。无锡的商业区主要以三阳广场为中心，旅游购物则主要有南禅寺步行街等。一般游客购买的物品也多是太湖三白、无锡酱排骨、惠山泥人、宜兴紫砂壶等。

无锡八佰伴

地处无锡中心商业区，地上七层，集购物、餐饮、娱乐及银行、邮电、广告、旅游等综合配套服务功能于一体，云集了10多个旗舰店、200多个独家经销品牌、数以千计的国内外著名品牌于此。是无锡现代商业购物设施的代表。

地址：中山路168号

交通：乘坐25、42、47、215路公交可达

中山路

从胜利门到南禅寺共两公里的路上，集中了名牌商店12家、特色商店14家、老字号商店8家，还有一批知名品牌专卖店，是全国“百城万店无假货”示范街之一。主要名牌商店有八佰伴商贸中心、无锡第一百货公司、无锡商业大厦集团、华锦商场等，此外还有王兴记馄饨店、三凤桥肉庄等百年餐饮老店。中山路中段城中公园对面外贸大厦旁，还有一条文化商业步行街。

交通：乘坐12、21、63、82、208、216、312路公交可达

南禅寺文化商城

依托古运河及河畔南禅寺、妙光塔三大景观建造的超大型文化市场，先后兴办了风味小吃市场、邮票钱币市场、花鸟鱼虫市场、古玩市场、书刊市场、工艺旅游品市场等多个文化相关的专业商城，集餐饮、旅游、购物于一体。

交通：乘坐12、25、40、47、213、215、K12路公交到朝阳广场

佛祖出世九龙灌浴

小城美景多

鼋头渚——突入太湖的巨石

太湖是中国第三大淡水湖，横跨江浙两省，是古时长江和钱塘江堰塞而形成的天然湖泊。湖西南沿岸漫长平滑，东北靠近苏州和无锡一带则有很多小山延伸入湖中，加上湖内的四十八个大小岛屿，有七十二峰之说。位于无锡城西的鼋头渚就是观赏太湖风光的绝佳处，因半岛突入湖中的巨石形如浮鼋（音“元”，一种鳖科爬行动物）翘首而得名。到无锡不能不游太湖，在鼋头渚上感受太湖的碧水荡漾、烟波浩淼，是最为合适的选择。

渚是水中的小洲之意，但鼋头渚的东南面已与陆地连为一体，湖中的鼋头部分则是旅游区所在。湖中仙岛是太湖中的著名山峰，原名三山，实际由四座小山峰组成，俗称乌龟山。

从码头沿湖边堤岸前行，不几步就到鼋嘴所在，称“鼋渚春涛”。灯塔旁有景名刻石，正面镌刻“鼋头渚”三个大字是清末“梁溪七子”之一的秦敦书手书，背面“鼋渚春涛”则为我国历史上最后一个状元刘春霖所写，这里是游人争相留影的所在。无锡春天多东南风，卷起浪花拍打湖岸，听涛声阵阵是这里的一大特色。

上山麓小路折向东南行，不一会儿可到一处小型湖湾，前面的悬崖峭壁之上，有清末的无锡县令写下的“包孕吴越”四个

鼋头渚樱花长廊

大字。继续前行，另一湖湾处曲堤上建桥一座，名万浪桥，波涛拍打桥堤时常激起浪花四溅，如漫天雪花飞扬，因此就叫“万浪卷雪”。往南是苍鹰嘴，山渚如鹰般深入湖中，上建有卷雪亭，是观万浪卷雪的好去处。

从万浪卷雪上小山顶端，有始建于南朝梁时的广福禅寺，不过入寺还得另交香火费。寺的东面竹林掩映之中，有僧普善募建的小南海，是观音大士的道场。沿广福寺下的齐眉路下山，会经过一个庭院式的江南兰苑，里面引种兰花达一百多种、数千盆之多。

鼋头渚观太湖

景区东门之内，鹿顶山东南山麓，还有一处利用原无锡工商业者陈仲兴1928年所建的陈家花园旧址，建设而成的“充山隐秀”一景，内设春花、夏荫、秋色、冬景四个小区。附近挹秀桥南的“湖山真意”，则原是1931年由无锡工商业者郑明山所建的郑园。两园之东北主环道“十里芳径”东端，有渔堤水湾，植藕花一片，是建于1931年的“藕花深处”，为夏日赏荷的佳处。包括整个鼋头渚在内的这一片地方，原来都是些民族资本家的私家园林，经统一规划扩建，现已成为“太湖第一名胜”。

到达： K1、212路、旅游观光巴士可达。

门票： 105元，含旅游观光车和到太湖仙岛的往返船费。

开放时间： 6:00–17:00

游览时间： 含上岛大约得3–4小时

下一站

- 继续游览：乘坐K1路可到蠡园。
- 美食：乘坐K1路公交到胜利门站下，可到中山路或青石路。

作者手记

- 这是无锡最负盛名的景点，游客很多。
- 景区有两个大门，均有大桥与市区连接。从大门到湖边主景区有旅游车往返，车费包含在门票里面，当然你要想徒步也不成问题。
- 主景区西面码头有船到太湖仙岛，大约需要20分钟左右。船费也包含在门票里面。

蠡园桃花开的时候

蠡园——泛舟五里湖

传说春秋时期，范蠡助越王勾践灭吴，之后功成身退，和西施泛舟于太湖之上，后人有感于此，把五里湖改名为蠡湖。民国时无锡工商界人士王禹卿"慨慕范大夫蠡之为人"而在湖滨兴建蠡园，其后当地人陈梅芳又在园旁建渔庄。解放后两园合并，又增建新区，以蠡园之名开放。

进蠡园大门，穿过假山屏障，可见自成一坞的土岗，一面临湖，三面有小溪分隔，坞中有建于1930年的"百花山房"，房后有"范蠡西施故事"的画廊。隔溪西部有四季亭，亭南沿湖筑大堤半围，遍植垂柳桃树，每逢春天桃红柳绿，分外妖娆。园东千步长廊临湖而建，连接着老蠡园和渔庄，长廊东端建有延伸入湖的亭式水榭，可凭栏观赏蠡湖全景。园内假山之南，还停泊着一艘建于1930年的"莲舫"。

- 到达：K1、9、820路可达。
- 门票：40元，含一次游船费用。
- 开放时间：7:00-18:00
- 游览时间：2小时
- 最佳游览季节：春季
- 下一站

● 继续游览：乘坐72路公交可到梅园。

● 美食：乘坐K1路公交到胜利门站下，可到中山路或青石路。

梅园——红色资本家的花园

无锡是近代工商业的繁荣之地，不少民族资本家都在当地建有私家园林，梅园就是其中之一。其园主原是荣宗敬、荣德生兄弟，园始建于1912年，旧址是清末进士徐殿一的小桃园。解放后由荣德生之子荣毅仁捐献给国家。

不同于传统江南园林，梅园里并不以假山池水为主，沿洗心泉、天心台、念劬塔、诵豳堂、读书处、松鹤园、开原寺、吟风阁、远香馆等走上一圈，景色也比较寻常。但每逢早春梅花盛开之时，却分外风光旖旎。梅园栽培梅花已有七十多年的历史，解放后又大量从外地引进新品种，植梅数千株，成为江南著名的赏梅胜地。此外，每年金秋十月的桂花也十分有名。

到达：2、88、91、206路、旅游观光巴士可达。

门票：30元，含温室门票40，淡季时常可以打折。

开放时间：8:00-17:30

游览时间：2小时

最佳游览季节：早春是最佳赏梅季节，十月是赏桂佳期。

下一站

● 继续游览：乘坐2/K2、K87可到锡惠公园。

● 美食：乘坐310路公交到胜利门站下，可到中山路或青石路。

梅园

锡惠公园——二泉映月

无锡的城西，有两座小山。东边小的一座叫锡山，西边大点的那座就叫惠山，无锡的著名民间工艺品惠山泥人就是用山下的黑泥捏成的。两山之间有一长条形的人工湖名映山湖，湖北绿树掩映之中，有寄畅园、惠山寺、天下第二泉等一批古建筑，就是锡惠公园的核心区所在。

从锡山大门进公园内，沿山边小路绕过锡山，再从映山湖之北东行，可到“天下第二泉”。当年茶圣陆羽品茶，惠山泉水位列第二，后人在此建陆子祠。二泉分上中下三池：上池为八角形，是泉源所在，水质最好；中池方形，四面有青石围栏，前面筑二泉亭，亭中“天下第二泉”石碑是元朝书法家赵孟頫所书；下池最大，为长方形，位于漪澜堂下，池壁有明石螭首不断吐水入池。每年秋季阴历七月半晚上，一轮明月倒影池中，是天然的“二泉映月”。近代民间音乐家瞎子阿炳在惠山一带颠沛流离，就是感于此景创作了二胡名曲《二泉映月》，近年人们将其墓迁于二泉之南的映山湖畔。

无锡锡惠公园爬山廊

出二泉之北为惠山寺，这是创建于南朝的一所著名寺院。康熙和乾隆到二泉品泉，都曾到此一览，乾隆皇帝还特意为寺题写了“惠山寺”匾额。如今金碧辉煌的殿宇，大都是近年来重建，不过古华山门两侧唐宋石经幢、御碑亭内石碑等还是原物，尤其御碑亭前金莲池上金莲桥，虽然栏杆破损严重，但仍觉颇为精致。

惠山寺金莲桥和古华山门之间，路北有无锡名园寄畅园。原来的园主秦金，是宋代著名词人秦观的后裔，所以又名秦园。明时秦金购置惠山寺僧舍改为别墅，不施亭榭，布局自然。后至第三代秦耀之时才大规模扩建，并改名寄畅园。今颐和园（前身为清漪园）内谐趣园（原名惠山园），就是乾隆仿寄畅园而建。从园门后主殿嘉树堂后，穿过一片林荫到锦汇漪，中心一弯长形池水，北面七星桥将池一分为二，池东一侧水榭知鱼槛与对岸石矶鹤步滩对峙，沿池从南向北有临水而筑的长廊、郁盘亭、涵碧亭等。它将山峰及园中秀色汇集于水中，倒影成趣，深得借景之妙。

到达：公交2、4、10、15、16、56、83、88、91、207、208、216、801 路、旅游观光巴士到锡惠公园或巴士酒家站下车。

门票：60 元，含名胜区和泥人博物馆。

开放时间：5:30-17:30

游览时间：3 小时

下一站

- 继续游览：乘坐 27 路公交车到市政协下车，可到薛福成故居。
- 美食：乘坐 81 路公交到胜利门站下，可到中山路或青石路。

作者手记

出寄畅园，从惠山寺古华山门出公园门外，那一条街上有很多出售惠山泥人的小店铺。沿路而行，可重新回到锡山大门。

薛福成故居——从外交家到实业家

在无锡不大的旧县城内，却有着一座宏大的豪宅，那就是清末著名的外交家、资产阶级维新派代表人物薛福成的宅第——钦使第。宅第分三路，现在开放的是中路和东路，前后共六进，还带有后花园。虽然历经沧桑，但气派不减，且装饰上中西结合，充分体现了主人家的身份和思想。

薛福成旧居

整个主住宅区略呈凸字形，前低后高。迈进高大的门楼，迎面是轿厅，两侧长廊外有两个方形小庭院，植有各式花木。穿过轿厅，就到主人会客的正厅——务本堂，按当年的陈设摆放着古典式家具。正厅西侧，是商谈国事、迎接外宾所用的议事厅，按外事礼仪和涉外标准进行布置。正厅东侧，是主人家休憩和收藏古董的博古厅，陈设名贵典雅，内涵深厚。再过一个天井是后堂，现在是介绍薛福成生平的一个展览。这三进院落，每进表面看都是三间，但三厅横向并列，加起来就是九间，为避免越制而将其巧妙地隔开，连接口处的柱子都是剖成两半的，可以看出其中所花的心思。走进最后一进转盘楼，宽度略有加大，面阔十一间两层结构，四面回廊环绕，十分壮阔，是目前国内现存最大的转盘楼。

从转盘楼东侧门出外可到东路花园，薛福成是民族工商业的倡导者，他的儿子薛南溟和孙子薛寿萱都是近代无锡工商业的知名人士，现在东花园周边的厢房里布置了一些表现他们业绩的实物和场景。东花园后的弹子房，是一处中西结合的楼房，房子的彩色玻璃窗全部由外国引进，也可反映薛家人对外来事物的接纳态度。

到达：乘5、21、27、40、86路公交车到健康路站下。

门票：白天25元，晚上30元。

开放时间：8:30-17:30

游览时间：2小时

下一站

● 继续游览：乘坐27路公交到五爱广场，换乘K1路公交可到鼋头渚。

● 美食：乘坐5路公交到胜利门站下，可到中山路或青石路。

作者手记

故居开放夜游，最后一进的“转盘楼”现设为茶室，零点以后还会有茶客光顾。

无锡寄畅园

第五章

苏州——此城只应天上有

人都说“上有天堂，下有苏杭”，可是这人间的天堂也是不尽相同的。又有人说杭州象大家闺秀，而苏州象小家碧玉，这话倒也比较贴切。走在静谧的平江人家之间，看不出多少气派，却有着几分温柔，这也许就是苏州的味道。虽然外面的世界已是车水马龙、人声鼎沸，但在这方圆之地却绝难发现有碍眼的高楼大厦，就是现代豪宅也得为古城易妆。这座从吴王阖闾时期就再没有挪动过的古城，生命也将这么一直延续下去。

园林是苏州的灵魂。不经意之间，你就会发觉身旁就是某某名园，甚至于你根本就是置身园林之中。很难分清楚是园林在苏州里，还是苏州在园林里。拙政园、留园、网师园、环秀山庄、狮子林、沧浪亭、耦园、艺圃、退思园这一个个被列入世界遗产的璀璨名园，也不过是这座园林之城里的沧海一粟。更何况，苏州除了园林，还有着宏大的寺观、高耸的古塔，和淡雅的

苏州玄妙观

民宅。

如果感慨于苏州古城的不再完整，或者民间风情的不再浓郁，那也不必遗憾。田里乡间，到处有你梦中的水乡人家。用直的小桥，周庄的流水，同里的人家，足够让你充分体验一下水乡风韵。穿上乡土的蓝印花布服装，吃着各式的传统风味小点，住在临河的古朴小院之内，行于斑驳的石板小巷之上，你也是一位古镇人了。如果尚嫌不足，那恐怕你也只能坐上时光穿梭机，回到数百年前的农耕时代了。

旅游指南

苏州的大小园林遍布全城，如果你时间有限，至少要去拙政园和狮子林，前者代表园林，后者以假山著称，两园相隔不远，走路可达。有些园林还开设夜游，如网师园晚上就有评弹表演，艺圃还设有茶座。

以下名胜古迹还需一天时间游览：苏州仅存的水陆城门盘门，以及与它近在咫尺的瑞光塔；姑苏城外寒山寺，还有静听夜半钟声的枫桥；当然还

有与苏州城同样古老的虎丘塔。

傍晚可以回到城中心的观前街，那里不仅有大型的开放式道观——玄妙观，而且观内观外还是美食和购物的天堂。至于住宿，也大可以在这边解决，因为周边的旅馆随处可见，光如家快捷酒店就有好几家分店。

如果为苏州古城保存得不再完整叹息，那郊外的几个古镇大可弥补这一遗憾。从火车站前或者汽车北站坐上旅游专线车，一两小时功夫就能到达周庄、同里或者甪直。周庄名气最大，虽然商业味浓了些，但古貌犹存。同里重的是园林，镇上的退思园可是唯一能和城内众名园同列世界遗产的。甪直稍逊一筹，但其水乡服饰却又独树一帜。半天游一个古镇有点行色匆匆，能从早到晚细细品味自然不错，最好还能找家古民居旅馆留宿一夜，古镇的风情就一一饱览了。

古城往事

苏州古城的历史，是从吴越争霸的故事开始的。吴王夫差曾经大败越国，令越王勾践成了阶下囚。但勾践卧薪尝胆，又一举打败夫差灭掉了吴国。不过吴国的国都阖闾城并没有从此湮灭，相反却取代了会稽（今绍兴）成了诸侯都城。乃至于后来先后归于楚、秦，仍一直是郡治所在。直到东汉吴、越分治，才重又衍生出并立的吴郡（今苏州）和会稽郡。

秦汉以后的苏州，大都作为地方路府州县治所在，城的中心也一直没有多大的变动。隋代大运河的开通，苏州一举成为交通枢纽，商业经济迅速繁荣，成为江南的富庶之地。

明清两代是苏州的全盛时期，今天所见的园林、寺院、会馆、民宅大都是建于此时。同时丝绸、刺绣、昆曲、评弹、年画等艺术也空前发达，名人学士层出不穷，江南四大才子——唐寅、文征明、祝允明、徐祯卿都是出自苏州。太平天国时期，苏州是苏福省的中心，忠王李秀成的王府就建在拙政园旁，如今成为苏州博物馆的所在。

苏州虽仅为一府之地，但历史悠远、声名显赫、古迹众多、文人荟萃，早在1982年就成为国家第一批国家历史文化名城之一。今天更是苏锡常经济区的中心，仍在延续和推进其历史上的辉煌。

水乡

苏州地处江苏省南部，在南京和上海之间，北依长江，与南通隔江相望；西傍太湖，与无锡接壤；南面则与浙江省的嘉兴和湖州交界。苏州是地级市，下辖吴中区、相城区、平江区、沧浪区、金阊区、苏州工业园区、苏州高新区、虎丘区八区，以及张家港市、常熟市、太仓市、昆山市、吴江市五市。

苏州市域内地势低平，平原占了总面积的一半以上，东南部地势低洼，西南部多小山丘，但都不高。太湖水面90%左右在苏州市境内，京杭大运河擦城而过，境内河流纵横，湖泊众多，全市水面占总面积的42.5%，是江南水乡中的显著之地。苏州不仅因其历史悠久而成为文化名城，也有不少自然风光，靠近太湖边上的东山、西山、光福一带是它主要的风景旅游地。苏州市域内的另一著名古镇——木渎，也是位于这片风景区内。

名人与苏州

唐寅（1470–1523）　字伯虎，明代苏州人。也就是电影《唐伯虎点秋香》中那位家喻户晓的风流才子了。不过千万别误以为唐伯虎只会点秋香，事实上唐伯虎是一个博学多才、品格高尚的杰出艺术家。他的画与沈石田、文征明、仇英齐名，被称为“明四家”；他的书法也极好，和沈石田、文征明、祝枝山、黄宠并称明代中期的中兴书法家；他诗词曲赋样样精通，和文征明、祝枝山、徐祯卿同被当时人称“吴门四才子”。

文征明（1470–1559）　是和唐伯虎同年出生的长洲（今苏州）人，也和唐伯虎一道是“吴门四才子”之一。也许由于没有戏说故事的原因，不如唐伯虎般妇孺皆知，但他的诗、书、画都是兼绝的，属于大器晚成，当时曾驰誉艺苑。尤其是在绘画上成就最大，自成一格，是“吴门画派”中的中坚力量。

范仲淹（989–1052）　北宋时苏州人，按他的那句“先天下之忧而忧，后天下之乐而乐”千古传颂，但他不仅仅是位文学家，还是位杰出的政治家和军事家。他所主持推行的“庆历新政”虽然只坚持了一年零四个月，但却为后来的王安石变法揭开了序幕。他曾受命北上，实行一套战略防御方针和安抚政策，抵御和解决了西夏骚扰边境的威胁。

冯梦龙(1574–1646)　长洲（今苏州）人。明代著名文学家、戏曲家，最大成就在于编撰白话短篇小说集《喻世明言》、《警世通言》、《醒世恒言》，开我国白话文创作的先河。他一生仕途失意，主要精力都集中在搜集和整理通俗文学事业上。他敢于冲破传统观念，反对虚伪的礼教，追求个性解放，这些在他的作品里得到了淋漓尽致的体现。

顾炎武(1613–1682)　出生于苏州的昆山县，明亡后因仰慕南宋民族英雄文天祥的学生王炎武而改名。“天下兴亡，匹夫有责”曾激励过多少国人保家卫国、抵御侵略，而顾炎武不仅在他的《日知录》上写下了这句话，还在明末参与组织复社、评议时政、反对宦官、图谋革新的活动，清初积极投身抗清斗争，以及晚年考察各地、著书立说等等。在他的故乡昆山，有他归葬所在的顾氏家坟。

叶圣陶(1894–1968)　江苏苏州人，近代著名作家和教育家。幼时家境贫寒，后考入草桥中学，毕业后在一个初等小学当教员。1917年应聘到甪直县立第五高等小学任教，四年后与沈雁冰、郑振铎等人发起组织“文学研究会”。解放后曾历任出版总署副署长、人民教育出版社社长、教育部副部长等职。他的名字是和古镇甪直紧紧地联系在一起的，今天镇内有他曾任教的学校旧址，他的墓就在旁边，镇上小河边还有他创作《多收了三五斗》的原型万盛米行。

文化艺术

昆曲　昆曲是百戏之首，过去曾盛极一时。昆曲是元末明初之际产生于江苏昆山一带的民间戏曲，原名“昆山腔”，开始只是清曲小唱，后来逐渐积累了大量的剧目，并广为流传，还传入北京皇家，成为明清时期影响最大的声腔剧种。2001年，昆曲成为中国第一个申报成功的世界非物质和口头文化遗产。2003年苏州在平江历史街区内的“全晋会馆”设立了中国昆曲博物馆，免费对外开放，并不时有现场演出。

评弹　评弹和昆曲一样，是用吴侬软语演出的，不会苏州话的游客可能听不大懂。评弹其实就是评话和弹词的总称，俗称就是说书，大书开讲武侠、公案之类故事，小书则以弹唱才子佳人为主题。评弹大约形成于明末清初，分单人档、两人档和三人档，演员均为自弹自唱，以小三弦和琵琶伴奏。拙政园的茶室、留园的明瑟楼等地有免费的评弹表演，有兴致的话也可以花钱点曲，位于平江路中张家巷的苏州评弹博物馆也已在2004年世遗会期间正式对外开放。

苏绣　苏州曾是“丝绸之府”，但如果说后来风头被杭州所盖过的话，那苏州的刺绣则至今仍是江南无可争议的刺绣之首。苏绣已有两千多年的历史，发源地在苏州吴县一带，以绣工精细、针法活泼、图案秀丽、色彩雅洁著称，和粤绣、蜀绣、湘绣并称为全国四大名绣。中国苏绣博物馆1986年建成，馆址原在苏州著名园林环秀山庄内，1988年底迁于旁边景德路王鏊祠。

桃花坞木刻年画　中国年画的历史悠久，北方以天津杨柳青为最，南方就非苏州桃花坞木刻年画莫属了，此外加上河南朱仙镇、山东潍坊、四川锦竹，并称为我国五大民间木刻年画。桃花坞年画因曾集中在苏州城内桃花坞一带生产而得名，起源于明代，盛行于清雍正、乾隆时期，到鸦片战争后

夜游网师园

忠王府戏台　忠王府

衰落。年画内容主要以神像、戏文、吉祥喜庆、民间故事、风俗世事等为主，门画、中堂和屏条是桃花坞木刻年画的几种主要形式。

碧螺春茶与苏州蜜饯

碧螺春茶　在中国的十大名茶之中，苏州碧螺春茶的排名仅次于杭州龙井，相信你也早有耳闻了。碧螺春的主要产地就在太湖之畔的洞庭山，早在隋唐时期就很有名，距今已有一千多年了，俗名叫做“吓煞人香”，据说碧螺春这名还是清朝康熙皇帝南巡时御赐的。

苏式蜜饯　苏州是我国生产蜜饯最早的地区之一，早在三国时代就有蜜饯制作。原料主要有梅、杏、枇杷、杨梅、桃、金桔、红桔等40多种果品，品种多达一百多种，以金丝蜜枣、奶油话梅、金丝金桔、白糖杨梅、九制陈皮最著名，甜、酸、咸适宜，松软可口。

行程安排

来苏州主要还是看园林，自然虎丘和枫桥也是不容错过的，加上三个古镇，就是三天的时间也还略为紧些。不过，自己根据情况取舍一下（例如园林和古镇风格近似，未必需要全游），还是可以游下来的。

如果你有 1 天时间

可以游一下虎丘和苏州园林，或者选取一个或两个古镇游览：

方案一，虎丘和精品园林。先到虎丘，然后到枫桥，回城的时候经过留园，游览完后去拙政园，傍晚在观前街购物，然后到得月楼用晚餐。

方案二，先到火车站坐汽车到周庄，上午游览周庄，中午吃完饭后从周庄坐车去同里，下午游同里，傍晚回市区，到得月楼用晚饭。如果觉得时间太紧也可以只游周庄或同里。

如果你有2天时间

可以组合一天游的两个方案，或者如下面所列只游苏州城：

第一天，上午游拙政园和狮子林，下午游网师园、沧浪亭和留园，傍晚到观前街购物，然后到得月楼用晚餐；

第二天，上午到虎丘游览，下午游枫桥和寒山寺，傍晚到盘门，晚上到采芝斋品茶和吃点心。

如果你有3天时间

园林和古镇基本可以兼顾：

第一天：上午游拙政园和狮子林，下午游网师园、沧浪亭和留园，傍晚到观前街购物，然后到得月楼用晚餐；

第二天：上午到虎丘游览，下午游枫桥和寒山寺，傍晚到盘门，晚上到采芝斋品茶和吃点心；

第三天：先到火车站坐汽车到周庄，上午游览

环秀山庄

预算

苏州的门票很贵，动不动就是好几十块钱，三大古镇更是惊人，周庄甚至还到了100元。不少景点淡旺季价格有所区别，以下都按旺季而论，因为冬夏两季去的人毕竟少些。住宿淡旺季差别也很大，一般周末价格要高于平时，黄金周更是几乎要翻倍。下面以三天为例，可以考虑如下几种安排：

门票统计：

景点	价格	合计
虎丘	60	566
枫桥	25	
寒山寺	20	
盘门	25	
瑞光塔	6	
拙政园	70	
留园	40	
网师园	30	
狮子林	30	
沧浪亭	20	
周庄镇	100	
同里镇	80	
甪直镇	60	

往返交通费统计：

区间	价格	合计
苏州－周庄	14.5	39
周庄－同里	3.5	
同里－苏州	7	
苏州－甪直(往返)	14	

经济档 830元

经济档食宿，住40元的普通房间，饮食以小吃为主，一天25元，市内交通基本乘坐公交，一天大约10元。加上门票和往返交通费，区内预算合计为：(40+25+10)×3+566+39=830。

舒适档 1175元

舒适档食宿，住100元的标准间，饮食以饭店和小吃相结合，一天60元，市内交通公交和出租相结合，一天大约30元。加上门票和往返交通，区内预算合计为：(100+60+30)×3+566+39=1175。

到达苏州

航空

苏州没有民航机场，但从市区干将西路115号东航苏州营业处（水苑饭店门口）到上海虹桥和浦东机场都有班车。到虹桥国际机场班车时刻为6:20、7:20、7:50、8:20、9:20、10:20、10:50、11:50、12:50、13:50、14:50，票价50元，车程约1时40分。到上海浦东国际机场班车时刻为7:20、8:20、9:20、10:20、10:50、11:50、12:50、13:50，票价80元，车程2个多小时，到浦东机场班车也经过虹桥机场。

民航售票处电话：0512-65104881

铁路

苏州是沪宁铁路上的大站，路过的列车绝大部分都停靠苏州站，平均每隔20分钟左右就有1班。长途始发车只有到北京的Z85等有限几班，也有到上海和南京的短途城际列车。苏州市内车票预售处有：观前街太监弄8号、人民路566号联合售票处、人民南路99号苏苑饭店等。

火车站问询：0512-1601234

公路

苏州处在沪宁高速公路之间，南到杭州的苏嘉杭高速公路也全线贯通了，加上四通八达的普通公路，交通十分方便。苏州的长途汽车主要集中在火车站附近的汽车北站，到上海、南京、扬州、杭州等城市的高速快巴很多，预售三天车票。除此以外苏州还有西站、南站、吴中区站等三个汽车站，主要都是发往临近郊区县和古镇的一些普通客车。

汽车北站问讯：0512-67530686

汽车南站问讯：0512-87181601

汽车西站问讯：0512-68256698

水运

苏州是京杭大运河上的主要城市，现在苏州的水路客运就只剩下到杭州的旅游客船了。每天下午17:30在南门码头（人民路8号）购票上船，第二天一早7:00到达武林门码头（环城北路138号），返程也一样。船号和票价如下（具体见码头公告）：

船号	票价
天堂号	双人间130元/位，四人间88元/位
沧浪号、寒山号、吴山号	双人间95元/位，四人间60元/位
灵岩号、灵山号	双人间78元/位，四人间上舱65元/位，四人间下舱55元/位
苏堤号、白堤号	四人间上舱47元/位，四人间下舱40元/位

区内交通

公交车

苏州的公交车线路不少，旧城内的公交车站很多做成那种古典凉亭的式样，十分别致，而且还有美人靠以供休息。公交车都是无人售票的，上车投币，不设找零，普通车1元，空调车2元。

除常规线路外，还开设了旅游专线，有5条线路，其中游1和游5是空调车，路线如下：

路线	停靠站点
游1线（5:30—21:35）	虎丘—虎丘镇政府—工艺美院—西园—留园—石路—艺圃（金门—南浩街）—环秀山庄—观前街（怡园）—玄妙观—刺绣厂—拙政园—狮子林—北寺塔—丝绸博物馆—火车站
游2线（6:00—18:45）	虎丘—虎丘镇政府—工艺美院—西园—留园—第三人民医院—钱万里桥—火车站—丝绸博物馆—北寺塔—狮子林—拙政园—刺绣厂—观前街—双塔—第一人民医院—网师园—文化宫—南门—人民桥（上行元）—轮船码头
游3线	火车站—钱万里桥—清墕—山墕街—苏净集团—仁安街—西园—轴承厂—辛庄—寒山寺—三元三村—三元二村—狮山大桥—新城花园酒店—锦华苑—飞利浦—百合花公寓—苏州乐园—御花园—水上乐园
游4线（5:00—17:45，票价1—3元）	火车站—丝绸博物馆—北寺塔—观前街—怡园—饮马桥—沧浪亭（文庙）—文化宫—公交公司—南环西路—虎丘区政府—唐伯虎墓—横墕镇—横山—马庄—西跨墕—凤凰公墓—木渎—严家花园—灵岩山—天平山
游5线（环线）	欧尚超市—夏园新村—徐家浜—苏大北校区—相门—双塔—醋坊桥（观前街商业区）—白塔西路—拙政园—齐门—汽车北站—平门—火车站—钱万里桥（小商品市场）—清墕—山墕街—苏净集团—仁安街—西园—金门路—古吴饭店—彩香新村—彩香新村东—新沧花园—胥江路—新康花园—友联新村—百润发—盘胥路—盘门景区—文化宫—友谊宾馆—竹辉宾馆—竹辉桥—觅度桥—杨枝墕—机场路—娄葑—苏大东校区—夏园新村—欧尚超市

设在苏州汽车北站的苏州旅游集散中心还开设了两条旅游专线车线路，分东线和西线，连接苏州大部分知名景点和商业区。每条单线7:00—17:30每20分钟左右一班，票价10元，当天内可以无限次乘坐，并享受景点门票优惠。路线如下：

路线	停靠站点
旅游东线	苏州旅游集散中心－火车站－北寺塔 博物馆（拙政园、狮子林）－东园（动物园、耦园）－观前街（玄妙观）－双塔－网师园－桂花公园－觅渡桥－苏州汽车新南站－轮船码头
旅游西线	苏州旅游集散中心－火车站－虎丘－西园－留园－寒山寺－石路（山塘街）－胥门（规划展示馆）－火柴厂旧址－盘门景区－轮船码头

苏州旅游集散中心开设了到邻近周庄、同里、甪直三个古镇的旅游巴士专线，流水发车，在火车站前广场、汽车北站里都能乘坐。具体时刻如下：

古镇	时刻及票价
周庄	6:45－17:00，30分钟一班，车程1.5小时，票价14.5元
同里	6:00－19:00，20分钟一班，车程40分钟，票价7元
甪直	6:45－17:00，15分钟一班，车程1小时，票价7元

出租车

苏州的出租车大都是桑塔纳，起步价10元（3公里），3公里后每公里1.8元，5公里后还要加收50%空驶费。等候超过5分钟后，每5分钟折合1公里。晚间23:00后车费增加30%（包括起步价在内）。

人力车

苏州城虽然不大但也不小，要徒步也十分费时费力，而且有些小巷汽

车不能通行，坐人力车代步也是很好的选择。街头的人力车拉客的很多，都标着2元/公里，但实际上不规范，要跟车夫砍价，生意清淡时10元包1天都没有问题。只是车夫老是怂恿你去些跟旅游无关的场所，有点不胜其烦。

自行车

租个自行车走街串巷也是个不错的选择，比较自由。火车站东侧平门一带街道两侧多的是租车铺，车比较普通但价格很便宜，通常2小时内2元、2～4小时3元，一天才5元，押金100～200元。

苏州住宿备忘录

莫泰168— 苏州平齐路店

上海莫泰连锁旅店有限公司在苏州开设的一家连锁店，在苏州北护城河南马路南侧，对面是大片公共绿地，环境很好。六层现代楼房十分醒目，在火车站那边都能看见。名为旅馆，实则可以达到三星级酒店的水平，大堂十分宽敞华丽，还设有餐厅、茶座、咖啡厅和酒吧，分列在临街一层楼房

苏州耦园春景

里。比较有特色的是有家庭式的复式房，客房共计有350间。

标准间格调淡雅，整齐卫生，卫生间、空调、电视、电话等一应俱全，还配有宽带上网。大床间198元，二人间188元，三人间298元，家庭复式房238元。明码实价，平时不打折，节假日也不提价。

地址：平齐路16号

电话：0512-82106666

到达

苏州火车站或汽车北站往南过平门桥东行约十分钟可到。

游览

- 到平门乘坐游2路公交车可到虎丘。
- 从齐门往南步行十多分钟可到拙政园和狮子林。

美食

到齐门乘坐53、54路可到观前街和太监弄街区。

购物

到平门乘游5、22路公交可到石路商业区。

如家快捷酒店－苏州观前店

连锁的酒店品牌，准二星级设置，在苏州共设有多家店，这是其中之一，在观前街西出口之北以及狮子林附近也有其连锁店。酒店按统一建筑、统一设施、统一服务经营，价格也大致相近。房间设计比较特别，色彩丰富、格调温馨，有点象家居布局而不象旅馆，真正是有“如家”的感觉。

房间都是标准间，环境很干净舒适。单人房188元，二人间228元，节假日不涨价。

地址：人民路1400号

电话：0512-65238770

苏州如家快捷酒店其他分店地址及电话一览表：

名称	电话	地址
三香店	0512-68291866	三香路1158号
石路店	0512-68285000	阊胥路121号
狮子林店	0512-67288808	园林路坝上巷20号
观前二店	0512-68019088	景德路73号
桐泾路店	0512-67235188	泾北路168号

到达

苏州火车站或汽车北站乘坐20、38路公交车在观前街下。

游览

● 乘坐游2路公交可到虎丘。

● 乘坐游1路公交可到拙政园和狮子林。

美食

往东便是观前街和太监弄街区。

购物

乘坐33、游1路公交可到石路商业区。

锦江之星旅馆——苏州塔园路店

锦江集团创建的连锁经济型旅馆，性价比较高。在全国许多城市设有数十家连锁店，其中苏州有两家，另一家是在苏州新区长江路418号的乐园店（电话0512-68081110）。旅馆在留园东不远，外观较现代，六层小楼也比较新。大堂装饰比较明快，一层设有餐厅。

客房都是标准间，全部铺设木地板，有宽带可以上网，环境很清洁舒适。单人房199元，二人间189元。固定价格，节假日不涨价。

地址：塔园路338号

电话：0512-66620888、400820999

到达

苏州火车站或汽车北站乘坐7路公交车在留园路下。

游览

● 乘坐游1路公交往西方向可到虎丘。

● 乘坐游1路公交往东方向可到拙政园和狮子林。

● 往西步行不远便为留园。

美食

乘坐游1路公交可前往观前街和太监弄街区。

购物

往南步行不远就是石路商业区。

吉庆楼宾馆

在环秀山庄以西不远，北面临街，周围环境还算不错。宾馆为四层独栋楼房，外观比较新，大堂很宽敞，装饰比较古朴典雅。楼上为客房，房间内都铺木地板，全部红木明式家具，卫生状况很不错。

房间都是标准间，通风采光都很不错，单人间130元，二人间150元。

地址：景德路415号

电话：0512-65158939、65158920

到达

火车站或汽车北站乘坐33、游1路公交到中医院下。

游览

- 乘坐游1路公交往西可到虎丘。
- 乘坐游1路公交往东可到拙政园和狮子林。

美食

乘坐33、游1路公交可到观前街和太监弄街区。

购物

往西步行几分钟可到石路商业区。

狮林宾馆

位于狮子林和拙政园附近，是座四层仿古楼房，大堂很宽敞，有休息区，内外装饰都比较不错，看起来很新。二层以上为客房，档次属于中档水平。周围都是闹市区，交通餐饮购物都很便捷。

房间全部为标准间，可接宽带上网。房间比较宽敞明亮，地面铺木地板，整洁卫生。单人房和二人间180元。

地址：白塔东路269号

电话：0512-67025788

到达

火车站或汽车北站乘坐游1路公交到狮子林站，然后东行不远。

游览

- 乘坐游1、游2路公交车可到虎丘。
- 往北步行几分钟可到拙政园和狮子林。

美食

乘坐游1 路公交车可到观前街和太监弄街区。

购物

乘坐301 路公交可到石路商业区。

周边信息

附近不远有家网吧。

旅园宾馆

位于北护城河南侧路南，距离火车站和汽车北站不是很远。周围环境很好，也很安静，对面是护城河畔的公共绿地，楼后面也是一片空旷草地。主楼是一座三层L形的楼房，外观有点旧，但里面显然重新装修过，十分整齐清洁。一楼有些办事机构，旁边的配楼里有餐厅，宾馆还提供票务和旅游服务。

标准间空间不算大，但通风采光都很好，设施也不错，单人间140元、二人间220元、三人间240元。非节假日可以打至对折，二人间110元就可以了。

普通间比较简单，就是床和电视，公共卫生间，二人间60元，三人间90元。

地址：平四路4 号

电话：0512-67531341、67531129

到达

苏州火车站或汽车北站往南过平门桥右转即到。

游览

- 乘坐游2 路公交车往北可到虎丘。
- 乘坐游2 路公交车往南可到拙政园和狮子林。

美食

乘坐33、38 路可到观前街和太监弄街区。

购物

到平门乘游5、22 路公交可到石路商业区。

金翅鸟宾馆

位于苏州老城北护城河以南，宾馆是一座独栋三层楼。一层除大堂外还有一些服务设施，客房在三楼，二楼有KTV厅，经过有点吵，但房间里

水巷渔舟

干扰不大。设施有点旧，房间还算宽敞，部分客房窗户比较小，但还算干净卫生。

只有标准间，二人间A 280元、二人间B 260元、三人间A 280元，三人间 B 300元（A、B差别不大只在朝向不同）。价格随季节而变，平时标间可打折到100元，淡季甚至更低。

地址：人民路2102号阀门厂旁

电话：0512-67543716、67540084、67541833

到达

苏州火车站或汽车北站往南过平门桥即到。

游览

- 乘坐游2路公交车往北可到虎丘。
- 乘坐游2路公交车往南可到拙政园和狮子林。

美食

乘坐33、38路可到观前街和太监弄街区。

购物

到平门乘游5、22路公交可到石路商业区。

桐芳宾馆

也即市级机关招待所，距离拙政园、狮子林都比较近。宾馆为四层楼房的一部分，房间在二楼，一层入口旁边有几家小吃店。周围环境一般，但身居闹市之中，出入比较方便。还有一大好处是固定价格，黄金周也不涨价。

标准间空间不算大，铺木地板，干净整洁，通风采光良好。标价二人间220元，三人间240元，四人间280元，平时二人间可打折到120元。

普通间空间较小，仅有两张床铺及床头柜，有一台电视机，窗户也很小。

地址：白塔东路282号

电话：0512-67708692

到达

火车站或汽车北站乘坐游1路公交到狮子林站，然后东行不远。

游览

- 乘坐游1、游2路公交车可到虎丘。
- 往北步行几分钟可到拙政园和狮子林。

美食

乘坐游1路公交车可到观前街和太监弄街区。

购物

乘坐301路公交可到石路商业区。

周边信息

附近不远有家网吧。

观前街美食

苏州菜和杭州菜一样，都是属于“南甜”的范畴，但又分属不同的菜系，各有特色。苏州菜属苏菜中的苏锡风味，是淮扬、金陵、苏锡、徐海四个苏菜的地方构成之一。传统重甜出头、咸收口，浓油赤酱。近代逐渐趋向清新爽适，浓淡相宜。“松鼠鲸鱼”、“碧螺虾仁”、“鸡茸蛋”、“常熟叫化鸡”等都是烩炙人口的美味佳肴。

苏州其实无论特色饭店还是小吃都比较集中在观前街一带，同时这里也是集旅游、购物、休闲一体的地区，不管白天晚上都人头攒动。比较著名的饭店有得月楼、松鹤楼等等。在观前街和附近的那条太监弄上，小吃店也很多，最著名当然要数采芝斋，另外嘉兴的五芳斋在此也有分店，此外还有“朱鸿兴面馆”和“绿扬馄饨”等。

松鹤楼

松鹤楼是苏州现存历史最长、最负盛名的正宗苏帮菜馆了。其前身原来是面馆，在清乾隆年间重建面业公所的石碑上，就已经刻有它的大名了。光绪时松鹤楼扩大为菜面馆，经百余年的经营和扩展，期间名厨辈出，在江苏乃至全国都享有盛誉。现大楼有三层共二十个大小餐厅，菜肴花色繁多，菜名雅致，味道鲜美。其中的招牌菜松鼠鳜鱼，据传还跟乾隆皇帝有一段故事呢。

地址：观前街太监弄72号

交通：乘坐1、3、8、20、32、33、38、游2、游4路到观前街下

得月楼

始建于明朝嘉靖年间，距今也有四百多年历史了，1982年复兴并移址于现地。以苏州菜闻名，老楼在太监弄南侧，新楼在太监弄北侧和宫巷交界处，两者相隔不远，其实就是斜对面。新楼比较大，环境也比较好。招牌菜是松鼠桂鱼，还有五彩银鱼羹、樱桃汁肉、碧螺虾仁等，名气很大，人也很多。

地址：观前街太监弄27号

交通：同松鹤楼

新聚丰

就在得月楼新楼对面，规

同里河景

模相对要小得多，就是一座两层的仿古小楼。店已经有点历史了，是中华老字号，江苏餐饮名店。店虽不大但门庭兴旺，时常爆满。名菜有糟溜糖鱼片、母油船鸭、洋龙　鱼等。店里的小吃也不错，名点有枣泥拉糕等。

地址：观前街太监弄9 号

交通：乘坐1、3、8、20、32、33、38、游2、游4 路到观前街下

采芝斋

苏州的老字号，清同治年间首创，至今有百余年历史了。就在繁华的观前街上，一座三层的仿古小楼。一楼出售各种江南名点，包括苏式糖果、糕点、炒货、蜜饯、咸味等五大系列三百多个品种，尤其是酥糖、麻饼、粽子糖更是苏州的名优特产了。从店面一旁或者店内楼梯都可以上二楼茶艺馆，馆里提供茶水和点心，可以一边品茶一边欣赏琴艺。主要名茶有苏州碧螺春、西湖龙井、安溪铁观音，也有便宜一点的杭白菊、云绿茶等。

地址：观前街91 号

交通：乘坐1、3、8、20、32、33、38、游2、游4 路到观前街下

绿杨馄饨

就在太监巷对面的碧凤坊上，离那家著名的得月楼不远。也是一家老字号了，在景德路、山塘街等地方也有分店。鸡汤三鲜馄饨比较出名，此外还有炒肉馅团子、蟹黄小笼包等。价格很实惠，但卫生条件不怎么样，服务也一般，属于比较大众型的。

地址：观前街口碧凤坊84 号

交通：乘坐1、3、8、20、32、33、38、游2、游4 路到观前街下

苏州购物

苏州自古就是江南繁华之地，有“鱼米之乡”、“丝绸之府”的美誉，物产十分丰富。来到苏州，一般都是买些传统工艺品，比如苏绣、碧螺春茶、苏式蜜饯等等。市中心的观前街一带是传统的商业中心，此外在旧城西护城河外的石路一带是比较现代的商业街区，要买珍珠的话也可以到渭塘镇何家湾的“中国珍珠城”。

亚细亚商厦

在市西阊门外的石路步行街，是一座现代化的大型综合商厦。1994年开业，地上七层地下一层，其中1楼为手机城，2-5楼经营百货、服饰、化妆品等，各种现代化的商品在此应有尽有，设施也非常现代。其实这也只是石路商业区的大型商厦之一，附近还有八面风、威尼斯、太平洋等十余家购物场所，以及苏州名店一条街，晚上更是灯火通明，人来人往，热闹非凡。

地址：石路8号

交通：乘坐4、11、15、401、601、游1路公交车可达

观前街

玄妙观是苏州最大的道观，现宏大的主殿建于宋代，是苏州十分珍贵的古建筑。和一般封闭式管理的寺庙不同，现在的玄妙观是敞开式对外开放的，只有进入大殿和周边配殿才需要买门票，院落之间的范围可以随便进出。两旁都是大大小小的店铺，里面出售各式纪念品等，院内有休憩的场所。玄妙观山门前一条东西向街道就是观前街，现在是商业步行街，两边密密麻麻的仿古建筑大都是商场店铺，其中出售江南传统食品的采芝斋等都是有年头的老店了。和观前街平行且相距不远的太监弄，就是食肆林立的餐饮一条街了。

交通：乘坐1、3、8、20、32、33、38、游2、游4路公交可达

中国珍珠城

苏州的渭塘镇素有“中国淡水珍珠之乡”美称，建在镇西何家湾的中国珍珠城是国家级的珍珠集散地，也是中国最大的淡水珍珠专业市场，年成交珍珠占全国淡水珍珠的三分至二。市场内有经营珍珠饰品的商铺二百多家，其中大规模的珍珠公司就有四十多家，以本镇和周围乡镇农村农民专业珍珠经营户为主。不仅在本地养殖和收购珍珠，还扩展到邻近省市。

地址：渭塘镇西何家湾

交通：可在苏州火车站乘83路公交车直达，也可乘12、84路公交车到达

走遍苏州

虎丘——与姑苏同寿

虎丘的名字，差不多与苏州古城是同龄的。当年吴王阖闾命伍子胥筑阖闾城，虎丘是吴王在郊外的行宫，后来阖闾死后就葬在了这里。传闻葬后三日，有白虎居其上，所以叫做虎丘。一千多年以后，虎丘上建起了一座塔，因寺院而命名为云岩寺塔，一般都称为虎丘塔。又过了一千余年，和虎丘塔并称的姐妹塔杭州雷锋塔早已支撑不住残躯而轰然倒塌了，虎丘塔也屡遭磨难，木质外檐不复存在，塔身也严重倾斜，却始终顽强地屹立到了现在。如今，它已成了苏州城的象征，理所当然的“吴中第一名胜”。

还没到山前，远远就能望见山颠之上那座苍老的古塔。不过要临近细看，还得先走上一段长路。经过一座小殿，千万不要匆匆地就过去了。殿建于元代，原是云岩寺的二山门，虽不高大也不雄伟，可仔细进内看看，你就会发现，殿中的主梁并不是整根的，而是由两根梁拼合而成，却居然也能承托起巨大的屋顶，真是名副其实的“断梁殿”了。

往后是一段平缓的阶梯，走到尽头

虎丘塔

仍然不是塔的所在，而是山石之上的一个不大的水池。石叫千人石，上面站一千人看来也不成问题，池名剑池，据说是当年吴王阖闾的葬处。池侧的石壁之上，刻有许多著名书法家的字迹，其中据传洞内石崖左壁上“剑池”两字篆文为晋代王羲之所书，门旁“虎丘剑池”四字为唐代书法家颜真卿所书。

虎丘花会古筝表演

再上几步台阶，虎丘塔终于在眼前了。塔体的伤痕累累在目，塔身的倾斜也显而易见。不要说虎丘塔是中国的比萨斜塔，因为虎丘塔建于五代后周显德年间，距今已有一千多年历史，比之比萨斜塔还要早上好几百年。虎丘塔所在的云岩禅寺，原来曾是东南的一大名刹，可惜经历历次战火，规模已大不如前了。

虎丘不仅古迹众多，周围也风景优美，山色迷人。古人曾称“九宜”：宜月、宜雪、宜雨、宜烟、宜春晓、宜夏、宜秋爽、宜落木、宜夕阳，所言非虚。

虎丘花会

到达：游1、游2路，公交8、49路车可达。

门票：旺季（4月16日－10月30日）60元；淡季（10月31日－4月15日）40元。

开放时间：冬季7:30–17:00，夏季7:30–18:00

游览时间：2小时

下一站

- 继续游览：乘坐游

2 路到工艺美院转乘 24 路公交可到枫桥和寒山寺。

● 美食：乘坐 46、游 2 路可到观前街。

作者手记

● 游客不是一般的多，节假日估计满眼都是人头了。

● 在入口可以租用手持式电子导游机，每次 10 元。

● 虎丘塔内原本可以登临，现在要进塔内也只能排队并且限额一次十人，而且停留时间不能超过 10 分钟。

● 每年 3 到 5 月间在虎丘有花会，展出的花卉以牡丹、杜鹃、郁金香、芍药四大名花为主，穿插多种民间艺术表演，十分热闹。

枫桥 寒山寺——夜半钟声到客船

“月落乌啼霜满天，江枫渔火对愁眠。姑苏城外寒山寺，夜半钟声到客船”。唐代诗人张继这首脍炙人口的诗句，让那座位于苏州城外古运河之上的普通石拱桥一下变得家喻户晓，名字也从封桥改成了枫桥。至于枫桥之畔的寒山寺，也从此平添了不少的光彩。

旧时大运河每到夜里都要把航道封闭起来，于是来往船只就只能在此停靠。同时枫桥又是官道上的要冲，铁岭关高高地立于桥头，行人要从关下城门通过。水陆交汇，使这里成了一个重要的市镇。穿过铁岭关，跨过枫桥，对岸是江枫洲。经过整修之后，现在这里已成为融古寺、古桥、古街、古关、古运河于一体的新景观。同时从这里看枫桥和铁岭关，也是最佳的角度。

那座钟声传荡的寒山寺，就在枫桥景区门口不远的江村桥对岸。寺在南朝梁时就已经存在了，初时叫作妙利普明塔院，唐贞观年间改成现名。现存山门、大雄宝殿、藏经阁等大都建于清末，那座崭新的仿唐方塔更是没有几年历史。钟楼里的那口铜钟也不是原物了，而是1906年由日本人士募铸。不过仍有不少游客慕钟而来，会登楼敲上几下。

到达：乘游3线、3、6、9、17、21、31、301路车可达。

门票：枫桥25元，寒山寺20元。

开放时间：7:30—17:30（17:00停止售票）

游览时间：2小时

下一站

● 继续游览：乘坐301路到观前街转乘游2路公交可到盘门景区。

● 美食：乘坐301路公交可到观前街。

作者手记

● 平常游客就很多，节假日更是拥挤。

● 江枫洲上的新景观大都是新建的仿古建筑，没啥价值，可看可不看。不过里面有个漕运博物馆，可以进去了解一些关于运河的历史知识。

● 江村桥和枫桥外形比较相似，出江村桥就是寒山寺，再回来就要重新买票，不要搞混了。

盘门瑞光塔——水陆通衢

吴王阖闾当年命伍子胥筑阖闾城，水陆城门各八座。两千多年过去了，那圈高大的城墙已不见了踪影，城门所在也大都已成了通衢大道，只有古老的地名仍能让人联想起往日的光景。但其中有一座却完整地留存到现在，成为了苏州古城现存惟一的水陆城门，在全国也是绝无仅有的，那就是位于旧城西南角的盘门了。

盘门内有座瑞光塔，在景区门外远远就能看到那高大的身躯。原来塔之所在是一座宏大的寺院，为东吴时所建普济禅院，五代后晋时改为瑞光寺，早已毁于战火。幸存下来的宝塔建于北宋大中祥符年间，八角七层，高43.2米，砖身木檐，第一层尤为宽大，以上逐层收缩，塔身有楼梯可以登临。塔内曾出土过舍利宝幢、观音、如来铜造像、木刻印刷和碧纸金书的经卷共100多卷，为五代至北宋时的珍贵文物。

盘门在瑞光塔西，旧称蟠门，同时有两道陆门和两道水城门，比肩而立。陆门城楼是两层建筑，前有圆角方形瓮城，既可藏兵又可御敌，当年守城的大炮，虽已锈迹斑斑，却仍摆在那里。水城门也由两道城门和一道瓮城组成，门中设水闸和栅门，可以用绞关启闭，可作军事防御，也可用于控制城里水位。

城门之外，有一座如雨后彩虹般凌驾于运河之上的吴门桥，是苏州目前最高的单孔石桥。和枫桥有点类似，都是单孔石拱桥，但和城门映衬，又是另一番不同的景致。水陆城门、吴门桥、瑞光塔合在一起，就称为“盘门三景”。

到达：游2、5线，7、30、701路到盘门景区站下。

门票：盘门25元，登瑞光塔另收6元，开放至五层。

开放时间：8:00－17:00

游览时间：1小时

下一站

- 继续游览：乘坐游2路公交可到拙政园。
- 美食：乘坐游2路也可到观前街。

作者手记

- 相对虎丘和枫桥游人要少多了，节假日也还可以接受。
- 景区内有免费提供的评弹表演。

拙政园——拙者之为政

在苏州现存的数十座大小园林之中，拙政园不是最早的，却是最大的，同时无疑也是最有名的。游人来到苏州，园林是必游之所，而拙政园又是苏州园林中的首选。

拙政园始建于明代正德八年，是御史王献臣弃官还乡后所建，园名取自晋代文学家潘岳《闲居赋》中“灌田鬻疏，是亦拙者之为政”之句。王献臣死后园屡次转手，几度兴废，割裂成三处，太平天国时又被纳入忠王府中为花园，直到解放后才重又合在一起，基本恢复明代时的规模。

现园分为东、中、西三部分。从园门进去是东园，绕过兰雪堂后是大片的平岗草坪，中置曲池土山，周围点缀以芙蓉榭、天香亭和秫香馆等亭榭建筑。西面起伏的院墙之下，是连绵的长廊，廊下墙上开有各式漏窗，中间一扇月洞门，由此可进中园。

中园是拙政园的主体，也是全园的精华。正中宽阔的池水之上，用土石垒成东西两座小山，山上分建雪香云蔚亭和待霜亭，山间小溪以小桥相连。池北是四面落地长窗的远香堂，堂北平台连接荷花池，堂名即自宋代周敦颐《爱莲说》中“香远益清，亭亭净值”语意而来。堂之西北水池中央还有荷风四面亭，“四壁荷花三面柳，半潭秋水一房山”，春夏秋冬四季景色皆在其中了。亭之西南两头有曲桥分别连接倚玉轩和见山楼，香洲画舫停靠倚玉轩对面，两者有廊桥小飞虹相连，香洲西南玉兰堂相传是文征明作画之处。

从柳荫曲路过半亭“别有洞天”及月洞门就是西园。西园较小，也以池水为中心，主厅是鸳鸯厅，北半厅因养鸳鸯称“三十六鸳鸯馆”，南北厅则植山茶而称十八曼陀罗花馆。东南的宜两亭和东北的倒影楼间以长廊相接。远望还有一座高塔，仔细一看原来并非在园内，而是远处的苏州最高的古建筑北寺塔，被巧妙地借景到园中来了，于是园中又有了塔影亭。

拙政园

到达：游1、2、5线，2、3路拙政园站下，往东步行100米即到。

门票：旺季（4月16日－10月30日）70元；淡季（10月31日－4月15日）50元。

开放时间：冬季7:30－17:00，夏季7:30－17:30

游览时间：2小时

下一站

● 继续游览：南面不远就是狮子林。

● 美食：乘坐游2路公交可到观前街。

作者手记

● 这是苏州最热门的园林，游客什么时候都少不了，尤其节假日。

● 入口处可以租用手持式电子导游机。

● 两个旺季分别举办免费杜鹃花节、荷花节。

● 茶室内有免费的评弹表演，当然也可以花钱点曲。

● 拙政园南的住宅部分，现在设立了苏州园林博物馆，按四进厅堂布置成“园原”、“园史”、“园趣”、“园冶”四个展厅。旁边当年的忠王府，现在是苏州博物馆所在，从拙政园出口右行另外买票进内。

狮子林——百狮争雄

大概不少人知道，那座被烧毁的“万园之园”中曾有座狮子林，也许也有人知道，现在的承德避暑山庄中有座在原址之上复建的狮子林，但却未必有很多人知道，这两座昔日高贵的皇家园林，都是源自于苏州城内那座小巧的私家庭园。

狮子林是元代僧人天如禅师为纪念他的恩师中峰神僧而创建，原是普提正宗寺中的后花园，寺又因中峰原住天目山狮子岩而称狮林寺。原地也是宋代的一座园林，因园中多如狮子般的怪石而名狮子林，园久已荒废，园名则传承了下来。

一进园就能看见园中那座巨大的假山，假山环绕池水而建，山上怪石玲珑，恍如一头头形态各异、活灵活现的狮子，生动无比。假山内洞穴相连，四通八达，有如迷宫一般。出口通向周围各亭台殿阁，构思非常精巧。主要殿堂都围绕在院墙周围，依假山而建，沿立雪堂、卧云室、指柏轩、问梅阁绕园一周，可尽览园内胜景。

苏州狮子林

到达：游1、2、5线，2、3、4、40、701路可达。

门票：旺季（4月16日－10月30日）30元；淡季（10月31日－4月15日）20元。

开放时间：7:30－17:30

游览时间：1 小时

下一站

●继续游览：乘坐游2路公交车可到网师园。

●美食：乘坐游2 路公交也可到观前街。

作者手记

园旁房舍之内设有苏州民俗博物馆，展示苏州的民间服饰、习俗、节日、婚嫁等等，免费开放，可顺便入内一观。

网师园——精致小园

网师园很小，小得面积不足拙政园的六分之一，小得连桥都只有半步金莲之距，然而这种小却是最难得的精致。与宏大的拙政园相比，是一种园林体系下的两种截然不同的美。

苏州网师园

网师园最初是南宋时吏部侍郎史正志罢官后所建的万卷堂，清乾隆光禄寺少卿宋宗元在万卷堂故址营造别墅，方有网师园之名。园主自比渔人，自号“网师”，因而园名起为“网师园”。

园正中部为主园，不大的池水周边，北面的五峰书屋、集书斋、看松读画轩顾名思义都是读书之处；西面濒水而建、长廊连接的月到风来亭，是中秋赏月的标志，几乎就成了网师园的象征；南面假山之下，一座精致的小桥架于一步可以跨越的小溪之上，真是小巧之极。中园之东为宅第，三进轿厅、大厅、内厅前后排列，大厅积善堂砖刻十分精致。中园之西由三曲平桥往西过月洞门为西部内园，是一座园中之园。

到达：游2线，2、4、14、31路可达。

门票：旺季（4月16日－10月30日）30元；淡季（10月31日－4月15日）20元，夜花园门票80。

开放时间：冬季7:30–17:00，夏季7:30–17:30，夜花园19:30－22:00开放

游览时间：1小时

下一站

- 继续游览：乘坐游2路公交可到沧浪亭。
- 美食：乘坐游2路公交可到观前街。

作者手记

网师园开放夜游，并在不同的厅堂中，轮流演出昆曲、评弹、江南丝竹、古筝、笛子等曲艺节目。加上园内灯光映衬下的夜色，尤具江南特色。

沧浪亭——近水远山皆有情

沧浪亭不仅仅是一处园林的名字，它也是一座亭的名字，而且这座小小的亭子还是中国的名亭之一。不知是园以亭为名，还是亭以园为名，不过大概都是因为北宋诗人苏舜钦的《沧浪亭记》而声名大振。

沧浪亭是苏州现存最早的园林，五代吴越国时的广陵王钱元镣的池馆即是它的前身。后北宋诗人苏舜钦重加整修并提名“沧浪”。之后屡易其主，曾一度为抗金名将韩世忠的宅第，但园名却流传了下来。

还没进园门，隔着门前的浅浅的小河就能看见对面山墙之上的复廊。

廊上花窗繁复，样式多变，据说足有108种，可算是苏州园林里花窗的典范。透过廊上漏窗，依稀可见园内的假山绿树。过一座小桥入内，迎面就是那座假山，沧浪亭即位于假山东首最高处。亭四四方方，四面敞开，亭角飞翘，两边柱上一副对联："清风明月本无价，近水远山皆有情"。横额"沧浪亭"三字，是清代朴学大师俞樾手书。

沧浪亭以南是园内的主体建筑明道堂，旧时为讲学之所。其西为印心石屋，东西相对的是五百名贤祠，堂前的一丛翠竹掩映，凸显出沧浪亭的清幽古朴。

到达：乘游2、游4、游5线、1、14、28、30、51、101、102、103、701路可达。

门票：旺季（4月16日－10月30日）20元；淡季（10月31日－4月15日）15元。

开放时间：8：00－17：00

游览时间：1小时

下一站

● 继续游览：乘坐游4路到北寺塔转乘游1路可到留园。

● 美食：乘坐游2、游4路可到观前街。

苏州沧浪亭竹林

苏州沧浪亭

留园——此峰独秀

留园是苏州为数不多的位于老城之外的名园。园面积虽比拙政园小，但厅堂华丽、装饰精致，尤其以建筑空间处理精湛著称，在苏州园林里首屈一指。

留园原是明万历时太仆寺少卿徐泰时的私家花园，分东西两园。后西园舍作戒幢律寺，东园清嘉庆时由布政史刘蓉峰改建成寒碧山庄，光绪初年易手于官绅盛康，又重新修葺，并定名为留园。

留园最独特之处在于其700多米长的曲廊，连接起其中、东、西、北四个园区的众多殿宇。入园沿曲折长廊经两重小院到中部园区，这里以山水为主。明瑟楼旁，就是主体厅堂涵碧山房，因为观赏中部荷花池中夏荷而建，又称荷花厅。池中小蓬莱布满紫藤花棚，曲桥连接，池西山腰上闻木西香轩和池北山顶可亭遥遥在望，亭台楼阁倒影池中，构成一幅绝妙的画卷。

苏州留园

曲溪楼畔向东便是以建筑见长的东部园区。中部主厅五峰仙馆之前，那尊高大的“冠云峰”是整个苏州园林中最为高大的一座，据说里面蕴含十二生肖的形态。往东经揖峰轩、石林小院有另外一座豪华厅堂林泉耆硕之馆，厅北冠云峰、瑞云峰、岫云峰映衬左右，相传这是北宋“花石纲”遗物，也是江南名峰之一。冠云峰前后还有冠云亭、冠云台、冠云楼等建筑，楼上匾额上书“仙宛停云”。

留园的西部和北部则是一派自然山林、田园风光，建筑不多但饶有生趣。整座园林巧妙分隔，园中有园，曲径通幽，是苏州园林中的佳作。

到达：游1、2线，11路可达。

门票：旺季（4月16日－10月30日）40元；淡季（10月31日－4月15日）30元。

开放时间：冬季7:30-16:30，夏季7:30-17:00

游览时间：2小时

下一站

● 继续游览：乘坐游1路公交可到虎丘。

● 美食：乘坐游1路公交也可到观前街。

作者手记

旺季有免费的“吴　兰薰”戏曲节目表演。

周庄镇—中国第一水乡

周庄被誉为“中国第一水乡”，并不仅仅因为发现得早、保存得好，更不是纯粹出于宣传的因素。几年以来，江南古镇的后起之秀不断发掘，各种微词也不时响起，然而周庄依然是水乡古镇的典型，游客的首选之地，绝非偶然。一样的小桥、流水、人家，别的古镇都是水网纵横于内，而周庄根本

陈逸飞笔下的双桥

周庄另一组双桥

整个就是位于水中，就凭这一点而言，周庄就是独一无二的。

周庄有的并非只是这得天独厚的地利条件，早在九百多年前的宋代，周庄就已经在这里扎根了。因为四面临水的天然屏障的缘故，周庄躲过了历次的战火波及。又因为元末明初出了沈万三这位江南巨富，明清两代留下了沈厅、张厅等百余座古典宅院，加上多条繁华的石板路和14座形态各异的石桥，一派古朴明洁的景象。坐上轻摇的小船，徜徉于小河之上，穿桥过洞，更是令人沉醉。

景点

双桥

从古牌楼正对的照壁处左拐，到贞固堂前可看到。两条小河在这里交叉为十字，两座小桥成十字形分架于两河之上，这本是江南水乡极其寻常的情形。可这两座小巧的桥梁，一高一低、一拱一梁、一圆一方，搭配得如此别致，可谓妙绝。因为很像古时使用的钥匙，当地人称之为“钥匙桥”。其中园形拱桥名世德桥，方形梁桥名永安桥，都是建于明朝万历年间。加上河道岔口另一侧建于清代的太平桥，一眼可见三桥并峙的景象，十分难得。

周庄双桥本是默默无闻的古镇小景，1984年春天海外青年画家陈逸飞到周庄写生，把所作油画带回美国展出，一时引起轰动。以周庄双桥为题材的《故乡的回忆》更是传为佳话，周庄从此声

周庄双桥

名大振，双桥也成为了周庄的象征。

张厅

张厅在永安桥南的临河小街北市街上，是周庄目前留存不多的明代宅院之一。原名怡顺堂，相传为明代徐达之弟徐逵于明代正统年间所建。清初出卖给张姓人家，改名玉燕堂，俗称张厅。

走进门厅是一个绿意盎然的天井，正对是布置着明式红木家具的敞亮大厅，墙上一幅对联尤为引人注目。上联“轿从门前进”，指的是旧时一般不开正门，家人进出都走东侧那条窄长幽深的陪弄，每逢喜庆婚丧或者贵客来访，才抬进轿子。下联“船自家中过”，到后院小花园一看就阔然开朗，小河直接通至此地，从码头乘船可直达南湖。这幅对联可谓贴切地点明了张厅最大的特色。

后花园不大，除了一方水池，还有一尊太湖石较为灵秀。石上有一状如飞燕的峰峦，因此又名玉燕峰。花园四周是封火墙下的粉墙民宅，从园之左侧过木廊桥，穿过另一条狭窄的陪弄，可回到厅前大街之上。

张厅码头

周庄临河阁楼

等客的船娘

沈厅走马楼 巨富沈万三宅第里的大戏台

沈厅

沈厅位于张厅以南的南市街上，从张厅往南走几分钟就到。提到沈厅，当然不能不说说那位富甲江南的周庄商人沈万三。沈万三原名富，因排行第三而被人称沈万三，元末明初因做海外通商而富可敌国，连明太祖朱元璋修筑南京城墙都凭他捐资三分之一。不料狂妄过甚，口出大言想替皇上犒劳三军而惹怒朱元璋，被发配云南充军，沈家也因此大受打击。

如今的沈厅虽不是当年沈万三所居，而是由其后裔沈本仁于清乾隆七年建成，但仍宏大无比。前后七进院落一百多间房屋，中轴线长达一百多米，比其北的张厅要气派得多，是整个周庄古镇中最具代表性的建筑。厅前是水墙门和河埠，供停靠船只和洗涤衣物所用。进中部墙门楼到茶厅，是迎送宾客的地方。之后就是办理婚丧大事和议事的正厅松茂堂，朝向正厅的砖雕门楼是厅里五个门楼中最宏伟的一个，正中刻有“积厚流光”四字。后部是大堂楼、小堂楼和后厅屋，是生活起居之所，梁架造型浑厚，栏杆与棂窗制作精致，为明式风格。

值得一提的是沈厅的走马楼，把前后几进厅堂的第二层前后连接起来，形成一个环形的通道，为同类建筑所罕见。

富安桥

在张厅和沈厅之间的中市街东端，横跨南北市河。桥为元至正年间所建，单孔石拱桥，原为青石面，清咸丰年间改成花岗石。这样的石桥本无太多特异之处，但配上桥身四角的桥楼，就十分珍贵了。桥名富安，即是富贵之后祈求安康的意思，据说是沈万三之弟为吸取哥哥的教训捐资修葺时所起。桥楼现为茶楼和旅游用品商店，也是欣赏水巷风景的好地方。

桥东西有梯级，中间为平面，刻有浮雕图案。桥上有五块武康石，分别作为栏杆、桥阶和桥头，是采自浙江德清县的山崖间。石面有细小的蜂窝

叶楚怆故居

眼，不易磨损也不会打滑，在江南一带十分罕见，足见桥之用料考究。

叶楚伧故居

叶楚伧是国民党的元老，原名宗源，号卓书，后以初期笔名为名。早年他积极响应孙中山先生的号召加入同盟会，后投笔从戎加入粤军，任参谋长。光复南京后离开军队，重新拿起笔来致力于宣传工作，并创办《民报》。

叶楚伧自幼在周庄长大，他的故居就位于中市街上的砚园桥对岸，是一座四进清式建筑。从墙门进内，依次为轿厅、正厅和堂楼，正厅名叫祖荫堂，居室内的布置十分朴素，现摆设了叶楚伧的画像、著作、墨迹以及书画家们纪念他的作品。后面还有一个幽静的小天井，当年叶楚伧曾亲自栽植了一株桅子花，可惜已经枯萎。

全福讲寺

叶楚伧故居往西不远，走进一条小道可见。旧时的全福讲寺曾是周庄八景之一，是远近闻名的古刹。寺于北宋元祐年间由周迪功郎舍宅而建，历代不断扩建，曾经香火鼎盛。五十年代古寺全毁，佛像和藏品无存。现在这座宏伟的“水中佛国”是1995年重建的，全寺建于水中，主要建筑有山门、指归阁、大雄宝殿和藏经楼等。虽然壮阔，但没什么历史价值，不过反正联票里包含的，进去看看也无妨。

澄虚道院

澄虚道院在贞丰街上，砚园桥以西，是一座很小的道观。和河对岸的那座重建的全福寺遥相呼应，反映出旧时镇内宗教信仰的包容并存。道院是北宋元祐年间创建，算起历史也有九百多年了，曾经是吴中著名的道院之一，不过现存建筑多为后世重建。道院只有三进小院，玉皇阁是院内正殿，青石殿基，重檐歇山顶。正中供奉“先天斗姆大圣元君”塑像，两旁还有三官大帝、雷祖菩萨等上百个道教神灵，和苏州的玄妙观是同一教派“正一派”。

迷楼

迷楼原来只是贞丰街上面街临水的一座两层小酒楼，原名德记酒店，在澄虚道院以西的贞丰桥旁。旧时这里是水陆要津，店铺毗邻，德记酒店地形优越，景色迷人，正合“酒不醉人人自醉，风景宜人亦迷人”之意，因而得名“迷楼”。1920年柳亚子和南社社友陈去病、王大觉等人在此聚会，吟诗诵词，针砭时弊。后人为纪念此次盛会，把酒楼开辟为陈列馆，复原当年室内摆设，展出大量实物史料。到迷楼二楼，还可以欣赏古镇街景和河景。

周庄博物馆

从迷楼经福洪桥返回古牌楼的路上，在后港西街有一座利用古民居开设的周庄博物馆。馆内前厅后堂中间一小天井，主楼可以登临，后边还有一个小院。现主要陈列镇北太史淀湖底出土的良渚文化印纹陶遗物，也有来自现代艺术家的文艺作品，当然最特别的还是那些反映水乡人民劳动、生活、娱乐的器具。游完古镇离开之前，可以去参观一下。

到达：从苏州火车站前广场或汽车北站乘旅游车前往，6:45-17:00每30分钟一班，行程1.5小时。

门票：100元，可参观镇内沈厅、张厅、澄虚道院、全福寺、迷楼、叶楚伧故居、周庄博物馆等开放景点，但上沈厅走马楼要另交10元。

开放时间：8:00-19:00，节假日8:00-20:00。

游览时间：半天比较仓促，最好能有一天时间，古镇里也可以住宿。

作者手记

● 节假日游人很多，黄金周更是人头涌涌，难以感受那种水乡风情，交通吃饭住宿也很成问题，应尽量避免。

● 过去周庄只能依靠摆渡进人，后来建起了周庄大桥，可以在车站坐上人力三轮直达古镇入口处的古牌楼。

● 想从水上观赏也可以乘坐木质游船，每船80元，可乘坐8人。

住宿

贞固堂民居客栈

江苏水乡周庄旅游股份有限公司开办，设在古民居贞固堂内，原来是教育家沈体兰的故居。外观是高墙花窗、粉墙黛瓦，进内一层是客厅和厨房，一层和二层都有客房，不过总共只有6间。还有一大优势在于临河而居，特别能感受水乡风情，方便傍晚或清晨出外闲逛。

房间全部是木板铺地，红木家具，十分古色古香。同时又设有卫生间、电视等现代设备，卫生条件也相当不错。楼上大床房、双人房平时180，楼下的双人房便宜一点要160，设施都差不多。黄金周期间则要涨至328元，而且十分紧张，要提前预订。

地址：太平桥北

电话：0512-57212009、57216036

周庄贞固堂

江南人家家庭客栈

一家利用古民居开设的家庭式客栈，进门是两层式小院，客房都在楼上，数量很少。民居外观古朴，里面设置则相对现代。客栈位于主要街道上，面对市河，到双桥等景点很近，店主也比较热情，是晚上留宿不错的选择。

房间都铺有地毯，有卫生间、空调、电视，卫生状况也较好。有双人房、一大一小床两种，其他都是一样的设施，价格也一样是80，黄金周可能要涨到180–200，可电话预订。

电话：福安桥西岸附近

电话：0512–57216568

餐饮

周庄特产“万三蹄”

初到周庄的游客，都会惊异于镇上那街头巷尾无处不在的万三蹄。沈万三是元末明初的江南首富，万三蹄当然不是他的蹄子，而是他特聘名厨烹调的“万三家宴”中的一道名菜。虽然几十家店铺里所售的万三蹄只有两三家是正宗的，但这也丝毫阻挡不了游人的购买欲。

沈厅酒家也是沾了沈万三的光，这座酒家就位于其后代所建的沈厅附近的富安桥畔。它的前身是沈厅大业堂，相传沈万三后裔常在此设宴待客。今天这里古貌依旧，不过接待的则多已是到此尝鲜的游客了。“万三家宴”仍然是酒家的招牌，除了万三蹄以外，还有三味汤圆、清蒸鳜鱼、蒸焖鳝筒、莼菜鲈鱼羹、姜汁田螺、塞肉油包、百叶包肉、炖豆腐干、焐熟荷藕等诸多名菜。周庄的特产“蚬江三珍”（鲈鱼、白蚬子、银鱼）也是四时不断，颇受游客钟爱。

购物

周庄的商业化已经众所周知的了，先不论其利弊如何，光这遍布镇上大街小巷的店铺，就足见其需求之旺盛、买卖之兴隆。商铺比较集中的则是在贞丰街，这条石板长街两侧除了个别寺院民宅，尽是密密麻麻的小店，出售的东西也是五花八门、琳琅满目，象是一个熙熙攘攘的大集市。

除了红艳艳的万三蹄，万三酒、万三糕也是万三家宴中的产物，周庄的特产腌菜苋、青团等也十分普遍。周庄的传统工艺品也有不少，木雕、竹编、土布、虎头鞋，既可实用又能作为陈设品，携带也不麻烦。周庄的茶壶多是用石制成，壶壁雕有各式浮雕，和陶制、瓷制的茶壶相比，显得十分独特。

娱乐

我国第一部原生态水乡实景演出《四季周庄》于2007年9月正式上演，并作为常设项目在周庄江南人家水上舞台天天为游客演出。

全场演出共60分钟，分为“水韵周庄”、“四季周庄”、“民俗周庄”3个篇章，采用开放式、全景式舞台，真实生动地再现周庄古镇水乡人家的生活状态。演出阵容200人左右，既有专业演员，还有大批来自生活第一线的本地农民、渔民、市民，整台演出富有生活气息和市井气息。演出票价为普通座位150元，贵宾座位280元。

同里镇—园林中的古镇

同里是一座园林古镇，拥有各大古镇里惟一能与苏州名园一道挤身世界遗产的退思园，拥有以嘉荫堂、崇本堂为代表的众多深宅大院，拥有在其他古镇里不多见的并峙的太平、吉利、长庆三桥。“一园、二堂、三桥”，就是同里

同里耕乐堂花园

的精华所在。镇内水多、桥多、明清建筑多，是江苏省保存最完好的古镇，与周庄有异曲同工之妙。和周庄的喧闹相比，同里多了几分静谧，而且河道开阔，街道宽敞，绿树成荫，鸟语花香，更具园林气质。

同里也有一千多年的历史了，原来名叫“富土”，唐初因为名字太张扬而改名“铜里”，后又将旧名叠字去点横断而演变成“同里”。因知书重教，历代名人雅士也层出不穷，历史上出过一位状元和数十名进士。这些文人学士辞官还乡后，相继建起了一批居住和园林相结合的江南传统宅院，也将自己的情趣融入其中，而形成了同里园林的兴盛。

景点

退思园

初到同里，通常都是直奔退思园而去。退思园就位于古镇中心那条中川北路的右面，园壁显然是新近粉刷过，白得有点耀眼，但外观并不富丽堂皇，也许是园主藏富的心理所致，这也是江南园林的普遍风格。园主任兰生，原是清末的官吏，因被参劾罢官，回归故里，感于“进思尽忠，退思补过”之言，而将自己的宅院命名为“退思园”。

和中国传统“前宅后园”不同，退思园是横向布局的。进园门为三进厅堂，内宅位于厅堂以东，穿旁门可见一个长方形庭院，南北二幢两层楼平行并立，一式落地长窗，楼间以环形“走马楼”回廊连接，东西两侧设楼梯上下。这里是园主及家眷居住之所，以园主字号名为畹芗楼。

过内厅东门进入一处小庭院，是从西边住宅到东边园林的过渡。庭园不大，院内设置湖石花坛，广植香樟、玉兰。靠西朝东是画舫式船厅，名曰“旱船”，北面是坐春望月楼，南面是岁寒室和迎宾室，这里是园主会友、宴客之所，也是主园的序曲。

向东穿过中庭的月洞门，便是阔然开朗的内花园。四面亭榭楼阁均绕一池碧水而建，园如出于水上，是贴水园的特例。池北退思草堂位于伸入池中平台之上，左有琴台，右有揽胜阁，是花园主体建筑。单檐六角敞亭水香榭居于水崖之上，从亭中美人靠向右侧望，是取名闹红一舸的石舫，犹如正乘风破浪一般。最为独特的设计是那两层的九曲回廊，每一漏窗都用砖瓦各砌一字，连起来是“清风明月不须一钱买”。沿回廊上辛台，满园风景可尽览无遗。

历史文物馆

从退思园往北过得春桥左拐，沿北面河边小街前行可达。这里是利用原王绍鏊故居开办的一个展馆，以文人、文物、文史为主要展览内容，展现同里古镇的历史风貌、名人轶事、出土文物等。馆内内容和展品并不很多，但反正顺路，不妨前往一观。历史文物馆北有松石悟园和珍珠塔景区，都是新建的景点，并不值得推荐。

三桥

桥是水乡必备的交通设施，尤其是同里这样被河道纵横分割的古镇。

在同里现存的49座古桥当中，最具代表性的是位于古镇中心的三桥——太平桥、长庆桥和吉利桥，在历史陈列馆西。三桥呈“品”字形，分布在丁字河道交叉口之上，形成环形通道。其中太平桥为梁式，吉利桥为半月形拱形，长庆桥亦为拱形石桥，三桥体量都不大，但排列在一处，就显得尤为独特。周围古宅遍布，北有崇本堂，南有嘉荫堂，还有清同知衙门等大批民宅。每逢婚嫁喜庆，这里更是热闹非凡，当地人都要喜气洋洋地去走走“三桥”，图个“太平吉利长庆”。

嘉荫堂

在长庆桥南，是一处民国的宅院，是镇上的大宅之一。宅主柳炳南是著名爱国诗人柳亚子的同宗，柳亚子先生也曾在此居住过。

嘉荫堂庭院四进，不算太壮阔，然而宅中门窗梁栋非常考究，处处可见各种故事题材的雕刻。主厅嘉荫堂为仿明式结构，因梁头棹木像明代官帽的帽翅，俗称“纱帽厅”。更为奇特的是，纱帽翅上还有《三国演义》中的“古城会、三英战吕布”等八幅戏文透雕，形象十分逼真。内宅堂楼衍庆楼上也有很多大小浮雕。门楼上枋刻“暗八仙”浅浮雕，下枋刻“福禄寿”三星的深浮雕，门楣上刻“厚道传家”四个大字，在江南古镇常见的门楼之中，算得上是精品之作。衍庆楼西，还有一座临水而筑的“水秀阁”，小巧玲珑，也是一个休闲的好去处。

崇本堂

嘉荫堂隔河对岸，就是崇本堂了，门前的长庆桥沟通着这二堂。崇本堂要稍早一些，是民国元年钱幼琴购买顾氏“西宅别业”部分旧宅翻建而成。宅共五进，前后分别为门厅、正厅、前楼、后楼和厨房，面积不大，但里面的雕刻非常的精致，和嘉荫堂又各有不同。

江南人多地狭，院落一般都比较小，但叠上湖石花台，种上天竺红枫，非常有生趣。门楼面北而立，上方仿木结构的飞椽斗拱下，拱板眼上刻有夔龙细文，门楼字牌上书“崇德思本”四字，两边各一幅人物山水画，整座门楼雕工精细，处处反映出主人家的志趣。从正厅到内宅，里面的木雕足有100多幅，且内容各异，雕工娴熟。最具代表性的，是长短窗腰板上的14幅《西厢记》故事，和前楼底层长窗腰板上的“红楼梦十二金钗图”。后楼的木

崇本堂

雕更为叫绝，“福禄寿禧”、“渔樵耕读”、“琴棋书画”、“八仙过海”等成组的图画，雕刻在各处腰华板上，生动活泼，是整个崇本堂雕刻的精华。

除了雕刻之外，崇本堂的建筑结构也十分科学，正厅和堂楼之间有封火墙隔断，门楼和过道之间有“蟹眼天井”，即可通风采光，又能有效防止火灾。一侧的窄长的备弄也颇有作用，可以从内宅直接通向门口，避免穿越厅堂。

耕乐堂

耕乐堂是镇内除嘉荫堂、崇本堂外的另一处重要宅园建筑，在三桥之西的河道西侧。虽然规模要比二堂小，但年代却要久远一些。宅园耕乐堂为明代处士朱祥所建，朱祥虽为巡抚幕僚在修建宝带桥中做出过不少贡献，但本身无意仕宦，回乡修建了这所宅园，以自身号取名“耕乐堂”。

宅园现存仅三进，跨进门厅是露明三间，不事装饰显得十分朴实。楼西侧有一条陪弄直通花园，园中心是荷花池，四周湖石镶砌，南有鸳鸯厅。出庭院过三曲小桥是跨水而筑的环秀阁，绕假山辗转而下是桂花厅。整个花园虽规模很小，但自成一格，十分别致。

串心弄

同里的古弄，因为河道的关系，分布十分不规则。这些里弄都又细又长，两侧是高墙兀立，脚下是石板漫铺，有的中间还不时会有人字形的小小凉棚遮盖。里弄的数量多不胜数，如尤家巷、串心弄、同泰弄、西弄、仓间弄等等，其中鱼行街上的串心弄尤有特色。三百多米长的西弄，走在上头脚下

同里耕乐堂大门

会发出“哐哐”声响，原来石条下竟是空心的，故意铺得参差不齐，留下大大小小的空隙，也就有了这样的声音。穿过古弄，可以从一条街转到另一条街，或者直上河桥，抵达对岸。

陈去病故居

陈去病原名庆林，字佩忍，号巢南。他是辛亥革命的风云人物，1913年参加“二次革命”，1917年随孙中山赴粤“护法”，历任国民政府参议院秘书、大本营前敌宣传主任等职。同时他又是近代爱国诗人，革命文学团体“南社”的创始人之一，在书法上也颇有造诣。他的故居，在镇内三元河畔，三元小街之上，是一座寻常的清代小院。门楣上方原有“孝有旧业”匾额，现宅内尚有半亭、浩歌堂、百尺楼、绿玉青瑶馆、书房及家庙等主要建筑。

到达：从苏州火车站前广场或汽车北站乘旅游车前往，6:00-19:00每20分钟一班，行程30分钟。

门票：门票80元，可参观镇内退思园、嘉荫堂、崇本堂、耕乐堂、陈去病故居、历史文物馆、松石悟园、珍珠塔、罗星洲等开放景点。

开放时间：7:45-17:00。

游览时间：至少半天，能有一天比较充裕。

作者手记

- 游客虽比周庄少，但节假日仍然是人山人海，应尽量避开高峰时期前往。
- 如果想感受一下水中风情，也可坐上小船随舟逐流，每船60元，30分钟，足够游遍整条河。
- 在退思园花2元钱坐电瓶车到渡口，再坐上免费的摆渡船，可到镇东面湖中的罗星洲，那是一处重建的人造景区。
- 古镇里有很多民居客栈，如果可以的话，在镇上住上一夜，享受一下清晨的平静和傍晚的悠闲。

住宿

世德堂宾馆

世德堂是同里古镇内一处重要的明清民居建筑，位于明清街之上，临街的木构铺面十分古朴，但里面已装上现代玻璃及地砖等。大堂十分宽敞，一侧还有休息区和酒吧。院后建设了两层仿古小楼作为客房，前有花园和曲桥流水，叠砌假山栽植树木，环境十分舒适优雅，当然价格也不菲。

房间内部很现代，卫生间、空调、电视、电话等设施齐全，但又陈设了古典式的家具。宾馆共有25套房间，标准房480，平时可打到七折，黄金周也可打八折，但需要提前预订。

地址：明清街

电话：0512-63336666

敬仪堂民居客栈

在古镇内三桥中的太平桥侧，东边不远便是崇本堂，从弄口走几步便到院门。原址是太湖水利同知署，距今已有两百多年历史。进门是一个幽静的小院，房屋为传统江南民居，厅堂也是传统式摆设，一楼后侧有几间房间。

房间分古典房和现代房两种，都带卫生间、空调和电视，设施和卫生状况都差不多，不同在于古典房陈设古典家具，现代房布置现代家具。古典房平时100，现代房单/双人分别为80和100，黄金周估计要翻一倍，可电话预订。

地址：富观街5号

电话：0512-63338805

万顺民居客栈

在古镇乌金桥东不远，北临河道，东行不远就是那条著名的串心弄。客栈所在是一座两层简易小楼，前有骑楼跨门前小街，一般附近来往游客不多，比较清静，周围环境也很好。进门有个窄长的小厅，房间就在厅后，只有少数几间。

房间都有卫生间和电视，设施很简单，卫生还不错。大床间/双人间180，平时90元就可以，黄金周一般不打折，且为防人多最好提前预订。

地址：鱼行街177号

电话：0512-63331608、63907608

餐饮

同里有很多茶楼，其中始创于清末的南园茶社，有“江南第一茶楼”之称。这里是一处三叉河口，是当年同里胜景“南市晓烟”的所在。茶社是座两层的清式传统砖木建筑，底层铺面店堂里烧水还用老式的“老虎灶”，很有当地特色。茶社初创时名“福安茶馆”，后来一场大火烧成白地，又易主重建。当年南社的成员陈去病、柳亚子等人常在此喝茶聚谈，评议时事。不知是否出于他们的建议，改成了“南园茶社”以隐喻南社之意。到茶社来主要还是品茶，从十几元到几十元的都有，茶点有袜底酥、百果蜜糕、茨宝糕、猪油年糕之类，状元蹄、糕里虾仁、三丝春卷、香油鳝糊和用白鱼、鲈鱼、桂鱼、甲鱼等河鲜烹制的水乡名菜也多种多样。在这样的地方品品茶、聊聊天、下下棋、听听曲，确是一件很舒心的事情。

购物

和周庄不同，同里的普通街巷绝少有利用古民居破墙开店的，店铺大都集中在明清街上。入口就在镇口小桥的右边。青石板的街道呈横卧的“U”字形，一直通到退思园前。两旁大部分是建于明清时期的店铺，门面的栅板都有些古旧之色了，但多仍维持原状，没有去刻意翻新。同里古老大宅之一的世德堂也在这条街上，现在是镇内最豪华的宾馆。

同里土特产的上品，当然是有“水中人参”之称的芡实（俗称“鸡头米”），产自同里西北荡，据本草纲目记载，能主治多种疾病，可做药膳之用。闵饼是闵家湾本堂斋的特产，已有400多年历史，清代曾是朝廷贡品。这两者在明清街上都有很多出售，其他如传统特产熏鱼、肉饺、栗酥、果酥等，传统点心大肉馒头、酒酿饼、麦芽塌饼、青团子等，也是应有尽有。如果懂古董收藏，兴许还能收集到一些字画墨宝。

甪直——水乡桥梁博物馆

甪（音“陆”）直，一个相信没几个人能正确念出来名字的江南小镇，没有周庄的巨富之宅，也没有同里的官绅名园，然而却有着前两者无法比拟的厚重的历史渊源。走进那座外表寻常得似乎随处可见的小庙保圣寺，里面那几尊残缺不全的罗汉塑像就有上千年的历史，而寺的创建时间更是在早于塑像数百年前的南朝梁代。这还不是甪直的全部，由此再上溯一千年，这里就是吴王离宫的所在，难怪被费孝通先生称为“神州水乡第一镇”了。

甪直古镇不算很大，古镇入口有一甪端石像，那是古代传说中的一种怪兽，镇因水道姓如“甪”字而得名，甪端也就成了古镇的标志。名字虽难识，但那浓郁的水乡风情，绝对让人难忘。著名的现代文学家叶圣陶早年在此任教，离开后就一直未能忘情，把甪直称为其第二故乡，死后也长眠在了这里。

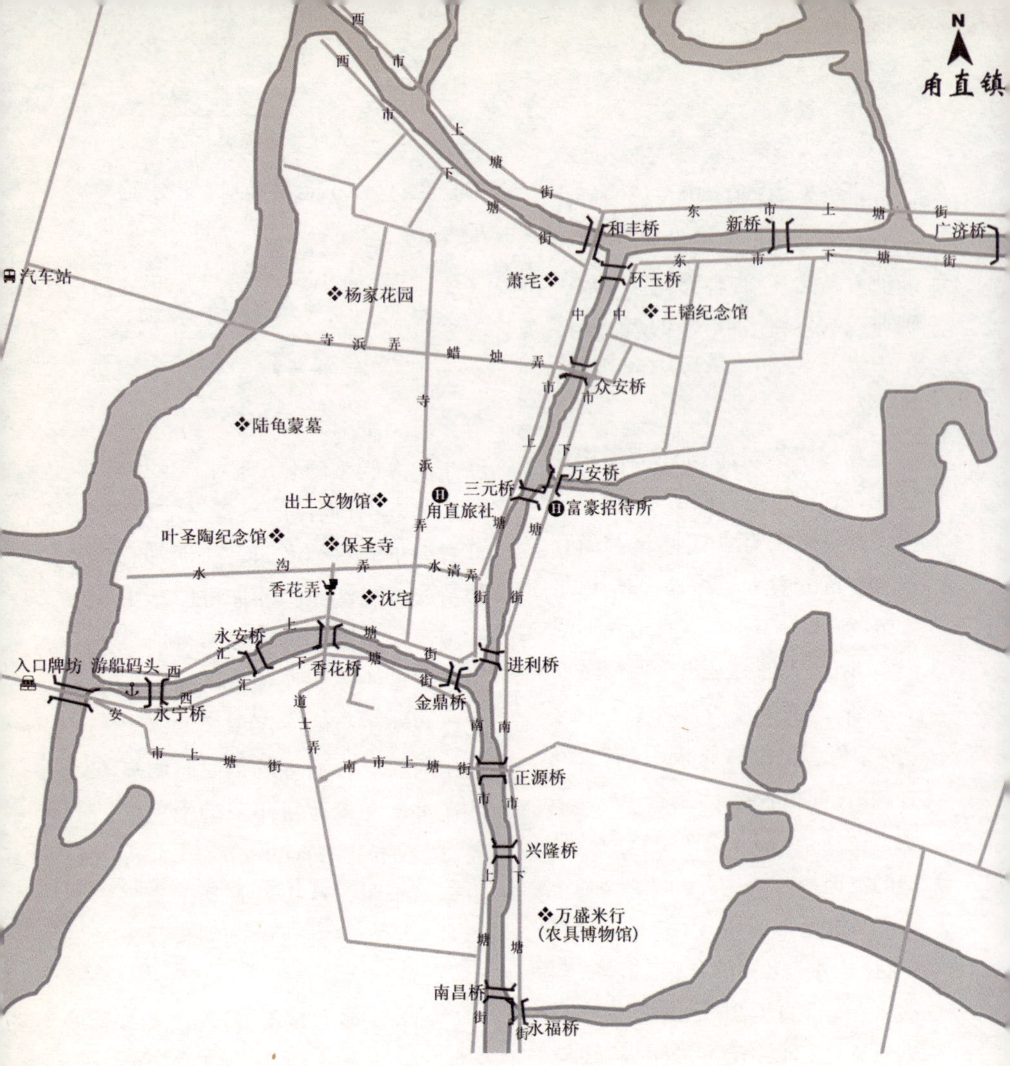

景点

保圣寺

从甪端入口处进镇内，沿东汇下塘街前行，过香花桥到香花弄内可见黄墙上的一处门楼，那就是保圣寺。保圣寺已有一千五百多年历史了，最早建于梁天监二年，原名保圣教寺。唐会昌灭法时被毁，北宋大中祥符年间重建，到了元末又毁，明代重新振兴，当时曾是江南四大寺院之一，面积近半个镇之大。

几经兴废，原建筑已所存无几，山门是按乾隆年间原貌重修的，天王殿也是按明代原貌重建，那座高大的重檐歇山式主殿，也是民国时期原殿崩塌以后重建起来的钢筋混凝土建筑。但寺的价值并不在此，殿内的罗汉塑像，虽只剩残缺不全的九尊，但仍然是艺术之瑰宝，被列为全国重点文物保护单位。塑像相传是唐杨惠之所塑，罗汉筋骨外露，造型夸张生动，构图独特新颖，是国内的孤例。

大殿外的青石经幢和铁钟也是宝贝。左侧是唐代的经幢，全称“尊胜陀罗尼经咒石幢”，分为七层，由多块石柱堆建而成，每块石柱上面都有盘盖，上刻各种佛教造型，是不可多得的珍品。右侧铁钟铸于明末清初，钟上铸有“国泰民安”、“风调雨顺”、“五谷丰登”、“八方无灾”等吉言，是佛寺的镇山之宝。

在保圣寺的东侧，利用寺庙的一些房舍开办了一个出土文物馆，展示苏州甪直澄湖遗址的出土文物，让人们重新去看一看五千五百年前水乡的生产生活情景。

叶圣陶纪念馆

叶圣陶是我国近代著名的文学家和教育家，出生在苏州城内的一个平民家庭，并非甪直人士。青年时应聘在甪直任教，他当年教学和居住过的地方，就位于保圣寺西侧，现由保圣寺西侧门可进入。原来的教学楼、鸳鸯亭、宿舍等仍保存着，现在辟为

甪直叶圣陶故居

叶圣陶纪念馆。叶老曾称甪直为第二故乡，死后葬于纪念馆一旁。

纪念馆北面，是一大片园地，原来这是白莲寺的旧址。晚唐诗人陆龟蒙曾为湖州、苏州刺史的幕僚，后来长期隐居在甪直镇。甪直的旧名甫里，就因诗人的字而来。白莲寺旧址内有他的衣冠冢，1986年重新整修复原。墓前有他曾经养鸭的斗鸭池，以及池中清风亭等遗迹。亭两侧东垂虹桥和西垂虹桥，是镇上最小的两座桥，建于明正德年间。

沈宅

沈宅是镇上的一座大宅院，是著名教育家沈柏寒的私邸。从保圣寺出来，经香花弄东行，到河边一处上刻“漪韵”二字的青砖照壁，正对的石库门宅院就是沈宅。沈家原为镇上富豪，房产甚多，当时有“沈半镇”之称。沈宅建于清同治年间，前后五进，现在开放的是宅院的西部。

沈宅的正厅名乐寿堂，前后作重轩，高大宽敞，厅内雕饰繁多气派，是整个镇上最豪华的建筑。北面的大厅原来是沈家便厅，现在作为“吴东水乡妇女服饰展”的展厅。甪直的妇女服饰十分特别，扎包头巾、穿拼接衫、着绣花鞋，世代相传，有“苏州的少数民族”之称。今天从镇上摇船的妇女那里仍能看到这种充满乡土风情的服装，但年轻一代已经很少再穿了。

万安桥 三元桥

甪直的桥，在多如牛毛的江南小桥中也是出类拔萃的。最多时有宋、元、明、清时代的石拱桥72座半，现存桥梁总数为41座，多孔的大石桥、单孔的小石桥、宽敞的拱形桥、狭窄的平顶桥，散布在镇内的河道之上。光是两桥连成直角的双桥就有五处之多，且造型各异，绝不单调，为甪直赢得了“桥都”的美名。万安桥和三元桥是其中代表性的双桥，在沈宅和萧宅的大概中间位置。两座都是梁式石桥，一高一矮，一宽一窄，也是比较奇妙的搭配。

萧宅

萧宅是镇上保存最完好的清代民宅，过万安桥沿中市上塘街北行，经众安桥后不远。宅前身是杨姓武举人所建，后来被里中望族萧冰黎买下，故称萧宅。萧冰黎名钧，曾执教于“五高”，并与沈柏寒、严大容等人一起创办电灯厂，并为地方公益事业做出过诸多贡献。他的儿子萧乃震早年留学德国，孙女萧芳芳曾是香港影视界的红人。现萧宅辟为萧芳芳演艺馆。

萧宅共五进，依次为门楼、茶厅、楼厅、厢楼和饭厅，其中茶厅和楼厅内梁柱之上雕有各式吉祥图案，是整座宅楼的精华所在。第一进和第二进的砖雕门楼也十分精细，上刻“积善余庆”、“燕翼诒谋”等字是清末苏州名士尤先甲所题。厢楼有楼梯可以登临，从上面看宅院的封火式马头墙，让人联想起徽派民居的特征。楼后宅南有一条长长的陪弄直通宅前街道，俗称“萧家弄”。

王韬纪念馆

王韬是近代著名思想家，原名利宾，字兰卿，号仲弢、天南遁叟、弢园老民等。他出生于甪直的书香门第，自幼饱读经书，博学多才。因应试不第，后到上海从事翻译西学书籍工作，又因为太平军出谋划策而被迫流亡香港。其间曾漫游西欧，眼界大开，思想激变。回港后不久创办《循环日报》，倡导改革，被林语堂誉为“中国新闻报纸之父”，对其后的一系列维新变法产生过很大作用。他的故居在中市下塘街，萧宅对岸，是一所典型的清式建筑。1998年当地政府利用其故居创办了纪念馆，分为生平事迹陈列室、故

王韬纪念馆　萧宅

居和弢园三部分。故居门楼上“王韬纪念馆”大字，是钱君陶所书。弢园是故居的小花园，中间是一座鸳鸯厅，名“蘅花馆”，四周有假山、水池、花木环绕。

万盛米行

中学课本上的《多收了三五斗》相信不少人记忆犹新，他是叶圣陶先生所写的一篇反映民国时期老百姓贫苦的作品，就是以甪直镇上的万盛恒米行为原型而写成的。沿中市下塘街一直南行，到南市下塘街的兴隆桥，大大的“米”字就赫然在目了。米行大门前是高大的跨街凉棚，正对就是河埠头，当年横七竖八从乡村里出来的敞口船就是在这里停泊着，忙于装卸谷米。万盛恒米行最初是民国时期镇上沈、范两家富商合伙经营，是附近首屈一指的大米行。现在“前店后场”式格局仍然保存，进入店铺内是宽敞的石板大院，只是这里已不再卖米，改成了农具陈列馆。正屋及两廊内有各式稻作农具和加工谷米的器物，看看里面的水车、风柜、舂斗，恐怕不少出身农家的人都会有种似曾相识的感觉吧？

到达： 从苏州火车站前广场或汽车北站乘旅游车前往，6:10-19:30每15分钟一班，行程1小时。

门票： 门票60元，含古镇镇区及保圣寺、叶圣陶纪念馆、出土文物馆、沈宅、萧宅、王韬纪念馆、万盛米行七处景点。

甪直万盛米行

开放时间：8:00-17:00（售票到16:00）。

游览时间：半天时间差不多，但有一天时间更好，不推荐留宿。

作者手记

- 虽然知名度不如周庄和同里，但节假日到此旅游休闲的人一样不少，节假日可要做好心理准备。
- 甪直镇内主要的街道只是丁字形河道两侧并列各两条，沿河边街道一来一回，足以尽览古镇的全貌。沿河有廊棚，虽不如西塘的长，但沿廊棚漫步，累了依美人靠歇息，也是很舒服的感觉。
- 甪直的手摇游船在入口处就可以上船，每条40元，船娘都是一色的甪直传统妇女装束，即使在苏州辖内的古镇里也是非常鲜明和独特的。

住宿

富豪招待所

两层简易小楼，私营小旅馆，一层外面是餐厅，走进里面是一排客房，数量不太多。设施比较简单，卫生状况还可以，店主招待也比较热情。招待所前面是小河，靠近古镇的核心地段，到周边的景点也十分方便。

有带卫生间和不带卫生间两种，都有电视，床铺很一般，其他也没什么区别。带卫生间的100，不带的60，平时还可以便宜到60和40。

地址：中市下塘街三观桥畔

甪直旅社

从保圣寺山门往东走，在十字巷口左转再前行一段即到，巷口有招牌指引。旅社在一个小院子内，有一排平房，也有楼房，店主在进门左侧的小门房里。小院里种了些花花草草之类的，环境还挺清静，周围也没有游客。不过不方便的是旅社居然简单到连电话都没有装，也就不可能预订房间了。

房间有带卫生间和不带卫生间两种，床铺是普通被垫床单那种，桌椅也十分简单，都有一台小电视，卫生也还过得去。带卫生间房间100，不带的60，平时还可便宜到60和40。

地址：保圣寺旁寺浜弄

餐饮

甪直的餐饮店铺，多藏在河边那条长长的廊棚之内。店前摆上几张蓝印花布铺面的小桌，四面放上几把椅子，就是一处不错的品尝美食之所。或也可坐在临河的美人靠之上，看看小河里不时划过的小船，看看水乡妇女的独特服饰。

甫里蹄和甫里鸭是不容错过的，据说这两者都跟晚唐时的大诗人陆龟蒙有关，现在已经成了居民宴客的必备菜，也是喜庆中的主菜。甪直水产丰富，鲜鱼脆藕、河虾湖蟹、蘑菇河蚌的味道也不错，可以品尝一下。此外甪直的萝卜也是苏州的名特产品，风味独特，行销于苏南一带。

购物

沿河的街道基本上都是购物的场所，店铺参差错杂。甪直的酱菜、蘑菇等土特产非常有名，秋季的八角红菱，更是不能错过。至于昔日的"苏州少数民族"——甪直妇女的服饰，包括绣花鞋和包头巾等，更是只有在这里才能看到和买到。保圣寺前到香花桥的香花弄，是旅游产品店铺比较集中的地方，各式特产基本都能买到。

在阿婆茶居里小憩的阿婆

得月楼

苏州集虚斋

玄妙观

第六章

嘉兴——秀山秀水傍秀州

很多人知道嘉兴，都是源于南湖之上那艘精致的画舫。1921年的一个普通的日子，从上海一处弄堂里转来的一批貌似普通的游客，在那艘画舫上举行了一次秘密的会议，昭示了中国共产党的诞生，这一天也因此而变得不再平凡。岁月流转，画舫虽已不存，但革命的星星之火却早以燎原之势燃遍全国各地，嘉兴南湖也从此成为中国革命的圣地。

嘉兴南湖的历史并不止于此，其实在这以前的数百年里，南湖就已经是江南一带的风光名胜。湖心岛上那座经常掩抑在烟雨弥漫中的烟雨楼，曾是历代文人争相登临和咏唱的对象。那位热衷于山水之间的乾隆皇帝，六次下江南中当然没有错过这么美好的地方，回去以后还命工匠在自己的皇家园林——承德避暑山庄里刻意仿造。但仿造毕竟是仿造，无论形制神韵上都逊色了一筹，更何况人工开挖的池沼，是远难以和天然壮阔的南湖相提并论的。

如果一个南湖还不足以让人怦然心动，那再加上嘉兴四周围成金三角

南浔小莲庄

状的三颗明珠——嘉善的西塘、桐乡的古镇、湖州的南浔，也该可以令你心驰神往了吧？这三大古镇，虽不如周庄、同里般声名雀跃，但绝不因为同处江南水乡而哑然失色。西塘的千米廊棚、乌镇的临河水阁，以及南浔的那众多中西合璧的豪华大宅，无不能让人在大同中深切感受到小异的魅力。再在西塘古朴的民居里住上一夜，看两岸朦胧的灯影，听古镇细碎的脉动，此行也可以算完美无缺了。

旅游指南

数百年前，嘉兴南湖就已经是声名远扬，湖心岛上的那座烟雨楼，引得多少游客慕名而来。在游览风景的同时，当然也应该到湖岸的中共一大纪念馆，缅怀一下革命先烈的事迹。

嘉兴不是一个繁华的旅游城市，但接待设施并不缺乏，市中心一带旅馆比较好找，价格也适中，而且基本不受节假日影响。中山路上五芳斋是比较不错的美食去处，除了粽子特别有名，其它小吃也五花八门。购物的商业中心离那儿不远，大可步行前去。

嘉兴的最大热点，就是其周围呈三角分布的三个古镇了。虽然南浔属于湖州，但跟西塘和乌镇距离嘉兴市区的距离差不多。从汽车站(乌镇在汽车西站乘车，其余两个在汽车北站)坐上公交或者中巴，一个小时左右即可抵达古镇。西塘的廊棚、乌镇的水阁、南浔的宅院，在江南水乡古镇里都是独具特色的，毫不逊于苏州的周庄和同里。同样，能花上一天的时间在镇上流连是最好的。如果还想夜游，那最好是选择西塘，因为那里有大量的古民居客栈，几十元就能睡上个古典的大床。晚上还可到河畔的钱塘人家，一边品尝美食，一边欣赏古镇朦胧的夜色。

嘉兴简史

嘉兴地区的人类活动史，是从距今六七千年前的马家浜文化开始的。当时的原始先民，主要从事农牧活动，以渔猎为辅，在栽种稻谷、纺织、制陶、制造手工艺品方面已有很多创造。今天位于桐乡的罗家角遗址、市区范围内的马家浜遗址，都是当时代表性的遗迹。后期经历崧泽文化阶段，出现了以礼制为名的良渚文化时期。

春秋时期，嘉兴一带是吴越相争的战场，到战国的时候同列入楚地。秦始皇置郡县，由拳、海盐是最早的一批县建制，属会稽郡。海盐大致源于“煮海水为盐”之意，到两汉时尤其发达。但也由于濒临大海，海潮无常，县治几度被浸淹而被迫迁移。东吴的时候由拳因“野稻自生”而改名禾兴，后又因避太子讳而有了嘉兴之名。当时在此兴起的一批世家大族，是东吴两晋和后来南朝统治集团的社会基础。

隋代开凿大运河，嘉兴位于苏州至杭州的中点，因交通便捷，到唐代中叶以后日渐发达。五代吴越国的时候进一步修筑海塘、治水营田，并设置秀州。嘉兴南湖的烟雨楼、城内的铜官塔都是始建于此时。宋元时期虽屡次改名，但始终是路州府所在，到明初基本稳定。当时商品经济发达，棉布丝绸行销南北，远至海外，是江南一大都会。西塘等一批著名古镇，也由此而兴起，有“收不完的西塘纱”一类的谚语，足见当时经济之繁荣。

六田一水三分地

嘉兴位于浙江省的东北部，属于长江三角洲杭嘉湖平原的中心地带。东临大海，南靠钱塘江，北邻太湖，距离上海、杭州、苏州等城市都不到百公里。西面的湖州也是一个地级市，南浔古镇即是在其市域之内，因地理大致相近，而且历史上也曾作为同一个地区存在，因此也一并叙述。

嘉兴境内地势低平，多为浅碟形洼地，钱塘江杭州湾北岸一线零散分布着一些山丘，但都不高。大运河贯穿全境，市区位于江、湖、河交会之处，又因数千年来人类的垦殖开发，平原被纵横交错的塘浦河渠所分割，田、地、水互相交错，形成“六田一水三分地”的江南水乡特色。著名的“钱塘潮”最佳的观潮之处就在嘉兴属下的海宁县盐官镇一带。海潮虽然壮观，但历史上一直给沿海居民带来极大的威胁，因此历代都不断修筑海塘以作为防护。

嘉兴多文人

刘禹锡(772–842)　中唐有名的诗人。出生在嘉兴，直到19岁左右才开始游学长安，不久考中进士，开始了仕途生涯。因参与王叔文的政治革新失败而屡遭贬谪，却又坚韧不屈，后奉召回京。刘禹锡不仅擅长于诗歌，散文作品流传也很广，最为人们所熟知的可谓是那篇《陋室铭》。

朱彝尊(1629-1709)　清代词人和学者，生于浙江秀水（今嘉兴市）书香门第。生平精通经史，以好书为名，在嘉兴市秀洲区王店镇上的曝书亭是他的故居和藏书楼。相传有一次康熙皇帝微服私巡到此，见一老翁袒胸露肚在亭边晒太阳，十分惊奇，便问何故，老者答道："肚中书多久闷，恐霉而曝。"这也就是朱彝尊广为流传的故事。

徐志摩(1897—1931)　浙江海宁人（今属嘉兴）。现代诗人、散文家。他的新体诗有很鲜明的艺术个性，是新月派的代表诗人。其故居在海宁县的硖石镇干河街，是一幢西式两层楼房。

茅盾(1896—1981)　当代著名的文学巨匠，桐乡乌镇人。茅盾是中国最早成为共产党员的文学家之一，主要作品有《子夜》、《林家铺子》等，建国之后历任文联副主席、文化部长、作协主席，并任全国政协副主席。茅盾故居是乌镇的必游之地，附近的立志书院、林家铺子等也多与他的生平和文学作品有关。

蓝印花布与其它

蓝印花布　蓝印花布是江南水乡古镇的一大风景，旧时江浙一带农村家家户户都会织布染布，上至头上戴的头巾、身上穿的衣服、腰间系的围裙，下至窗帘、桌布、帐子、包袱等都可以用它来做。花布采用植物染料蓝草染成，图案充满乡土气息，自然而清新，仿佛就是劳动人民的专用布料。乌镇里还专门开辟了一家蓝印花布馆，以从前的印染作坊为基址，展示蓝印花布的制作工艺和经典作品，当然游客也可以在镇上街道两旁随处买到。

湖州笔　在南浔古镇的求恕里，陈列着两支巨大的毛笔，虽然中看不中用，但湖州笔的大名却是名不虚传的。湖州的毛笔制作起源很早，特别是南宋皇室南迁以后，制笔业的中心也由宣州转移到了以湖州为中心的江浙一带。无论是进贡给皇帝的御笔、还是文人雅士的画笔，大都出自湖州笔工之手。

南湖菱　一般来说菱都有角，所以才称“菱角”，但南湖菱却是没有角的，比较奇特。南湖菱的种植据说已有数千年的历史，因位于南湖之面而得名，产于秋季。南湖菱以皮薄、肉嫩、汁多、甜脆、清香而著称，皮色翠绿，两端圆滑。不仅可以生吃、熟吃，还可以用于炒菜、制作糕点和酿酒等。

三白酒　“酒香不怕巷子深”，还没走进乌镇那家深巷里的酒坊，就已经能闻到那阵阵清清的酒香，还没喝上就先自醉了。乌镇的特产三白酒，就是在酒坊里那些蒸着糯米饭的大蒸笼里酿成的。院子里层层叠叠地摆满了盛酒的瓦罐，看着都十分壮观。当然自己要带些回去的话，不必真要扛个酒瓮那么麻烦，有的是小瓶小瓮这样的轻便包装。

行程安排

嘉兴的主要旅游点是一个南湖加三个古镇，由于分散在不同地方，距离也较远，因此不要急切游完，最好在每个地方都多呆一些时间。一般而言粗略看完一个古镇半天足矣，但有条件的话还是能花一天时间细细体味，尤

乌镇酒坊

水乡生活
水乡写生
乌镇水边民居

其是西塘值得留宿一夜。

如果你有1天时间

方案一：选择南湖和其中一个古镇（推荐西塘）。上午先游南湖，然后到汽车北站乘坐到西塘的汽车，下午游西塘古镇。如果晚上不着急走的话可以在西塘选一个民居客栈（如尊闻堂）住下，在古镇钱塘人家用晚餐，然后夜游西塘。

方案二：选择两个古镇（推荐乌镇和西塘）。上午先从汽车西站乘坐到乌镇的汽车，中午前游完离开，回到汽车西站。然后坐20路公交车到汽车北站，转乘到西塘的汽车，下午游西塘古镇。如果晚上不着急走的话可以在西塘选一个民居客栈（如尊闻堂）住下，在古镇钱塘人家用晚餐，然后夜游西塘。

如果你有2天时间

第一天同1天安排的方案二，游览乌镇和西塘。第二天一早返回市区汽车北站，然后转乘坐到南浔的汽车，游览南浔古镇，之后返回市区，下午游览南湖。晚上可以在建国路上的五芳斋总店品尝小吃，购买粽子。时间稍为紧张，如果想要轻松自如一点，也可以适当去掉其中之一。

如果你有3天时间

基本可以轻松玩转南湖和三个古镇了，而且可以相当自如。第一天先从汽车北站坐汽车到西塘，在西塘游览一天，晚上在古镇钱塘人家用晚餐，住民居客栈。第二天一早返回嘉兴市区，到汽车西站转乘到乌镇的汽车，下午返回市区，到南湖游览，晚上住嘉兴烟雨宾馆，到五芳斋总店品尝小吃。第三天一早到汽车北站坐车到南浔，游览一天，然后返回。古镇顺序也可以灵活安排。

预算

嘉兴的支出主要是古镇的门票和食宿，虽然如西塘和南浔不买门票也可以到古镇街上闲逛，但这样一来镇上大部分景点就无法进去参观了，还是不要省这钱的好。下面是以三天为例的开支预算，其他酌情增减：

门票统计如下：

景点	价格	合计
南湖	60	360
西塘镇	100	
乌镇	100	
南浔镇	100	

往返交通费统计如下：

区间	价格	合计
嘉兴－西塘（往返）	14	58
嘉兴－乌镇（往返）	12	
嘉兴－南浔（往返）	32	

经济档 643元

经济档食宿，住40元的普通房间，饮食以小吃为主，一天25元，市内交通基本乘坐公交，一天大约10元。加上门票和往返交通费，区内预算合计为：(40+25+10)×3+360+58=643。

舒适档 1048元

舒适档食宿，住80元的标准间，饮食以特色餐馆和小吃相结合，一天60元，市内交通公交和出租相结合，一天大约30元。加上门票和往返交通，区内预算合计为：(100+80+30)×3+360+58=1048。

到达嘉兴

航空

嘉兴没有机场，乘飞机需要到杭州萧山机场或者上海虹桥/浦东机场。嘉兴到上海浦东国际机场有全程高速直达班车，嘉兴汽车西站开车时间为7:30、10:00、13:30、15:40，上海浦东国际机场返回嘉兴时间为11:10、13:10、16:10、18:10，全程150公里，用时2小时左右，票价58元。到杭州萧山国际机场需要先到杭州，然后在武林门民航售票中心转乘机场大巴。

民航问询：0573－2085334

铁路

嘉兴位于沪杭铁路的中点，每天有很多过路列车经过，虽然不是每班都停，但算起来也是非常可观的。嘉兴火车站是沪杭铁路复线中间的惟一大站，直接有长途列车到达的有北京、天津、武汉、长沙、福州、沈阳、西安、成都、重庆、昆明等主要城市，但限售票额非常之少，要坐始发车需要到上海或者杭州中转。

铁路问询：0573－2072205

公路

嘉兴位于沪杭高速公路的中点，公路交通也十分发达。市区有西、北两个主要长途汽车站，两站之间有20路公交车相连。

汽车西站问讯：0573－82081660

汽车北站问讯：0573－82217777

区内交通

公交车

嘉兴市区的公交车，大部分采用金龙中巴（无空调），全部无人售票，单一票价1元，班次间隔5－10分钟。市区发往临近三个古镇都有班车，一般是公交化流水发车，到西塘和乌镇也可以先到嘉善和桐乡再转，下面是时刻表：

车站	线路	时刻和票价
汽车西站	桐乡	06:30——17:30 200班（间隔5分钟）
	乌镇	07:20、09:50、13:40、14:30、16:45 车程1小时 票价6元
汽车北站	嘉善	06:10——17:20 间隔10分钟一班
	西塘	06:40——16:30 间隔50分钟一班 车程1小时 票价7元
	南浔	08:30、09:10、09:40、13:20、14:45、16:20 车程1小时 票价16元

出租车

以桑塔纳和奥拓为主，起步价为3公里5元，超过3公里每公里1.8元计，等空费满5分钟以一公里计，单程超过6公里以上，加收20%的夜间补贴。市区面积不大，一般不超过10元。

三轮车

在市郊的西塘和乌镇都有人力三轮车出租，但不能在古镇内行驶。南浔还有改装的那种摩的，车况很差，颠得厉害。价格不定，一般开价都挺高，需要砍价。车夫比较执著，往往是穷追不舍，但倒不至于强行拉客。

住宿小记

烟雨饭店

即武警医院招待所，旁边是省武警总队医院，位于市区南湖附近。这里的条件不错，里面设有餐厅，出去游玩也比较方便。

只有标准间，卫生很好。两人房105，三人房160，节假日价格基本不变。

地址：南湖路1号

电话：0573-82852777

到达

●嘉兴火车站往南步行不远可到。

●汽车北站乘坐公交4路车、汽车西站乘坐3路或19路公交到火车站然后步行可达。

游览

步行可到南湖革命纪念馆，从那里坐游船可到烟雨楼。

美食

往北过桥西行，或乘3路车可达五芳斋总店。

购物

五芳斋总店往北可到华庭购物街。

诚运宾馆

乌镇民居

嘉兴汽车北站往北走一点，外观很新。从楼西南角的门口进去，一楼是餐厅，左侧是服务台，但不一定有人，服务员一般都在三楼。走廊一侧是客房，另一侧就是窗户，房间数量不少。内部空间很宽敞，卫生条件不错。

标准间设施还算不错。两人房和三人房平时80就能住下来。

地址：和兴北路和同心路交界

电话：0573-82206129

到达

- 嘉兴火车站乘坐4 路公交到汽车北站，宾馆就在车站之北。
- 汽车北站往北走几步就到，汽车西站可以乘坐20 路公交车到汽车北站下。

游览

乘坐4 路公交到火车站后南行几分钟可到南湖革命纪念馆，从那里坐游船可到烟雨楼。

美食

乘坐4 路公交车可到五芳斋总店。

购物

五芳斋总店往北可到华庭购物街。

耀江招待所

市区的一家小旅馆，在繁华的市中心建国中路和环城北路交界，北面是小河边的一条绿化带，西面就是热闹的商业步行街。从下面的耀江超市上二楼就是，只有10个房间，设施也简单，卫生还可以。

房间里有电视和风扇，分带卫生间和不带卫生间两种，价格分别为60和40，开空调要另加10元，节假日价格基本不变。

地址：环城北路28 号

电话：0573-82070417

到达

● 嘉兴火车站乘坐4路、6路公交车到环城北路望吴楼下。

● 汽车北站乘坐4路或22路公交均可至，汽车西站乘坐6 路公交车也可到达。

游览

乘坐4、6路公交到火车站后南行几分钟到南湖革命纪念馆，从那里坐游船可到烟雨楼。

美食

往南步行可到五芳斋总店。

购物

西边就是华庭购物街。

五芳斋粽子

嘉兴的饮食兼具杭帮菜和上海菜的特点，有非常浓的江南特色，小吃也很有一番风味，有南湖蟹、文虎酱鸭等。五芳斋的粽子更是远近闻名，五芳斋在国内很多城市都有分店，嘉兴市中心建国路是它的总店所在。

五芳斋

嘉兴五芳斋有近百年的历史了。店不算很大，三层仿古式楼房，一层小吃，二层小炒套餐，三层大小包间。小吃是自助式的，先拿托盘挨个柜台看，看中什么点什么，然后再到收款台付钱。有鲜肉小笼、虾仁烧卖、虾仁蒸饺、贡丸汤等等，品种丰富味道多样，当午饭或者晚饭吃也不错，价钱也不贵。临走别忘了捎上几个粽子，到服务台买票再去取就成，有栗子鲜肉、蛋黄鲜肉、火腿鲜肉、大肉、中肉、豆沙等十几种馅料。

地址：中山东路2号

交通：乘坐2、3、6、9、23路公交车均可到达

逛街购物

嘉兴主要的土特产有无角菱、桐乡杭白菊、平湖糟蛋、海宁西瓜等，工艺品有黑陶、丝绸服装、平湖丝织毛毯、硖石灯彩、切菜刀、海宁皮革等。市区的购物场所主要都集中在建国路和中山路一带，一些古镇的特色产品在

市内也能买得到。

戴梦得购物中心

嘉兴最具现代化设施、集购物中心和商贸广场于一体的大型购物广场，位于中心商业区的禾兴路上。楼内中心是一个大型的中庭，四面几层楼的货架上经营的商品超过5万种，涵盖了家用电器、办公用品、文娱体育、黄金珠宝、钟表眼镜、工艺美术、化妆用品、服装鞋帽、新华书店、食品百货超市等各个方面。从商场的名字也可以猜到，这里的黄金珠宝铺面是比较重要的。

地址：禾兴南路366号

交通：乘坐2、3、8、9、21、30、32等公交车可达

华庭街

南起中山路，北至北丽桥，原是市中心最繁华的商业市街。南段旧称大落北，宋代已是市街，现在已成水泥路面；北段名北门大街，清末民初就是全城商业中心，现在开辟为商业步行街。近年行业结构变化，街上服装商店大量增加，历史老店五芳斋粽子店、鸳鸯楼酒家、一乐园酒家、新涌洲理发店、嘉兴书场、正春和绸布店、新华绸布店仍开设在该路。

地址：建国中路

交通：乘坐4、6、23路公交车可至

洪合羊毛衫市场

在嘉兴市西郊的320国道上的秀洲中国针织羊毛衫工业园区内，2000年底投资兴建，由毛纺织工业城、针织羊毛衫辅料市场、洪合针织羊毛衫联销中心三个部分组成，是全国最大的羊毛衫市场之一。其中联销中心位于洪合镇中心地带，由158个羊毛衫经营门市部、一个多功能厅和一系列办公用房组成。

地址：秀洲区洪合镇

交通：乘坐19路公交车可至

南湖与古镇

南湖——拜访革命的摇篮

嘉兴南湖位于市区之东南，又因西有西南湖而称东南湖，或因两者呈鸳鸯交颈之状而并称鸳鸯湖。宋代大文豪苏东坡在《过秀州》诗里有“鸳鸯湖边月如水，孤舟夜傍鸳鸯起。”之句，可见当时已是游览之地。这一历程是由五代后晋天福年间，吴越王第四子钱元镣任吴中节度使时，在湖滨修筑“登眺之所”开始的，以后又沿湖修建园林馆舍，逐渐成为名胜。几经兴废，如今湖四周景观都已是近年重建，东有春夏秋冬四园，南有会景园，西有揽秀园。而最为人所熟知的，当然就是湖心岛上的烟雨楼了。

从码头坐上游船，几分钟即可到达湖心岛。最早湖中并没有这座小岛，直到明嘉靖年间，嘉兴知府赵瀛疏挖护城河，堆土于南湖之中成了这座小岛，又仿前人之举在岛上重建烟雨楼，才成今日之规模。整座小岛掩抑在成荫的绿树当中，四面长堤环绕，园内亭台楼堂错落，尤为别致的是南面还有一弯新月形的荷花池，可谓“湖中有岛，岛中有湖”。

过清晖堂，走上岛中央的平台，就是那座闻名遐迩的烟雨楼了。“烟雨楼”之名最早见于南宋，取自唐杜牧“多少楼台烟雨中”之句。明代初建和清初重建的楼阁都已毁于兵火，现存建筑建于民国7年。楼并不高大，难称雄峻，却颇为灵秀，一样的飞檐翘角，古朴典雅。可惜大门紧闭，无法入内一悟昔日文人雅士即兴吟诵的情怀，有点怅然。唯有沿楼周长

嘉兴南湖画舫

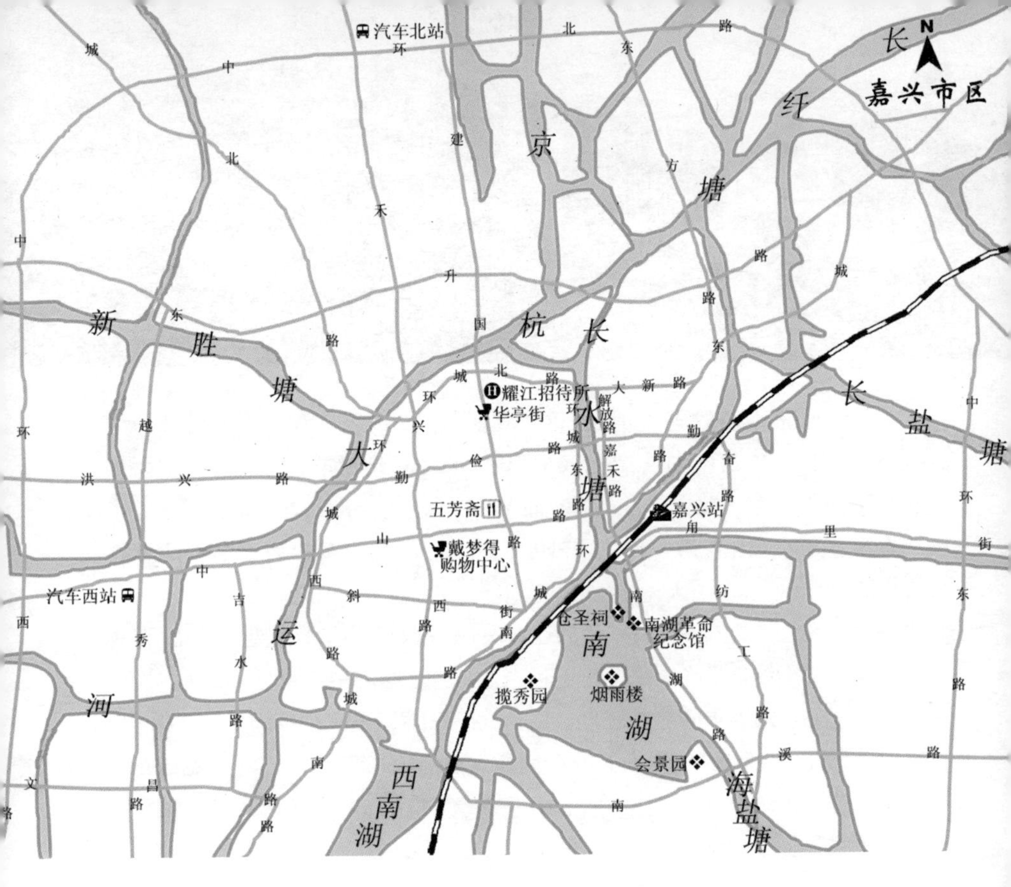

廊漫行，一览廊畔之鉴亭、来许亭、宝梅亭、观音阁、菰云簃、菱香水榭等，略为藉慰。每当细雨来临，整座小岛笼罩在一片迷朦之中，实是难得的秀丽。

乾隆皇帝对南湖钟爱有加，六次到江南中多次登临烟雨楼，并将楼从座南朝北改为坐北朝南。当然还免不了赋诗立碑，现烟雨楼的东西各有一座御碑亭，刻有这位酷爱舞文弄墨的皇帝游南湖题诗的手迹。

为供游客游湖，旧时南湖遍布众多画舫、精舫、丝网船、网船、挡板船等，可以想见当年歌舞不断的热闹场景。1921年，中共一大代表们也正是以此作掩护，秘密地完成了既定的最后一天议程。抗战时期游船几乎绝迹，那艘诞生过中国共产党的摇篮也未能幸免。如今泊于岸边万福桥旁的游船是后来仿造的，基本复原了当时的场景，供游人瞻仰。另在岸上建亭一座，亭额“访踪亭”三字是由前国家主席杨尚昆所书。

乌镇观音阁
嘉兴南湖烟雨楼

从原来下船的码头稍候，重新登船到对岸，那里有一座南湖革命纪念馆，是1991年中国共产党成立70周年之际建成的。原来设在烟雨楼大厅的“中共一大史料陈列室”也搬到了这里。馆址造型由镰刀、锤子为基本图案，馆名为一代伟人邓小平书写，已成为革命教育活动的示范基地。

除湖心岛以外，南湖东北部还有一座与烟雨楼南北相望的小岛，旧称小瀛洲，距离南湖革命纪念馆不远。清康熙时堆泥于此成岛，最初是渔民晒网之处，光绪年间建祠三间，称为“苍圣祠”，有“小烟雨楼”之称。现祠堂仍在，塑像无存，祠南池塘之侧矗立着一块“舞姣石”，又称“蛇蟠石”，据说是北宋末年花石纲遗物，石上篆书“舞蛟”二字是元代大书法家赵孟 所书，也可一观。

到达：乘坐公交1路、8路、28路可达。

门票：联票60元（含上岛往返船票、南湖革命纪念馆、湖心岛、揽秀园、壕股塔及塔院等）；门票单价：南湖革命纪念馆10元、湖心岛（烟雨楼、乾隆碑）50元、揽秀园5元、壕股塔及塔院10元、一大红船20元。

开放时间：8:00-17:00

游览时间：2小时

下一站

- 继续游览：乘坐1路公交到火车站，然后转3路车到汽车西站，可乘汽车到乌镇；转4路车到汽车北站，则可乘汽车前往西塘或南浔。
- 美食：乘坐1路公交到嘉兴商城，北行不远就是五芳斋总店。

作者手记

烟雨楼和会景园、纪念馆之间有游船往返，一般间隔30分钟左右，船费包含在门票里。也有豪华的仿古画舫，不过通常都是团体包租的。

西塘镇——廊棚底下赏烟雨

江南的古镇粗看上去都是相差无几：蜿蜒的河流、轻巧的桥梁、灰瓦白墙的老房子，连廊棚也是几乎每个古镇都必备的。然而没有哪个古镇的廊棚能象西塘的这么长、这么完整、这么诗情画意。它把沿河1000多米长的古老民居紧密地联结到了一起，高低错落绵延不断，即使刮风下雨也行走无碍，实在是西塘一绝。西塘的古弄是另外一绝，尤其那条窄窄的石皮弄，更是绝中之绝。

景点

石皮弄

石皮弄在古镇的西街西端接近尽头之处，是西塘最有特色的一条古弄。全长68米的长弄，最窄处只有0.8米，仅容一人通过。脚下是薄得如皮的石板，抬眼只看见一线天，两侧高大的白墙早已蒙上岁月的沧桑。从前这里都是王家子孙的宅院，今天东面种福堂仍作为王宅开放，西面尊闻堂主人已是冯姓，尽头处静怡轩现在是一家客栈，不能通行。

王宅

王宅在石皮弄的东侧，也即种福堂，名字为其世祖宋代御营都统制王渊教诲子孙“种瓜得瓜、种福得福”之意。临街门面非常朴素，其实内里是十分气派的大宅，这也是典型的江南民居特色。全宅前后共有七个单元，现在只开放了前三个。进门第二单元是轿厅，楼下放轿子楼上住下人。再进便是正厅，是主人家待客之处，主要的特色就在于它的落地长窗和厚实方砖。后面厨房、起居室、后花园等因为还有居民居住，不对外开放。

西园

从王宅沿西街东行不远便是。明代的西园是西塘历史上最大的私家花

西塘老宅　古镇水巷　水上人家

园，1920年诗人柳亚子来西塘时曾住在西园之内，原址在计家弄。但现在这里的西园只不过是后来当地政府斥资重建的，进门后感觉非常狭小，里面的假山、池水、桥梁都很袖珍，比较特别的也就只有那座横跨于旁边小弄之上的过街楼，可惜建得再美总也没有那份古朴了。

瓦当陈列馆

西塘联票包含的景点里头，各式陈列馆占了好几个，都是以展示一些传统工艺为主，住宅本身可观之处不多。瓦当陈列馆也是其中之一，在西街上西园往东不远处。瓦当是中国古建筑里铺设屋顶的一种材料，早在西周时就有使用，“秦砖汉瓦”更是达到了一种很高的境界。小小瓦片其实也有很多学问，看看那一排排的板瓦、筒瓦、滴水，还有空心砖、方砖，光是上面那些变化多端的纹样，就让人目不暇接。馆主董纪法是一位私人收藏家，这3000多件陈列品都是他从民间收集而来的。

明清木雕馆

在西街东端，离瓦当陈列馆不远。古代社会对住宅的规模、格局等都有森严的等级限制，不能逾越，因此寻常富贵之家只能借局部装饰来表现自己的身份地位，木雕是其中很重要的一种形式。木雕的表现范围很广，门扇、窗格、栏杆、斗拱、雀替、驼峰都可以成为雕刻的对象，手法也有透雕、漏雕、剔地、阴刻等丰富多样。明清木雕馆里以西塘的作品为主，是一家民间的收藏馆。

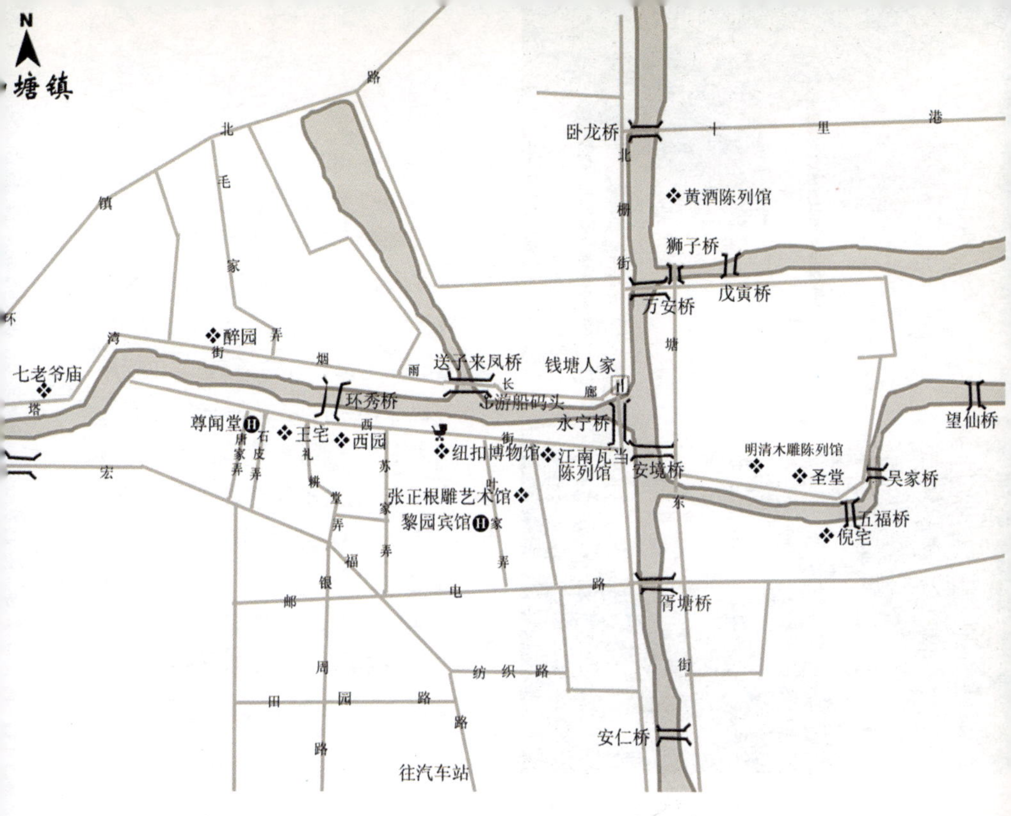

倪宅

已故上海市副市长倪天增的祖居，现辟为倪天增纪念馆，在古镇东面的河道之南。倪家是江南书香之家，住宅也是传统的江南人家院落，没有豪门巨宅那种繁复的装饰，只有朴素典雅。院落共分五进，正厅名叫“承庆堂”，后面有后花园，另外还设有单独的琴房、棋房，也是表现了那份文人意气。

黄酒陈列馆

在古镇北面的河道之东，万安桥和卧龙桥之间，由一组民宅改建而成，从倪宅过桥沿河道而行可到。黄酒是以大米或粟米为原料，过蒸煮、糖化、发酵以及压榨而成的一种低浓度酿造酒，至今已有千年以上的历史。西塘是全国最大的黄酒生产地，这座陈列馆由黄酒产品陈列室、传统黄酒生产工艺流程、西塘黄酒史展、酒魂园以及小酒馆组成，可以说是当地黄酒酿造历史的一个缩影。

廊棚

醉经堂

醉经堂小景

钱塘人家

千米廊棚

廊棚可以说是西塘的招牌，很多人慕名而去也正为此。西塘的廊棚主要分为北廊棚和西廊棚，从黄酒陈列馆过万安桥，就是北廊棚的起点，沿河道往南到钱塘人家处拐了个弯往西，经醉园直到七老爷庙为止。沿途串联起众多的店铺和人家，连绵不绝，即使在下雨天仍行走自如、买卖不误。廊棚的组成也绝不单调，“一落水”、“二落水”错杂的屋面，加上不时延伸出外的平台，配以临河而置的美人靠，是十分精彩的点缀。

醉园

在廊棚接近西端的塔湾街，是一处明代古民居。前后共三进院落，却不是四面围合的，前后屋之间在西侧修建敞开式走廊连接，东侧没有厢房，在狭窄的空间里构成一个相对较大的庭院。前院南墙上嵌着“醉经堂”三个大字，醉园之名或就来源于此。天井里一座微型的石山、一个袖珍的水池，上面还有一座非常小巧的桥梁，可算是精致到家。后进是书斋“艺香斋”，现在设王代版画馆，从版画上看西塘，可以找到水乡的另一种感觉。

七老爷庙

江南古镇里很常见的那种小庙，在廊棚西端尽头处的雁塔湾，醉园之西。庙前后两进，前殿是新建的，后殿则是旧物重修。庙里供奉的却并非哪路神仙，而是当年曾经私下将所押粮食发放赈灾、最后以身殉法的一位金姓押粮官。老百姓为感其恩德而建起了这座供奉的小庙，正名为“护国随粮王庙”。因金老爷排行第七，俗称“七老爷庙”。

到达： 汽车北站有汽车前往，每50分钟一班。也可先乘车到嘉善，那里到西塘的车非常多。

门票： 联票100元，包括王宅、西园、纽扣博物馆、张正根雕博物馆、江南瓦当陈列馆、倪宅、木雕陈列馆、圣堂、黄酒陈列馆、醉园、七老爷庙，进人镇区不需要门票。

开放时间： 开放景点8：30－17：00，镇内街巷不受此限制。

游览时间： 至少4小时，最好能有整天的时间。

作者手记

- 游览西塘自然最好是沿着长廊漫行，但开放景点大都在廊棚对岸的西街上。景点其实大都是些利用民居设立的各式展馆，不感兴趣大可以不进，也可省去不菲的门票钱（在镇上走走是没有人查票的）。
- 也可乘游船观光，在薛宅上船，从钱塘人家到七王爷庙，每船80元，可乘12人。
- 西塘的夜色很美，民居旅馆也十分多，建议在古镇内住一夜。

西塘北栅河道

住宿

黎园宾馆

西塘古镇里有很多由古民居改成的旅馆，黎园宾馆是其中比较大的一家，位于镇内叶家弄，弄门口有指示牌，往弄里走几十米就到。馆址是一处古典的四合院，分现代房和古典房两种房间，共21间。店主是位很慈眉善目的老人，非常好说话。

古典房在楼下，古式家具，有电视电话，独立卫生间。现代房设施则跟普通宾馆差不多，同样有电视电话和独立卫生间，房间都比较干净卫生。两种房邻水的130元，不邻水的90元。

地址：叶家弄10号

电话：0573-84561889、84560985

尊闻堂

位于西塘古镇内著名的石皮弄，本身就是一处明代的古民居。因房子的大梁上雕了一百个“寿”字和流云、蝙蝠的图案，所以又名“百寿厅”。宅子保存得比较完好，参观要另花5元。主人一家也住在这里，利用空闲的房间开设了几间客房，设施简单，卫生状况还挺好，不过要挂好蚊帐以防叮咬。

楼下有一间房，古典式床铺桌椅，电视挺大。楼上还有几个房间，设施和楼下差不多，光线和视线相对好一些，所有房子都有独立卫生间。平时楼上100，楼下80，黄金周有不同程度的上调。周末涨20元

地址：石皮弄3号

电话：0573-84568107

阿婆粽

承庆堂饭店

餐饮

西街清晨

西塘最著名的酒家就是在西塘的三岔河口、永宁桥和安境桥交接处的钱塘人家。西面和北面都是连绵的廊棚，在这里用餐本身就是一种享受。酒家不大，只是两层古式小楼，门口有一木刻对联："醉里乾坤大，壶中日月长。"沉溺美酒在这里不是罪过。店小客可不少，吃饭时间经常都是人满为患，要有足够的耐心等位。菜做得好吃，价格也公道。其中老鸭馄饨煲是每座必点的一道菜，清蒸白丝鱼、腐衣包圆、油蒸菜心，椒盐鳑　鱼也已成为该店及古镇的招牌菜。

购物

西街是西塘最主要的一条商业街道，沿街两侧都是绵延不断的商铺，一色的砖木结构，前店后宅。薛宅是其中的一处代表，建于民国时期，在西园往东不远，南面面街北面临河。走过现为商店的大门，是一个狭小的天井，抬眼望一方蓝蓝的天空，两边是高高的房檐。西街上所售的大都是中国结、农民画、民间剪纸、水墨画、蓝印花布等传统乡土工艺品，也有青团子、立夏饼、南瓜饼等特色小吃。钟福堂、阿牛粉蒸肉庄、翔符粽子坊是其中分别以制作出售八珍糕、粉蒸肉、粽子为主的著名店铺。

乌镇——水阁人家尽枕河

乌镇是江南古镇里较小的一座，布局也十分简单。一条笔直长河，几座横架小桥，两条并行街道，众多临水人家，就是给人一目了然的印象。然而就这么一个唐咸通时才始置的小镇，在宋嘉定年间还曾分为两半：以车溪河（今市河）为界，河西为乌镇，＝桐乡县（今桐乡市）。直到1950年，两

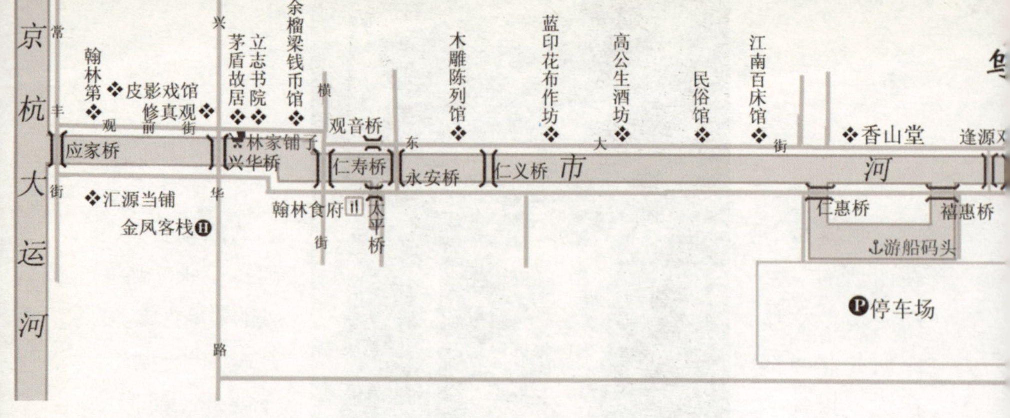

镇才重新合并，统称乌镇。乌镇因出了茅盾这位近代文学名人而知名，而到了乌镇以后，你还可以从中发现更多乌镇的知名之处。

景点

修真观

修真观是乌镇最大的一处道教宫观，从乌镇的兴华街过兴华桥后就是。原观已于解放后拆除，近年为发展旅游业，当地政府又斥资重建。新建的修真观恢复了三重院落，前后依次为山门、东岳大殿、玉皇阁，两旁还有十殿阎王、瘟元帅、财神等配殿。山门前广场对面的戏台则还是修缮过的旧物。戏台不大，歇山式屋顶，飞檐翘角，典型的江南建筑风格。过去镇上的人们，每逢庙会、集市则会聚集于观前的广场之上，看神戏、唠家常，那就是小镇人家莫大的乐趣。毫无疑问，这里就是古镇的活动中心所在。

翰林第

翰林第是乌镇目前开放的最大一处古代私人住宅，从修真观左侧的长廊走到尽头处就是入口。主人夏同善曾获钦点翰林并赐“翰林第”匾额，在乌镇可算是很荣耀的了。连带住宅也略为扩展了原来的规模，但仍然算不上很大，不过保存倒算完整。中间部分是三进的头墙门、正厅和后小楼厅，正厅梁上供奉珍藏圣旨诰命的两个大红镂金漆木盒。东翼

乌镇水边人家

是下人所住，一条长长的里弄是供下人穿行而用。西翼为接官厅和花园，再往后是夏家人起居休闲的正厅和后楼厅。从后面有小巷道直通到修真观。

茅盾故居

茅盾是乌镇的第一大名人，他的故居也身价百倍，成了人们到乌镇首选的景点。故居就在修真观广场隔路相望，从东侧进长街检票口，从左边立志书院处进入故居。故居是传统的江南民居风格，茅盾从出生到抗战爆发离乡前都居住在这里。整个故居面街南向，是砖木结构的一般江南民居，主体是四开间两进深的二层楼房，从大门左转过通道到家塾，之后三四间是当年全家的饭堂，楼上是卧室，后楼是客堂和厨房，这些都保持着原来的规制。后园是茅盾先生三十年代亲自改建的书斋，一直作为起居、读书和会客之处。

立志书院

茅盾故居旁的立志书院是茅盾的母校，现在改成了茅盾纪念馆，两者是互相连通的。立志书院是由邑绅严辰于同治四年创建，院落五进，进门过天井是讲堂，之后是教学楼，第三进是厨房，最后一进是张扬园祠，学生多时也作为宿舍。书院隔街对面还有一座文昌阁，也是书院的附属建筑，里面奉祀先师孔子，是读书人心中的圣地。阁楼环形拱门下面是通道，直通沿河的码头。码头两侧的民居略微伸入市河之中，以水里立柱支撑屋身，二层甚至于更往外探出，充分利用有限的空

乌镇茅盾故居

木雕

间，这就是乌镇独有的水阁式建筑。

木雕馆

在茅盾故居以西的路北不远，步行几分钟就到。西塘也有木雕馆，但乌镇的木雕馆有个特别的地方，就是它把一些平常看起来不搭边的构件组合在一起，创作而成一组形式夸张但外观生动的作品，摆放在厅堂正中，颇有几分新意。四周陈列的木雕作品，一样是从乡里民间采集而来的，个中也不乏精雕细刻之作。

百床馆

从木雕馆继续沿东大街往东走路北，又称赵家厅，是一家专门收藏馆。古老的木架大床相信不少人小时候都睡过，但来到这里会发现原来这床还有这么考究的学问。展馆前后共分三个展厅，以明清和近代为主，主要精品有明马蹄大笔管式架子床、带镜红木雕花床，清拔步千工床、双龙足雕花架子床、近代嵌骨拔步架子床、人字匾圆罩带围架子床等，还有一些休闲实用的罗汉床、嵌骨架子床等，令人大开眼界。

乌镇百床馆　雕花木床

乌镇蓝印花布馆

蓝印花布馆

设在“宏源泰”染坊内，在东大街百床馆以东路北。蓝印花布是江南古镇里十分普遍的一种民间传统手工艺，已有上千年的历史，原料是十分简单的土布和蓝草染料，就连图案都是乡间常见的花花草草一类，乡土气息十分浓厚。蓝印花布馆里不仅有历史简介和成品陈列，更是以实物的形式把纹样设计、刻花稿、涂花版、拷花、染色、晒干等工序全过程地演示出来，一进门那些晾晒在高大木架上的布条，也许就会是精品之一呢。

高公生糟坊

和蓝印花布馆一样，是利用原来的酒坊设立的，距离也不远。不同的是这酒的巷子还真比较深，要穿过一条窄窄的巷道才能看到，不过未见酒坛就先闻酒香了。酒坊所产的三白酒，就是用“白米、白面、白水”为原料，将糯米蒸煮成饭而后冷水淋凉，拌上酒曲饼料并倒入酒缸密封，并经二蒸二酿而成。整个过程在酒坊里据实再现，“土气”十足，那堆放在院子里的一坛坛美酒散发出的浓郁香气也十分诱人。

逢源桥

在乌镇的东大街东端，河道略为变宽，形成一个不大的港湾。横跨两岸有一座带廊棚的石桥，这桥比较独特，左右是分开的，中间隔一木板墙。据说这是因为古时有男左女右的习俗，男女到这里得分开走，因此又生出左右逢源之说而名为逢源桥。过去这桥是水路进出的关卡，现在桥下还有水栅栏分隔，但已经不再使用了。

汇源典当

在乌镇中市的传统商业街常丰街上，从市河南街道向西走到尽头然后左拐再走几步。旧时乌镇典当行业十分发达，但经过连绵战火和社会动荡，当铺几乎销声匿迹。如今这家汇源典当行是仅存的硕果，在原址上复原了原来的布局。进入门内那个高高的柜台是当铺的典型特征，里面坐堂的椅子都是用台阶垫高的，掌柜的趾高气昂、顾客的低声下气在此得到充分的体现。再到楼上看一下陈列，当铺的吃人面目更是表露无遗了。

乌镇逢源双桥

双桥

乌镇也有双桥，而且相形之下要比其他古镇的高大很多。但不在古镇的核心街区里，要徒步到镇西侧常丰街向北走，再折向西走上一段路到镇郊结合部，是否值得前往就自己看着办了。这里处在一处三岔河口上，两桥呈直角分布，都是单孔拱桥。高大的那座叫通济桥，是明正德时所重建；另一座是仁济桥，同样是明正德年间改建。因为无论站在那一座桥边，都能透过桥洞看到另一座桥，故而又誉为“桥中桥”。

到达：汽车西站每天有5 班汽车前往，也可先乘车到桐乡，那里到乌镇的车非常多。

门票：东栅景区100 元，包含茅盾故居、修真观、翰林第、皮影戏官、钱币馆、木雕馆、蓝印花布作坊、高公生酒坊、百床馆、汇源当铺。西栅景区102 元，东栅联票150 元。

开放时间：开放景点7：20－17：30，镇内街巷不受此限制。

游览时间：至少4 小时，最好能有整天的时间。

作者手记

- 检票地区仅限于茅盾故居以东到逢源双桥的区域，开放景点也大都位于此区域内。，进古镇区内要查验门票，但修真观广场以西地区都是可以随意进出的。
- 乌镇的手摇游船每船80 元，可乘坐8 人（含儿童）。

乌镇水阁

乌镇水巷

住宿

金凤客栈

离乌镇古镇牌坊入口外不远，按路口招牌指向往巷里走几步就是。家庭式小旅馆，门面实际上就是住家门口，主人也就住在这里。房间不多，设施卫生都一般。店主不一定都守在柜台上，如果没人的话大声叫一下就可以。

房间有空调和电视都有卫生间，双人间80元，单人间70元。

地址：新华路

电话：0573-88712481

餐饮

翰林府第是乌镇较高级的一家餐饮名店，在市河之南太平桥之西，两层老式木结构房，北面和东面都临水，其余两侧都和民居相接。内部设计古朴典雅，很有水乡底蕴。一楼是餐饮，可供200人同时就餐，还有大小包厢十余间。招牌菜有水乡本鸡、翰林酱鸭、乡村豆瓣、冰糖南瓜、果仁南瓜烙、霉菜梗炖豆腐、剁椒白水差、咸鹅煮螺狮等，风味独具水乡特色，价钱也合理。府第的二楼还设有客房部，《似水年华》中刘若英所住的房间就在这里，不过价格也着实高得吓人。

乌镇小巷

乌镇戏台

购物

乌镇是一个传统作坊的聚集之地。穿越那条石板漫地的东大街，两旁老旧的木栅后面很有可能就正在制作着蓝印花布或者三白酒。细心的游人可能会留意到，这条看似笔直的商业街在中间居然转了两个直角的弯，形成一个“之”字形，据说那是往昔乌青两镇分置的痕迹。还有店铺也不是连续不断的，每隔一段距离就有封火墙高高地矗立着，上书各坊的名字，让人联想起消逝已久的唐代里坊格局，区别只在于没有坊门而已。坊与坊之间是那幽深的古弄，那里是寻常的百姓人家。

东大街上茅盾故居斜对面的林家铺子，据说是茅盾作品里《林家铺子》的原型，不过所售物品已大相径庭，主要出售的是杭白菊、姑嫂饼等特色纪念品。此外在宏源泰染坊、高公生糟坊等展馆里，也能买到很有古镇特色的蓝印花布、三白酒等传统工艺品。除东大街外，汇源典当行所在的街前也是一条以出售旅游纪念品为主的商业街。

南浔镇——四象八牛七十二金狗

南浔给人的第一感觉，并不是很惊艳。如果说单从外观看起来有什么特别之处，那就是它相对比其他古镇要大得多的面积。然而透过高大院墙之内的豪门巨宅，你却能想像得到这座有

南浔小莲庄家祠

着750多年历史的古镇之豪富。当年这里的丝商们，就是凭借其交通之顺畅，通过产销“辑里湖丝”迅速发家起来，并利用其雄厚的资财建起了豪华庞大、中西合璧的宅园，这在江南古镇中绝无仅有。

景点

小莲庄

走进小莲庄，第一眼就会被园中心那汪十亩之大的荷花池所吸引。每逢盛夏，满塘荷叶田田、莲花绽放的景象在江南古镇里是独一无二的，以夏景取胜也可谓是小莲庄的一大特色。园主是江南第一首富、清末光禄大夫刘镛，园也因此别称“刘园”，是南浔五大名园之首。此园是刘镛和他的次子刘锦藻所建，从清末到民国，前后花费了四十年才完工。

池的西部和北部，以长长的游廊串连起高低错落的廊榭亭轩。其中池

南凹字形的“退修小榭”，是园主品茗赏荷的绝佳处。池西一处名“净香诗窟”的四面厅格局也十分独特，其厅内隔为两边，一边藻井为升另一边为斗，俗称“升斗厅”。还有西北转角处那座两层中法合璧的“东升闹”(俗称小姐楼)，虽处身一片中式园林中却丝毫不觉突兀。

走过长廊，到荷花池的东南，过一座月洞门还有一个内园，是小莲庄最后建成的部分。园子不大，正中用太湖石叠砌成假山，山上小亭可以远眺。这一精致的园中之园，和外园的壮阔形成了鲜明的对照。

荷花池的西部是刘氏家庙，是刘家族人祭祀祖先亡灵之处，目前家庙主体不对外开放。但看看正门前那一对御赐牌坊，就很足够了。牌坊是清末光绪、宣统两代皇帝嘉奖刘氏家族而建，一为“乐善好施”，一为“钦旌节孝”，在封建社会里，这可是拿钱都买不到的莫大荣耀。牌坊的雕刻也十分精细，刻满了传统戏曲题材和吉祥图案，有很高的建筑艺术价值。

嘉业堂藏书楼

我国近代著名的私家藏书楼，就在小莲庄旁边，两者隔一小河。藏书楼建在一座典型的江南园林之中，外有河水环绕，前有莲池假山，四周树木葱茏，花草遍地。主楼建于民国时期，近似于西式的两层回廊式楼房，大门、棂窗、内部装饰等却是传统的中国建筑式样，同时对防火、防潮、通风等都作了周密的考虑。楼主刘承干，是小莲庄园主刘镛的孙子、刘锦藻的儿子，过继给了伯父刘安澜。刘承干生平酷爱读书、藏书，不惜重金收集古代刊本，并以其雕版印书而扬名海内。可惜后来藏品大部分散失，剩余部分今藏于浙江省图书馆。但藏书楼绝非只剩空壳一座，光是那些用“嘉业堂藏书楼”字样组成的窗格、以“希古”两字作花饰的廊外铁栏，就能处处体现出楼主的独具匠心。

嘉业堂藏书楼
张石铭故居玻璃
求恕里

张石铭旧宅

是仅次于小莲庄的南浔富商巨宅，在小莲庄之西不远处。主人张钧衡，字石铭，是南浔“四象”之一张颂贤的孙子，宅园建于清末光绪时期。正门在转角处的河道之西，高大粉白的门墙十分气派。走进门厅是轿厅，过去是停放轿子的地方。再进是大厅“懿德堂”，是专供喜庆丧事用的，厅后堂楼是女主人接待之用，窗户镶嵌的菱形蓝色印花玻璃，十分少见。到了第三进是“芭蕉厅”，因两侧廊庑窗棂上的石刻蕉叶而得名。到此仍是传统的江南建筑结构为主，再往后到第四进却另有乾坤，变成了西式洋楼。园主因在上海经商，对西洋文化颇有接触，因此把一些西式风格融入了自己的宅院里来。又借对外交往之便，大量从法国购置建筑材料。墙面是彩色瓷画瓷板、屋顶是洋红砖瓦，屋里还有西洋舞厅，可谓洋味十足了。出洋楼到最后一进为后花园，才重又变回中式园林。因为张石铭酷爱收藏金石碑刻，近年在后花园内院墙上建成了碑廊，镶嵌一些书坛名家墨宝。

求恕里

刘承干的别墅，在张石铭旧宅北面不远。门口十分不显眼，进门是一条窄长的甬道，中间一座西洋门楼，上刻“鹪溪小隐”四字。尽头看似无路，谁料转过弯来是一个阔然开朗的庭院。住宅很小，也是中西合璧式楼房，里面陈列一些书画作品，只有天井两边的那一对巨大的“笔王”还比较引人注意。

刘氏梯号

在求恕里的对岸，过广惠桥即到，是南浔“四象”之首刘镛的三子刘安　的居处。刘安　不仅是清末官员，又是实业家和文物收藏家。他的住宅虽然不如小莲庄及张石铭旧宅之大，却以拥有南浔最大的欧式建筑为特色。刘氏梯号正名崇德堂，中部仍是传统的厅堂楼厢结构，北部一座红色西欧罗马式建筑立面尤为壮观，刘氏梯号也因此而被人称为“红房子”。

广惠桥

在刘氏梯号以北，是南浔的三大古桥之一，是一座单孔的石拱桥。桥东侧有广惠宫，故称广惠桥。广惠宫门前码头两边有一对精妙的石狮子，却不是广惠宫之物。原来是丝业会馆镇门的，后来丝业会馆改变大门设计，石狮子派不上用场，因此挪到了这里。

张静江故居

从广惠桥继续北行不远，到了一条现代的柏油马路，以为古镇到头了。其实再一直往前走，过了那条嘈杂的商业街，经过两座杂草从生的古桥——南浔的另外两座名桥——通津桥和洪济桥，

南浔刘氏梯号门窗

刘氏梯号

广惠桥

百间楼

还有两处值得一观的景点，其中之一就是张静江故居，在东大街之上。张静江曾任民国时浙江省政府主席，这处故居是其父张宝善于光绪年间修建，张静江就出生在这里。故居是典型的江南豪宅风格，一进大厅为正厅“尊德堂”，是平常接待客人用的；二厅、三厅是住宅，现陈列张静江的生平事迹和遗留文物。

百间楼民居

从张静江故居折返，经过一条河道，原来这是连通苏州、乌镇等地的运河。两边依河而立都是传统的乌瓦粉墙民居，因相传是明代礼部尚书董份为家里仆从所建，初建时有楼房百间而称“百间楼”。原来河东河西布满民宅，但河西因遭遇日军轰炸，难复旧观，只有河东一带保存较好。这些民宅依河而建，户户侧墙相连，骑楼直接跨在沿河街道上，与廊棚可谓有异曲同工之妙。和一般江南民宅的斜坡屋顶不同，百间楼的山墙多种多样，云头氏、观音兜式、三叠马夹式互相参杂，高低不平，蔚为奇观。楼内老百姓仍在此安居乐业，且过往游客不多，很能感受古镇那种生活的气息。

到达：嘉兴汽车北站每天有6 班车到南浔，大概要1 小时。嘉兴到湖州的车也经南浔，但离古镇还有一段距离，可以步行或者坐当地的那种摩的前往。

门票：联票100 元，包括嘉业堂藏书楼、小莲庄、张石铭旧宅、求恕里、刘氏梯号、南浔史馆和张静江故居。

开放时间：景点开放时间夏天8：00-17:00，冬天8:00-16:30，镇区街巷不受这个限制。

游览时间：游览完全部景点至少需要4 个小时，当然能有1 天时间是最好的。

最佳游览季节：和一般江南古镇不同，南浔最美的时候是夏天，就是6、7 月份荷花盛放的时候。

作者手记

- 进入古镇不需要门票，游览百间楼也不需要门票。但这样一来无法进入这些景点，也就白来一次南浔了。游览南浔一般从嘉业堂藏书楼和小莲庄开始，古镇的联票也可以从小莲庄门口买。
- 南浔的街景保存得并不算很完好，水乡气息也稍微淡些，旅游业不如其他几个古镇兴旺，但南浔的宅院绝对是其他江南古镇难以比拟的，这还不包括在抗战中被毁的几个名园。

住宿

千翁宾馆

位于南浔古镇入口处的文园隔壁，走不远拐个弯就是嘉业堂藏书楼和小莲庄。千翁之名，主要是因以接待老年旅游团队和疗养团队为主而起，但也对社会散客开放。宾馆是一座仿古式园林建筑，颇有江南民居的风格，环境不错，内部按二星级标准设置。

有客房68间，卫生条件很好。标准二人间200元，三人间280元。

地址：江南水乡一条街

电话：0572-83912188

餐饮

南浔古镇的老街相对比较安静，酒肆茶坊并不很多，比较显眼的也就是临河面街的公和酒家了。这是一家百年老店，开设于清光绪年间，乌瓦木扉，酒旗招展，很有一种怀旧的味道。店内以经营酒类为主，冬季还备有烫酒桶，辅以卤味小吃和苏式面点，都是独特的配方，以老汤烧制，夏天也不会变质。当然，也可落座点菜，酱鸡、酱鸭、爆鱼等都是这里的名牌产品。味道好，价钱也不贵，尤其是土鸡。南浔还盛产河鲜和竹笋，经当地人巧手烹饪，花样繁多，且色香味俱全，可不要错过。

购物

南浔并没有形成像其他古镇一样热闹的商业街，大多数的店铺都零散地分布于镇内各处。楫里湖丝是南浔的发达之本，到南浔来当然是必选之物。镇上包括“四象八牛七十条金黄狗”在内的近百余家巨富，都是通过生产销售湖丝起家的，如今镇上还有当年组建的丝业会馆旧址。其中的南梅恒裕丝经行是南浔的老牌丝经行之一，年产量远远超过其他牌子，从清咸丰时到现在已经有一百多年历史了。

湖州笔也是南浔的名产，按原料性能分为羊毫、兼毫、狼毫、紫毫、鸡毫五大类，王一品斋笔庄的“天宫”牌湖笔、善琏湖笔厂“双羊”牌湖笔是个中名品。南浔竹林茂盛，当地的竹编工艺也是一绝，刘阿发竹器店里的王师傅技艺高超，一根毛竹通过劈、削、磨、编等多道工艺，能编制出各式各样工具、用具，品种多达几百种。此外镇上的聚昌铁店、生记米行、日升烟纸店等传统老店也是一景，就算什么也不买，去看看也会大有收获。

第七章

杭州——暖风熏得游人醉

杭州，中国的七大古都之一，虽然为都时间并不很长，却也足以在史书上留下浓墨重彩的一笔。历史仿佛早已证明，杭州并不适合作为一个政治中心，盘踞于此的统治者们，不是安于现状，就是耽于享乐。也许是因为她太浪漫、太适宜于生活了，以至于上迄君王、下至臣子，统统跟着了魔似的，整天只顾灯红酒绿、纸醉金迷，哪里还想得到什么励精图治、克复中原。

昔日欲比西子的西湖，暖风依旧轻拂行人的面庞。初春时苏堤上绽放的桃花，盛夏时岳湖里摇曳的荷叶，深秋时倒影于水中的秋月，隆冬时断桥上未及消融的积雪，一年四季都可以找到其美丽动人的一面。飞来峰下的灵隐寺，香火不减当年。南屏山麓静慈寺，晚钟每天敲响。今天的游客，已不再需要忧心来自北方的游牧铁骑，尽可以全情投入于这湖光山色之中，沉醉而不知归路了。

杭州文澜阁

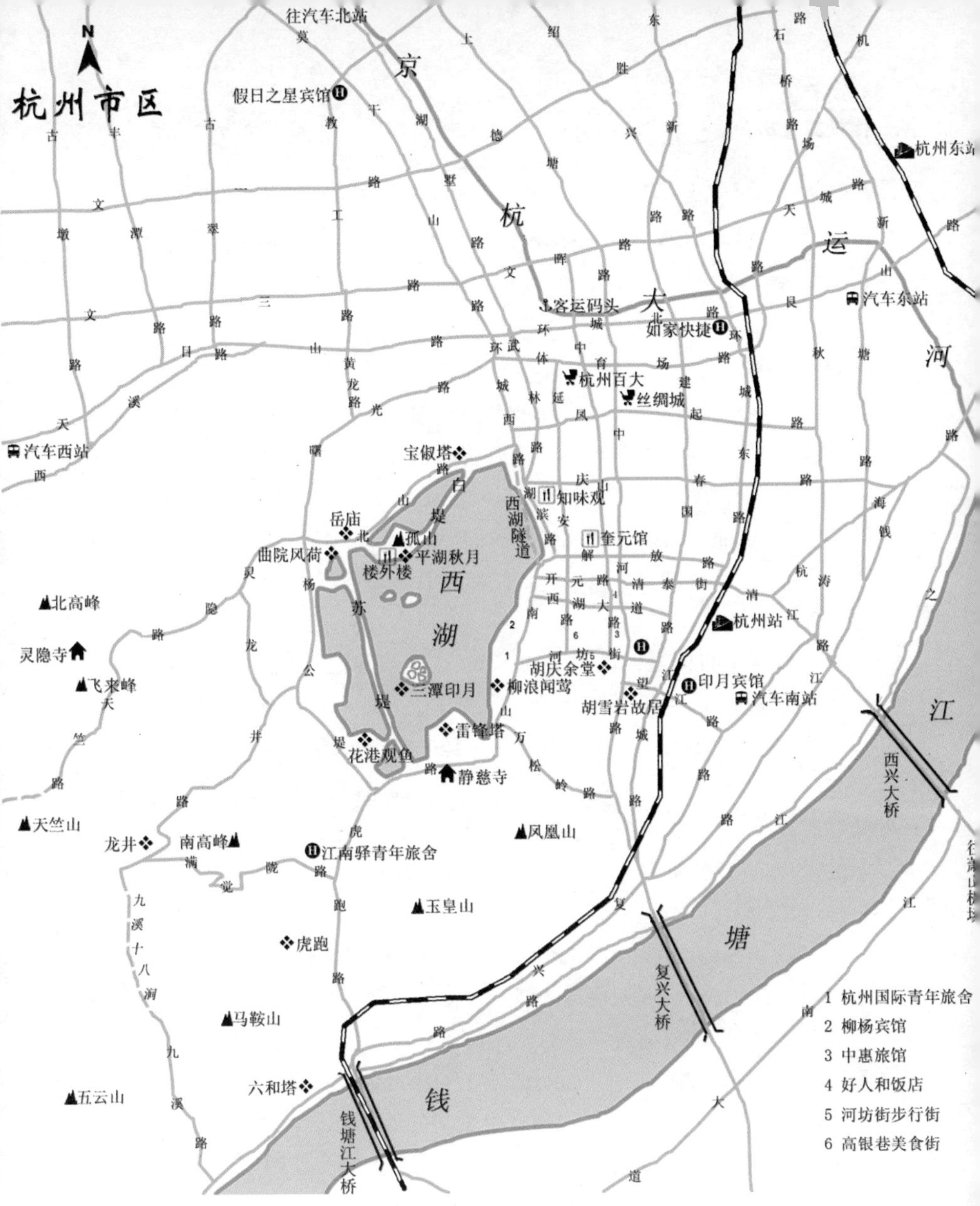

南宋君臣偏安一隅的临安城，早已掩埋在厚厚的尘土之下，看不见多少形迹。马可波罗笔下“世界上最美丽华贵的天城”，也早非复当年模样，代之而起的是平坦宽阔的柏油大道和鳞次栉比的高楼大厦。吴山依旧酒旗风，河坊街上也一如既往地人头攒动，可总感觉少了点岁月的沧桑。唯有红顶商人风云一时的老宅子和大药堂，多少能引发些许思古之幽情。钱塘江畔雄伟厚重的六和塔，古朴犹存，仍在恪守其镇潮的使命；夕照山顶钢铁筑就的雷锋塔，灯火通明，却不再能困住白蛇娘子。古老与现代，或者也只是咫尺之遥而已。

旅游指南

同享“人间天堂”美誉，杭州和苏州可不大一样。苏州看园林，杭州看西湖；苏州园林的门票高昂，但杭州西湖大景区却是免费开放的，只有到湖心小岛才需要购买船票。你既可以慢慢徒步湖岸，又可以租个自行车随走随停，还有电瓶车可以边游边听讲解。如果想泛舟湖上，湖边有很多地方能租到自划船；如果想要休憩，岸上有大大小小的茶座。西湖的美景，就看你愿意怎么欣赏了。

虽说春天可能是西湖最美的季节，这时候苏堤上的桃花正争相绽放，还可去龙井村品茶。但夏天有曲院风荷，秋天有平湖秋月，冬天有断桥残雪，出游的季节选择，对杭州似乎并不是一个很大的问题。

杭州和西湖是密不可分的，飞来峰下灵隐寺、钱塘江畔六和塔、龙井茶和虎跑泉，还有新近重建的雷峰塔，与其对面古老的净慈寺，这些杭州知名的景点，几乎都如众星捧月般环绕在西湖的周边。只不过，这些景区就不再是免票的了。

紧挨着西湖东侧的杭州老城，曾经做过偏安都城的地方，元明清时还盛极一时的州府，已在大规模的城市改造中日新月异。仅存的河坊街，也不再是昔日模样，却成为市内最繁华的商业步行街。几步之遥的高银巷，又是另外一种热闹，那里食肆林立，正好在购物之余，来此大快朵颐。

除了是热门旅游城市，杭州又是繁华的现代都会，各类宾馆饭店十分齐全。光连锁旅店就为数不少，青年旅舍都有好几家，普通旅馆更是不计其数，价格较其它城市要稍高一些。但即便如此，若赶上节假日还常常是供不应求，最好提前预订。

沧桑旧事

1936年，在杭州西北郊的良渚古镇，发现了一处新石器时代晚期遗址。

其中心有一处大型祭坛，周围墓葬出土的大量玉璧、玉琮、玉璜、玉坠、玉环、玉珠，震惊世界，被学术界誉为揭开了“中国礼制社会的序幕”。

相传大禹治水前往会稽（今绍兴）途中，曾在杭州一带舍航（通“杭”）登陆，于是有了“禹杭”之称，这也是杭州得名的前身。及至春秋时期，这里是吴越争霸的前沿，最后归于秦朝，设钱唐县。唐代为避国讳，才有了今天钱塘之名。

隋朝开凿大运河，钱唐作为运河终端，改称杭州，依凤凰山筑方圆“三十六里”州城。运输的便捷，商业经济的繁荣，令杭州城市化突飞猛进，一跃而成为江南名城。后来五代时割据一方的吴越国在这里建都，大肆建造宫室、官署和宅邸，并广造佛寺、佛塔和经幢，成为“东南佛国”，北宋时更成为“东南第一州”，后被流落至此的南宋朝廷看中，开始了历时一个多世纪的都城之路。别看南宋政权外交和军事上软弱，经济和文化上可是空前繁荣，杭州也是当时世界上最为繁华的大都市之一。不过这一切最终也没能躲过蒙古骑兵的蹂躏，宫室被焚为平地，连皇帝在会稽的“攒宫”都被捣毁殆尽。

元以后杭州虽不再是都城，但仍是东南的路省州府所在。元代杭州是东南重镇，直到明清经济社会文化发展仍处在全国前茅。但先后的几次大火和太平天国战乱，令杭州城损失惨重。西湖之畔的明清老城，直到民国初期城墙才拆除，

城内区域也逐渐被改造。解放后继续作为浙江省省会，并被列为全国第一批历史文化名城之一。

多样的地形

杭州是浙江省的省会，简称杭，位于北部喇叭形的钱塘江入海口之上，同时也是京杭大运河的南端终点。杭州南部与绍兴、金华、衢州相邻，北部连接嘉兴和湖州，西部则与安徽省交界。现辖上城区、下城区、拱墅区、江干区、西湖区、滨江（高新）区、萧山区和余杭区8个区，以及富阳市、临安市、建德市、桐庐县和淳安县5县市。

杭州的地形多种多样。西南部主要是山区，一般海拔在500米以下，占整个市域面积的三分之二，主要有天目山和清凉峰两个国家级自然保护区。东部以平原为主，江河湖分布广泛，除鼎鼎大名的杭州西湖外，西南富春江–新安江–千岛湖也是国家级风景名胜区之一，已成为新兴的旅游度假圣地。

风流人物

白居易(772–846)　下邽(今陕西渭南县附近)人，生于河南新郑，杭州只是他曾经为官的地方。现在西湖之上的那条白堤究竟是否为他所筑姑且不说，反正白居易确实曾在离杭前完成了修筑拦河大堤这样关乎民生的大事，堤也被人称为“白公堤”。在他的诗句里，也有“绿杨阴里白沙堤”这样的字句。后人提到白堤就会自然而然想到白居易，而且总是和后世的苏东坡相提并论，也难怪，两者的才情际遇确实有十分接近之处。

苏轼(1037–1101)　就是那位著名的大文人苏东坡了。苏轼也不是杭州人士，他曾先后两度在杭州为官，历时五年，当然也是被贬的。苏轼在杭州的任内留下无数著名诗词，还有那条他亲自主持修建并以他为名的苏堤。苏堤原是造福百姓的水利工程，同时也成为了游人漫步赏花的佳处。今人在苏堤南端建立了苏东坡纪念馆，以缅怀他的政绩佳话和艺术成就。

于谦(1398–1457)　于谦留名青史的地方是在北京，但他其实是地地道道的钱塘（今杭州）人。土木堡之变瓦剌擒获英宗，企图以此要挟明朝，

杭州胡雪岩故居

于谦在危难中力主拥立代宗，英勇抗击侵略的事迹一直为后世所称道，他的“粉身碎骨浑不怕，要留清白在人间”的诗句更是让人动容。不幸遭遇英宗复辟，被诬遭害，到宪宗时才得以平反昭雪，归葬故乡。于谦的故居在清河坊祠堂巷，在他西湖三台山麓的墓园侧建有祠庙，体现了后人对这位民族英雄的敬仰。

胡雪岩(1823–1885)　本名胡光镛，雪岩是他的字，但恐怕比真名更为人所熟知。他原籍安徽绩溪，秉承徽州人经商的传统，少年时入杭州一钱庄当伙计，后在浙江巡抚王有龄扶持下自办钱庄，又因力助左宗棠有功而平步青云，成为富甲一时的红顶商人。今天在杭州城内的河坊街还有他后期创办的胡庆余堂国药号，他的故居也在河坊街附近，当时共耗费了10万两白银，堪称清末中国巨商第一宅。

朱淑真　钱塘人(今杭州)，生卒年不详。古代文人基本是男性一统的局面，女性的名字很少能流传下来。朱淑真的名气虽不如比她稍早一点的李清照，但也算是其中的佼佼者了。朱淑真多才多艺，精音律，善书画，诗词皆优，著有《断肠集》等。可惜一代才女，虽出身仕宦之家，却不得不屈从父命，所嫁非偶。虽然勇于反抗封建礼教，仍免不了郁郁而终的命运，实在让人惋惜不已。

五大特产

品一杯龙井新茶

杭州丝绸 其历史可追溯到4000多年前的良渚文化时期，遗址出土的丝织品残迹足以证明这一点，之后种桑、养蚕、织帛和原始缫丝工具等记载不断见诸于历史文献。杭州丝绸与苏州丝绸齐名，唐代时已经开始被列为贡品，南宋时杭州更是闻名的“丝绸之府”。杭州市内还建有全国最大的丝绸城，无论品质和价格上都已略胜一筹，几乎成了游客的购物首选。

龙井茶 西湖龙井是中国十大名茶之首，向来以“色绿、香郁、形美、味甘”四绝而著称，已有千年以上的历史。传统上又分“狮峰”、“龙井”、“云溪”、“虎跑”四个品类，其中以狮峰龙井为上品。主要产地在西湖西南的南高峰一带的龙井村。那一带群山环绕、雨量充沛、温和湿润，土壤呈酸性，加上茶农精良的制作，更凸显其优良品质，龙井问茶甚至已成为新西湖十景之一。

西湖藕粉 主要出产于杭州艮山门外至余杭市塘栖一带，最有名的要数余杭沾桥三家村的藕粉。那里种植的荷藕多达十多种，其中又以用尖头白荷加工的藕粉为最佳。西湖藕粉呈薄片状，质地细腻，色泽白里透红。用开水冲泡后，撒上桂花，晶莹透明，味醇清口。具有健脾、生津、开胃、润肺的功效，很适合老幼病弱者食用。

杭白菊 本产于杭州，因此而得名，现在主要的产地在附近的桐乡市。古代的时候与龙井茶齐名，同样是宫廷的贡品。主要用途是作为保健饮料，用开水冲泡，色泽天然、汁水清香、味甘爽口、花形完美。据说还有平肝明目、散风清热和解毒消毒的药用功效，主治感冒风热、赤目和头痛。

西湖绸伞 《白蛇传》里西湖断桥边，就有许仙借伞的故事，由油纸伞发展而来的西湖绸伞，据说是本世纪30年代都锦生丝织厂工人竹振斐创作的，以竹作骨，以绸张面，轻巧悦目，式样美观，携带方便，素有“西湖之花”的美称。虽然从实用角度来说未必最佳，但很有观赏的价值。

旅游路线和时间安排

如果你去杭州是为了休闲度假，那停留多少天都是不为过的。若只是为了领略一下“人间天堂”的感觉，那两三天的时间也差不多可以了。

如果你有1天时间

可以环西湖一日游，或者游西湖核心景区和飞来峰－灵隐寺：

方案一，环西湖游。先乘游船到湖心岛，看三潭印月；然后坐船到湖滨公园，沿白堤到孤山，在楼外楼用午饭。再过西泠桥到岳王庙、曲院风荷，沿苏堤步行（或坐电瓶车）到花港观鱼，傍晚到雷峰塔游览。晚饭到河坊街，顺便购物。

方案二，同样先乘游船到湖心岛，看三潭印月；然后乘船到孤山，在楼外楼用午饭。之后乘车到飞来峰，游览灵隐寺。傍晚到雷峰塔游览。晚饭到河坊街，顺便购物。

如果你有2天时间

西湖及周边的主景区，基本可以玩一圈：

第一天，先乘游船到湖心岛，看三潭印月；然后坐船到湖滨公园，沿白堤到孤山，在楼外楼用午饭。再过西泠桥到岳王庙、曲院风荷，沿苏堤步行（或坐电瓶车）到花港观鱼。

第二天，先去飞来峰，参观灵隐寺，然后坐车到虎跑看泉，再到六和塔观钱塘江。傍晚到雷峰塔游览，晚饭到河坊街，顺便购物。

如果你有3天时间

除了西湖和飞来峰以外，还可以好好参观一下浙江省博物馆：

第一天：先乘游船到湖心岛，看三潭印月；然后坐船到湖滨公园，沿

白堤到平湖秋月。再过西泠桥到岳王庙、曲院风荷，沿苏堤步行（或坐电瓶车）到花港观鱼。

第二天：先去飞来峰，参观灵隐寺，然后坐车到虎跑看泉，再到六和塔观钱塘江。在藕香居吃晚饭，然后夜游雷峰塔。

第三天：乘车到孤山，好好参观浙江省博物馆、文澜阁等文物，在楼外楼用午饭。下午到河坊街购物并吃晚饭。

预算

西湖大景区已经取消了门票，除了湖心岛需要买船票以外，其他如柳浪闻莺、曲院风荷、花港观鱼以及浙江省博物馆等景点都是免票开放的。西湖以外除飞来峰－灵隐寺景区以及重建的雷锋塔门票稍贵外，也不算是很离谱。杭州的住宿不便宜，看你需要舒适的程度，以三天为例，可以考虑如下几种安排：

门票统计如下：

景点	价格	合计
三潭印月	45	225
岳王庙	20	
飞来峰	35	
灵隐寺	30	
虎跑	15	
六和塔	30	
雷峰塔	40	
静慈寺	10	

经济档 455元

经济档食宿，住40元的普通房间，饮食以小吃为主，一天25元，市内交通基本乘坐公交，一天大约10元。加上门票，区内预算合计为：(40+25+10)×3+230=450。

舒适档 890元

舒适档食宿，住100元的标准间，饮食以饭店和小吃相结合，一天80元，市内交通公交和出租相结合，一天大约40元。加上门票，区内预算合计为：(100+80+40)×3+230=890。

到达杭州

航空

杭州新的国际机场——萧山国际机场已经在2000年底投入使用，地点位于钱塘江南岸萧山区新街镇东，距离市中心大约27公里。从武林门民航售票处（体育场路390号，电话0571-85154259）坐上机场大巴，沿全封闭行驶的机场专用道，45分钟左右可到机场。机场大巴6:00-8:00为每小时一班，8:00-17:30为每半小时一班，票价15元。

杭州还有发往上海浦东机场的高速班车，由杭州旅游集散中心发车，票价85元。地址在黄龙路3号黄龙体育中心（体育馆内），咨询电话96123。发车时间为7:00、8:30、10:30、12:30、14:30、16:00。

铁路

杭州的铁路交通也十分方便，有沪杭线、浙赣线、萧甬线等主要干线在此交汇，客运火车站主要有两个：杭州新客站和火车东站，都在市区里面。新客站当地人又称城站，建成以后一直作为主客站使用，火车东站一般只停靠过路车。杭州每天有数十班列车到发，其中有一趟直达列车往返北京，但要注意只有软座和软卧，没有硬座和硬卧。

公路

杭州周边的高速公路网，包括沪杭、杭甬、宁杭、杭金衢、徽杭五条放射线，以及一条环城高速公路经已全面建成，每天有大量发往邻近城市的快速班车，既方便又快捷。普通公路更是四通八达，班车多不胜数。市区主要有四个客运站，各车站之间都已实行了联网售票。

杭州长途汽车站一览表

站名	地址	电话	发车方向	交通
汽车东站	艮山西路215号	86948252	宁波、绍兴、嘉兴、湖州、苏州、无锡、上海、嘉善、余姚、上虞、丽水、衢州、江山、金华、沈家门、新昌、椒江、黄岩、路桥、临海、仙居等	19、20、31、33、K55、K56、317、355、502、516、518
汽车南站	秋涛路407号	86064785	绍兴、宁波、金华、衢州、台州、温州方向和桐庐	14、20、39、44、59、71、322、536、808、836
汽车西站	西溪路112号	85229646	临安、桐庐、建德、千岛湖、黄山等旅游区	49、83、502、526
汽车北站	莫干山路758号	88097761	湖州、莫干山、江苏南京、常州、安徽芜湖、铜陵、安庆	15、67、155、333、503、516、526、K555、813

水运

京杭大运河古时是杭州的交通大动脉，但现在来往船只主要都是货船，另外有每天一班来往苏州的游船。游船都是豪华型的，全封闭结构，配有中央空调、浴室以及餐饮、娱乐等功能，每天傍晚17:30开船，第二天7:00到苏州，返航时间也一样。上船地点在武林门码头，地址环城北路208号，联系电话0571−85153185。杭州到苏州的船号和票价如下：

船号	票价
天堂号	双人间130元／人，四人间88元／人
吴山号	双人间95元／人，四人间60元／人
灵山号	双人间78元／人，四人间上层65元／人，下层55元／人

区内交通

公交车

杭州的公交车早在1993年就开始使用IC卡刷卡乘车，但仍保留投币式无人售票，不设找零，最好常备零钱。一两位数的公共汽车和“1”开头的电车单一票制1元，“K”开头的空调车单一票价2元，“2”开头的是夜间专线车，“3”开头的郊区车和“5”开头的专线车实行多级票价（普通车1元起价，空调车2元起价）。除以上所述线路外，杭州还开通了假日线（“J”开头)、旅游观光线（“Y”开头）等特色线路。

假日游览专线仅在双休日和黄金周开行，线路如下(括号里是发车时段):

线路名称	途径站点
假日1线	大关小区(8:00—14:30)—德胜新村—朝晖五区—武林广场—延安新村—少年宫—岳庙—曲院风荷—花港观鱼—动物园—六和塔—宋城(9:30—16:30)
假日4线	动物园(9:20—16:50)—花港观鱼—杭州花圃—曲院风荷—浙大附中—黄龙洞—教工路口—杭州商学院—电子学院—翠苑一区—翠苑四区—南中国新城—骆家庄—温州村—三墩(8:30—16:00)
假日5线	城站火车站(8:00—16:30)—葵巷—官巷口—湖滨—柳浪闻莺—南屏晚钟(净慈寺)—苏堤(太子湾公园)—动物园—虎跑—六和塔—九溪—宋城—未来世界(8:45—17:15)
假日6线	三塘小区(7:25—17:00)—德胜东村—德胜新村—朝晖六区—省人民医院—梅登高桥—中北路口—长寿桥(环城西路)—少年宫—葛岭—岳庙—曲院风荷—杭州花圃(8:00—17:35)
假日7线	火车东站(7:00—16:20)—汽车东站—景芳小区—景芳二区—景芳亭—南肖埠小区—双菱小区—塘苗新村—市三医院—耀江大厦—柳浪闻莺—南屏晚钟(净慈寺)—苏堤(太子湾公园)—动物园(8:00—17:00)

旅游观光线有舒适的豪华大巴和仿古式双层车两种，投币2元，线路如下（括号里是发车时段）:

线路名称	途径站点
游1线	灵隐（8:30—17:30）—九里松—洪春桥—曲院风荷—杭州花圃—空军疗养院—花港观鱼—苏堤—南屏晚钟（净慈寺）—长桥—海底世界—柳浪闻莺—涌金门—湖滨—胜利剧院—孩儿巷—延安新村—轮船码头—武林广场（8:00—17:00）—延安新村—孩儿巷—少年宫—断桥残雪—西泠桥（孤山）—岳庙—玉泉—洪春桥—九里松—灵隐
游2线	城站火车站（8:00—18:00）—耀江大厦—人民大会堂—湖滨—柳浪闻莺—海底世界—长桥（丝绸博物馆）—南屏晚钟（净慈寺）—苏堤（太子湾公园）—花港观鱼—杭州花圃（郭庄）—曲院风荷（岳庙）—九里松—灵隐—九里松—洪春桥—玉泉—岳庙—断桥残雪—少年宫—人民大会堂—耀江大厦—城站火车站
游3线	延安路（8:00—17:30）—少年宫—葛岭（宝石流霞）—西泠桥（孤山）—岳庙—玉泉—茶叶博物馆—南天竺—龙井寺—龙井茶室—翁家山—烟霞洞—杨梅岭—水乐洞—满陇桂雨—石屋洞—苏堤（太子湾公园）—南屏晚钟（净慈寺）—长桥—丝绸博物馆—玉皇飞云—杭州陶瓷品市场（南宋官窑博物馆）
游4线1	(8:00—17:00) 湖滨六公园－断桥－岳坟—玉泉—灵隐—石莲亭—肖庄—三天竺—中天竺—上天竺—梅灵隧道—梅家坞—梅坞农居—云栖竹径—外大桥—宋城
游4线2	宋城（17:00—21:00）—外大桥—云栖竹径—梅坞农居—梅家坞—梅灵隧道—上天竺—中天竺—三天竺—肖庄—石莲亭—岳庙—少年宫—湖滨六公园（17:50—20:10）
游5线	火车东站（6:50—18:00、18:00—21:00至曲院风荷调头）—汽车东站—闸弄口新村—公交总公司—艮山门—中山北路口—武林广场—武林门—松木场—黄龙洞—浙大附中—曲院风荷（18:10—21:30）—杭州花圃（郭庄）—空军疗养院—花港观鱼—动物园（满陇桂雨）—虎跑—六和塔—浙大之江校区—九溪—宋城—午山—未来世界（7:00—19:00、往大清谷的区间车、半小时一班）

出租车

杭州的出租车主要有北京现代、帕萨特和红旗，起步价是10元，4公里以上每公里加收2元，超过8公里以上的部分加收20%回空补贴费，即每公里租费为2.40元。过桥、过路、过渡、过隧道经权限部分批准的费用，由乘客按实支付。因路阻及因乘客要求临时停车，每5分钟按1公里租费计收。按计价器显示金额付款，计费尾数四舍五入，保留到元。如需预约叫车，可打全市统一叫车电话0571－85350000。

游船

游船是到湖心岛和小瀛洲、以及观赏三潭印月的惟一途径，从西湖边的岳庙、湖滨公园、中山公园、花港观鱼处都能上船，船票45元，含岛上门票20元。如果想泛舟西湖的话，湖边有很多出租手划船的地方，但要上岛同样要买门票。以下是码头一览：

地点	船型
一公园	大型游艇
二公园	小型游艇
三公园	高档画舫
五公园	休闲型游船
六公园	自划船
少年宫	小型游艇
断桥	自开船
中山公园	小型游艇
岳庙	小型游艇
花港	小型游艇

电瓶车

西湖很大，如果感觉徒步太费时间、或者体力吃不消的话，可以坐电瓶车游览。尤其是不允许机动车行走、自行车也不让骑的苏堤，是一个理想的选择。电瓶车环湖行驶，全线设四个站点：岳庙、雷锋塔、涌金门、少年宫，每站10元，环湖40元。招手即停，可以随时上下，沿途还有导游讲解。

自行车

环西湖周边有很多自行车出租点，多是那种轻巧型的捷安特，租上一辆环湖一周，或者边骑边游，串连起沿路若干景点也是一件非常舒心惬意的

烟雨迷蒙的西湖

事情。不过有一个遗憾是苏堤不让骑车，只能下车推行而过。租车的价格是15元四小时，押金400元，可以在沿途任一个租车点还车，十分方便。西湖畔钱王祠边的杭州国际青年旅舍还提供另一种的租车服务，押金300元，每小时10元，价格偏贵，也只能骑回原地还车，不如前一种好。

住在杭州

柳杨宾馆

西湖小景

位于西湖十景之一的柳浪闻莺景区北面，隔几步之遥就是西湖堤岸，步行不远便是涌金门，环境清幽宜人。虽然外观并不是很豪华，但是进去以后大堂非常宽敞明亮，有舒服的休息区，此外还有大堂吧、商务中心等附属设施，按准三星级标准设置。

标准间268元，单人间288元，普通间248元（其实就是比标准间小一点的房间）。都设有中央空调、24小时热水，电视电话等设施齐全，干净卫生。

地址：南山路绿杨路2号

电话：0571-87034668

到达

- 杭州火车站乘30、31、12、48、Y2、K4等到涌金门下；
- 汽车东站乘坐502路到武林门广场，然后转乘12/k12到涌金门下；
- 萧山机场乘大巴到武林门，再步行至武林小广场，乘12/k12到涌金门下；

游览

- 往西几步就是西湖湖边，向北可到湖滨路景区。
- 乘坐Y9路公交可达西湖曲院风荷景区。

美食和购物

- 往东步行不远可达吴山广场及河坊街地区。
- 宾馆周边是西湖新天地，有很多餐馆和酒吧。

如家快捷酒店——杭州体育场路店

如家是国内经济型酒店的著名品牌，在北京、上海、苏州、杭州等多个城市开设有数十家连锁店。其中杭州有多家，都按准二星标准设置。如家最大的特点就是外观色泽鲜亮明丽，内部装饰温馨别致，颇让旅客有一种回到家里的感觉。而且建筑、设施、服务遵循统一的原则，环境也十分干净整齐。这家杭州店也不例外，淡绿色的外观，五层的楼房，明显的标志和明亮的大堂，看着都比较舒服。一楼的一侧还设有餐厅，提供早餐和16小时茶点。

有标准间、单人间、套房等119间房间。单人房209元，标准房249元，套房329元。平时不打折，黄金周也不提价，但节假日房间比较紧张，最好提前预订。

地址：体育场路18号

电话：0571-85195688

到达

● 杭州火车站乘坐88/K88、156/K156到公交总公司南下。

● 长途汽车东站乘坐502/K502到公交总公司下。

● 萧山机场乘坐机场大巴到武林门，然后转乘Y5路公交到公交总公司下。

游览

● 乘坐5/K5路公交到六公园下，可到西湖湖滨路景区。

● 乘坐28/K28路公交到可到西湖曲院风荷附近景区。

美食和购物

乘坐8/K8、34/K34路公交可到吴山广场和河坊街地区。

杭州如家快捷酒店其他分店地址及电话一览表：

名称	电话	地址
莫干山路店	0571-28803333	拱墅区莫干山路701号
文一路店	0571-28021818	拱墅区莫干山路双荡弄108号
秋涛路店	0571-28991818	江干区秋涛路杭海路交叉路口(杭州联合银行后面)
武林广场店	0571-85383333	下城区中山北路417号

锦江之星旅馆—杭州西湖大道店

锦江之星是一家比较质优价廉的连锁型旅馆，在杭州市区有两家分店，

荡舟西湖，闲赏日落

另一家是位于国货路11–13号的湖滨店(电话0571–87088888)。旅馆设有餐厅，提供中西简餐和锦江大厨菜肴，早上有15元的自助餐，不包含在房费里。

标准房和单人房很多。承锦江之星的一致风格，环境比较优雅，房间干净、舒适。价格略高，单人房199元，标准房219元（一大一小两床，可住1–3人），而且执行固定价格，节假日不提价。

地址：中山中路196号

电话：0571–28023508

到达

● 杭州火车站乘坐Y2、K7到涌金立交下。

● 汽车东站乘502到武林广场，然后转乘13/K13到涌金立交下。

● 萧山机场乘坐大巴到武林广场，然后转乘13/K13到涌金立交下。

游览

可步行前往西湖湖滨景区，转乘Y1、Y9可到西湖曲院风荷景区。

美食和购物

南河坊街商业区和吴山广场不远，可步行前往。

假日之星酒店

杭州国际假日酒店有限公司属下的经济型酒店，设施比较适中，适合休闲度假。离西湖景区也不远，交通也方便。大堂很简洁明了，灯光很柔和。

标准间174间，面积都比较大，上网免费，长途电话也不加收服务费。大床间218元，标准间198元，家庭间218元。

地址：浙江省杭州市莫干山路759号

电话：0571-88006666、88006696

到达

- 杭州火车站乘坐K555或K188路到董家新村站。
- 汽车东站乘坐502路到轮船码头，然后到武林广场乘坐67/K67到董家新村。
- 萧山机场乘大巴到武林广场，到广场西乘坐67/K67路到董家新村站。

游览

- 乘坐K15/K15路公交车可到西湖曲院风荷景区。
- 乘坐Y8路公交可到西湖湖滨路景区。

美食和购物

乘坐Y8路公交可到吴山广场及河坊街地区。

印月宾馆

在杭州铁路新客站附近，是铁路部门属下的一家宾馆。从望江路下穿铁路到对面然后左拐就是。宾馆外观很新，主楼六层，还有裙楼。内部也经全面装修，大堂非常宽敞明亮，环境设施都比较不错。就是比较靠近铁路，可能会受点影响。

标准间80多间，有卫生间，有电视、电话和分体冷暖空调，提供24小时热水。两人间分130、150、160、180元四种，三人间180～200元。

普通间有20余间，分二到五人间，价格低廉设施也比较简单，没有卫生间和空调，但卫生条件也还不错。3人间90元，5人间150元。

地址：望江路88号

电话：0571-56724588、56724618

到达

● 杭州火车站乘152路、62路到望江门下车，下穿铁路到对面。

● 汽车东站乘坐502到武林广场，然后转乘152路到望江门下车，下穿铁路到对面。

● 萧山机场乘大巴到火车站转152路到望江门下车，下穿铁路到对面。

游览

乘坐290、801/K801路可到西湖湖滨景区，转乘Y1、Y9可到西湖曲院风荷景区；

美食和购物

乘坐801/K801路可到河坊街和吴山广场商业区。

杭州国际青年旅舍

在杭州目前的几家青年旅舍里，位于西湖边上钱王祠侧的杭州国际青年旅舍是最有名的一家，从南山路上西湖春天餐厅旁的路口走进去不远就是。进门是一个三合式庭院，院里有休息的桌椅，一侧走廊里有两台电脑可以上网。右边是服务台和酒吧，正对是两层的房间，二楼客房从左边的旋梯上去。自助旅行者比较多，而且有很多来自各个国家的背包客。

有好一点的夫妻房、双人房和标准房，更好的还有景观大床房。景观大床房每间260元，标准房每间220元，单人房每间160元，节假日一般很难订到房。

多人房设施比较简单，只有双层床铺和存放物品的柜子，卫生间、洗漱间和淋浴房都是公共的。四人房、六人房和八人房每床40元，加床50元。

地址：南山路101号中国美院斜对面

电话：0571-87918948

到达

● 杭州火车站乘Y2到清波门下车往回走500米。

● 汽车东站乘坐502路到武林门广场，然后转乘12/k12到钱王祠路口。

● 萧山机场乘大巴到武林门，再步行至武林小广场，乘12/k12到钱王祠路口。

游览

往西几分钟就是西湖湖边，向北可到湖滨路景区，乘坐Y1、Y9路公交可达西湖曲院风荷景区。

美食和购物

● 往东步行不远可达吴山广场及河坊街地区。

● 路口有家西湖春天餐馆，东西不错但价格也＝较贵。

江南驿青年旅舍

名气仅次于西湖边那家国际青年旅舍，在西湖西南角的满栊桂树景区附近，四周都是群山环绕，环境很不错，到西湖也比较方便。位于斜坡路面一侧，是一座两层的小楼，不大但也精致。楼里有一个露天花园，还有酒吧、餐厅和活动室等。

有几间单独房间，房间布置很简单，单独床位加简单桌子，有电视带卫生间。其中单人房2间，每间150元；双人房9间，每间180元。

多人间床位总数也不多，只有48张。简单的上下层床铺，有各人锁放物品的柜子，卫生间、洗漱间、淋浴间公用。4人房2间，6人房1间，6人房以上1间，都是每床位45元。旺季和节假日价格需提前向店里咨询。

地址：西湖区下满觉陇路四眼井87号

电话：0571—87153419、87153273

到达

● 杭州火车站乘坐公交Y5线至动物园站。

● 汽车东站乘坐502路到武林广场，转乘公交假日1线至动物园站。

● 萧山机场乘大巴到武林门换乘公交J1线至动物园站。

游览

乘坐J1路可到岳庙和曲院风荷景区，再转乘Y1、Y9可到西湖湖滨景区。

美食和购物

乘坐Y7可到吴山广场和河坊街商业区。

中惠旅馆

在市中心中山中路上，一座三层旧式楼房，一层是商店，从右侧楼梯上三楼就是。二楼还有棋牌室等一些娱乐设施，但影响不大。服务台在楼梯口，整层楼两侧是客房。一般都是一位中年妇女看着，态度比较热情。

都带卫生间、空调、电视和电话，设施虽然简单却也干净卫生。单人房和双人间都是220，三人房260，平时单人房和双人房都只需要90元就能住下来，此外还可以开50元每2小时的钟点房。

地址：中山中路150号

电话：0571-87812587

到达

● 杭州火车站乘坐Y2、K7到涌金立交下。

● 汽车东站乘502到武林广场，然后转乘13/K13到涌金立交下。

● 萧山机场乘坐大巴到武林广场，然后转乘13/K13到涌金立交下。

游览

乘坐Y2、K7路可到西湖湖滨景区，转乘Y1、Y9可到西湖曲院风荷景区。

美食和购物

往南步行几分钟即可到河坊街商业区和吴山广场。

周边信息

南边有家桂林米粉店，还不错。

杭州河坊街

享誉杭州的楼外楼餐厅

好人和饭店

人和酒店有限公司的分店，但看起来象是互相独立经营的。旅馆外观是三层仿西式楼房，门面很窄，客房在楼上。房间设施和新人和差不多，但空间较小一些，价格也相对便宜一些。

标准间空间不是很大。平时单人房80元，两人房100元。普通间只有床和电视，单人房50元，双人房60元。黄金周一般接待旅行团，散客价格也要上调很多。

地址：中山中路新人和饭店对面

电话：0571-87078935

到达

同中惠旅馆

饕餮杭州美食

杭州不仅仅是旅游的天堂，杭州的美食也一样诱人。杭州菜是全国八大菜系之一的浙菜的主流，饮食历史悠久，烹饪资源丰富，集各家菜系之大成，融南北技艺于一身。选料讲究，注重刀功火候，讲求原汁原味，成菜色彩鲜明。口味微甜，清淡适口，味美醇香，风味独特。而且很多名菜还颇有悠长的来历，在国内外享有盛誉。宋代大诗人苏东坡曾这样盛赞“天下酒宴之盛，未有如杭城也”。

饭店

杭州的老字号菜馆众多，楼外楼、天外天、山外山早就以“西湖三大名菜馆”之名声传于外了。名菜更是多不胜数，且不断推陈出新，成为游客到杭州来必定慕名而去的地方，哪怕排长队也在所不惜。

楼外楼

就坐落在孤山脚下，面对西湖，占尽了风景绝佳之处，店内装修更是富丽堂皇。楼外楼的历史也非常久远，从清道光二十八年到现在，足有一个半世纪了，接待过的名人也是重量级的。西湖醋鱼是招牌名菜，此外还有龙井虾仁、叫化童鸡、宋嫂鱼羹、东坡肉等风味特色。点心小吃也很有名，其中吴山酥油饼、虎跑素火腿、桂花糯米藕还是中国烹饪协会评定的“中华名小吃”。

地址：孤山路30号

交通：乘Y1、Y2、Y3到岳庙过西泠桥

知味观

这也是一家百年名店了，在国内和国外都有很高的声誉，尤其以“鲜肉小笼”等名点著称，其“猫耳朵”、“幸福双”还被誉为浙江点心精品。在杨公堤和高银巷等地有几家分店，总店在仁和路，扩建后分四个楼层经营，传统名点、地方小吃、海鲜名菜等应有尽有。特色名菜有荷叶三鲜、西湖莼菜汤、清汤鱼圆等多上百种。

地址：仁和路83号

交通：乘坐555、K55、K151 、Y8路可达

奎元馆

“江南面王”的名头可谓是震天响，早在清同治六年就已经开办，为杭州著名的百年老店，也是中国最大的面馆。除了解放路的总店之外，在文晖路348号还开有一家分店，新店与老店的味道与价钱是一样的。虾爆鳝面、片儿川、猪肝面都是招牌的面食，尤其虾爆鳝面堪称“杭城一绝”。奎元馆的面花色多，味道好，价格虽贵了点，但份量比较足，还是值得一尝的。

地址：解放路154号（近中山中路）

交通：乘坐151、K56、K305路均可到达

楼外楼餐厅著名的东坡肉
美味的西湖醋鱼
杭州莼菜汤

美食地带

说到杭州小吃不能不提河坊街和高银巷，这是两条平行且相距不远的街道，都位

于清河坊历史街区之内，周围餐馆林立，不仅是旅游街、购物街，还是两条著名的小吃街。

河坊街

河坊街是建于原杭州旧城内的一条仿古商业步行街，以购物为主，但街道两旁的餐饮店铺也不少，很多游客去那里主要的原因还是美食。街上的那家钱塘人家和西塘的不知道有什么联系，但里面的钱江炒米线、南宋蒸饺、金氏宋燕、鸭杂粉丝等不妨一试，价格也不贵。此外还有江南红楼、药膳馆、西乐园、王润兴等好儿家，也比较有名。

交通：乘坐35、40、85、K187、K206、K404、Y6、Y8到吴山广场

高银巷

高银巷上的餐馆更多，而且它是以饮食为主，每到晚上都会停靠着很多的车。巷里的那家皇饭儿是强烈推荐的。皇饭儿是王润兴菜馆的姐妹店，据说有200多年历史。乾隆鱼头很值得一试，另外东坡肉加葱油拌面才8块钱，却味道奇佳，不容错过。最好不要在吃饭高峰时去，要等很久才有位子。

交通：同河坊街

购物指南

杭州的商业已经相当发达了，而且日益与国际接轨，从大型商场到小商小贩品类齐全，而且形成了不少各具特色的购物区域，如武林门一带的现代商圈、河坊街的仿古步行街以及专业化的杭州中国丝绸城等。虽说在杭州不愁买不到什么，但千里迢迢来到这里还是买了有传统杭州特色的产品回去的好，如茶叶、丝绸等等。

杭州百货大楼

在繁华的商业区武林广场东南侧，以经营中档商品为主。整个大楼分南北两楼，北楼有地下一层，地上四层，设五金厨卫、食品、日化、百货、针织、男装、女装、羊毛衫纺织、文体儿童、鞋帽等十个商场；新开张的南楼共四个营业楼层，与北楼贯通，设黄金钟照、家电、电讯、家居饰品等四

个商场，是一家集购物、风味小吃、游艺为一体的综合性大型商场。

地址：延安路546号

交通：22、67、159、316、326、K201、K202、K203等多路公交可达

河坊街

河坊街是杭州古城风貌最浓厚的地区，曾是杭州古代都城的“皇城根儿”，更是南宋的文化中心和经贸中心。如今这里被改造成了仿古步行街，古气是少了点，但街上依然有胡庆余堂、方回春堂等重要文物，王星记、张小泉等老字号更是一大堆。到这里来当然是买些传统工艺品和古董比较适宜，街上还有现场制作的。有兴趣的话可以去当年那位红顶商人胡雪岩创办的胡庆余堂里看看，现在那除了出售药品以外还开办了一个中药博物馆，此外那座建筑本身也很有价值。

交通：乘坐35、40、85、K187、K206、K404、Y6、Y8到吴山广场

杭州丝绸城

丝绸是杭州最著名的传统工艺品，也是外地游客到杭州购物的首选。杭州中国丝绸城是目前全国最大的丝绸专业批发市场，在凤起路、体育场路、新华路之间。主要经营各种真丝面料、丝绸服装、丝绸工艺品、丝绸原料和各类纺织品等。有四座宫殿式的展销大厅，里面是一条集宣传、展销、购物、旅游、休闲于一体的步行街，店铺多达800余间。

交通：乘11路、28路公交车可直达市场门口

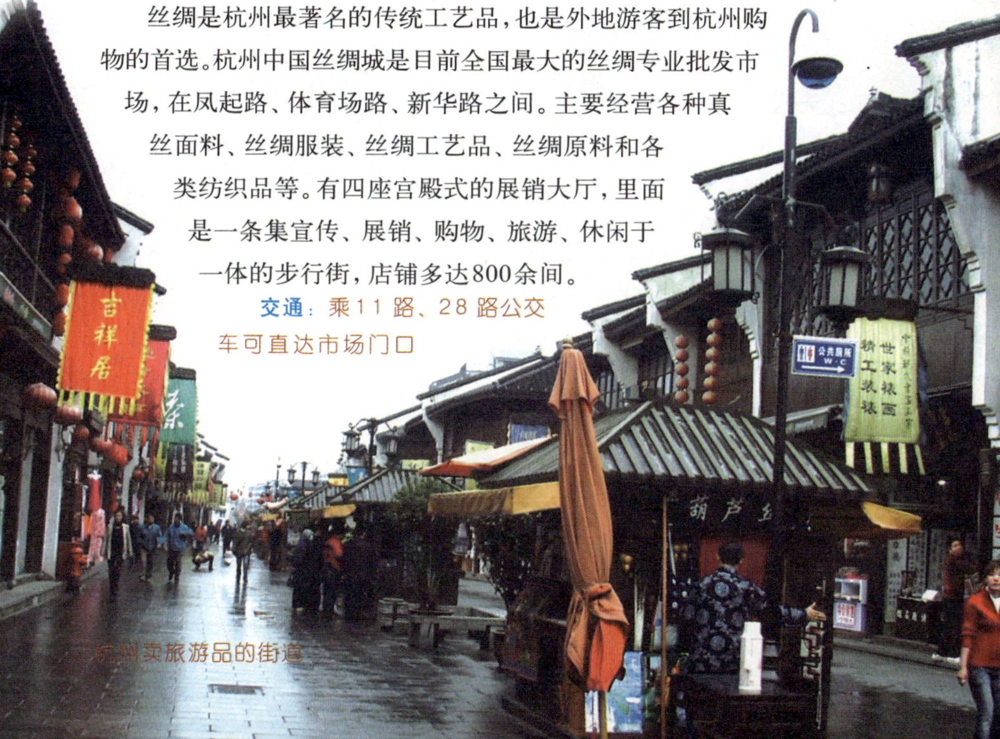

杭州卖旅游品的街道

西湖湖滨——浓妆艳抹总相宜

几乎所有的游客，千里迢迢来到杭州，都是为了一睹梦中的“人间天堂”。而西湖，就是这“人间天堂”的核心所在。西湖并非古来即有，两千多年前这里还只是一处浅海湾，因各种原因湾口堵塞而形成湖泊，这样的湖泊比比皆是。后人为了治理水患而筑堤掏滩，为了改善景观而堆岛建园，于是有了苏堤、白堤、湖心三岛，成了一处城市园林。宋代大文豪苏东坡曾这么写道：“天下西湖三十六，就中最好是杭州。”如果说人工的营造还只是给美人披上了一件漂亮的衣裳，那历朝历代的歌咏吟唱就是赋予了她高雅的灵魂。

西湖断桥

湖边小景

游览西湖可以有各种各样的方式，取决于你期望如何地享受。如果只想尽情陶醉于这湖光山色之中，可以泛舟湖上从黎明划到日暮；如果满足于匆匆地掠过一下西湖的轻纱，可以坐上电瓶车沿路走马观花；如果希望自由自在地领略风光的旖旎，可以租个自行车边骑边看；如果不甘心放过每一个细节，也可以沿着河岸随心漫步；又或者，你还可以有更多新颖独特乃至匪夷所思的想法。

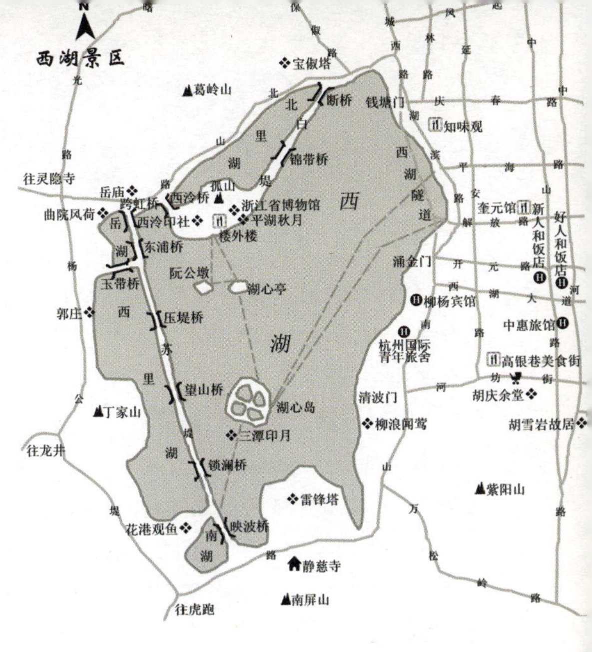

靠近市区的湖滨一带是观赏西湖秀色的佳处，昔日的南宋国都，就依偎在这西子湖畔。如今城已不存，故址上满是现代建筑，只余下清波门、涌金门、钱塘门等一个个古老的名字。漫步湖滨，沿岸杨柳依依，路旁树木葱茏，在湖与城之间筑就了一道绿色的城墙。放眼望去，湖中三岛历历在目，苏堤白堤杨柳依依，南北高峰相对而立，保俶雷峰双塔并峙，湖光山色一览无余。西湖之美，也许只有当你身临其境，才能深切感受得到。

到达

乘坐K7、K55、K105、151/K151、270/K270、K284、290、K555、801/K801、K900、Y1、Y8等多路公交车都可到达。

门票

西湖大景区已经取消了门票，湖滨这里也一样可以随意行走。

开放时间

没有限制，一天24小时都可停留。

游览时间

通常这里只是短暂停留或是休闲散步之处，多少时间可随心所欲。

下一站

● 继续游览：从湖滨公园码头乘船可到湖心岛看三潭印月。

● 美食：湖滨路边的仁和路是知味观的总店所在。

作者手记

● 平时这里就是游客的集中之地，黄金周人流更不是一般的多，最好避免旺季的时候前往。

● 在涌金门旧址的地面上，有用铜制成的一幅杭州旧城的浮雕地图，对历史感兴趣的话别忘了多留心一下。

● 西湖隧道建成以后，湖滨路被改成了步行街，周围商店和餐馆比较集中。

三潭印月——湖中仙岛

古老相传，茫茫大海之上有仙山三座，分别名为蓬莱、方丈、瀛洲。世人谓寻得仙山，可求长生不老之术，帝王之家甚至不惜为此劳师动众，最终仍遍寻不得。不知是否为寄托这一梦境，原本开阔的西湖湖面上也先后堆起了三座小岛，成品字形排列，远望犹如海上仙山一般。而其中最大的一座湖心岛，也就被称之为“小瀛洲”。

乘坐游船到达湖心岛上，却发觉远望浑然一体的岛内原来别有洞天。这座明万历年间用疏浚湖泊的葑泥堆成的小岛，只筑了外围环形堤埂，后又在中间以桥和堤构成十字形的通道，形成一个“田”字形的格局。岛内隔成四个小湖，湖中有岛，岛中又有湖，可谓独具匠心。岛上建筑主要集中在南北轴线之上，从北面的先贤祠起，走过九曲桥和竹径通幽，经岛心的迎翠轩、木香榭、花鸟厅，再过御碑亭到我心相印亭，这里就是观赏西湖十景之一的“三潭印月”的最佳所在。

即使从未到过杭州西湖之人，恐怕也很少有不知道三潭印月的，这几乎就是杭州西湖的象征。三座葫芦形小塔排列成等边三角形状，犹如悬浮于水上一般。据说原意是为防止西湖淤塞而立，规定三塔之内不许种藕，但自北宋建塔之时起，就成了赏月的圣地。每逢月夜在塔内点上蜡烛，烛影月影交织，“烟笼秋水月笼纱”的诗般意境就跃现眼前了。

三潭印月

到达

可在西湖边任何一个码头（分布在湖滨、中山公园、花港、岳王庙等处）乘游船到达，也可租自划船前往。

门票

若乘游船的话已包含小瀛洲、湖心亭两岛门票在内（船票普通船35元／人，豪华船45元／人），自划船上岛要另买20元门票。

开放时间

春夏季7:30-16:30，秋冬季8:00-16:00

游览时间：1－2小时

最佳游览季节

春季最为合适，尤其是湖心岛桃花盛开的时候。

下一站

● 继续游览：只能通过游船，可到湖滨、中山公园、花港、岳王庙等四个码头之一。

● 美食：乘坐游船到湖滨码头可到仁和路的知味观，到中山公园码头则可以到孤山下的楼外楼。

作者手记

● 由于是西湖的热点，三潭印月又几乎是游客必到之处，所以什么季节几乎都是人满为患。

● 除了湖心岛以外，附近还有两个小得多的人工小岛——湖心亭和阮公墩，也可以从湖心岛乘船前往。湖心亭是三岛中最早营建的一座，筑于明嘉靖年间，中心一座重檐歇山顶琉璃瓦的亭子，岛即因亭而名。别看岛小，春天桃花烂漫的时候，景色可也毫不逊色。阮公墩是最小也是最晚的一座，清嘉庆年间才堆成，之后一直荒芜到1982年才绿化建阁。远远一观，也就差不多了。

平湖秋月——一轮明月水中映

广东音乐里有一首很著名的曲子叫《平湖秋月》，是音乐名家吕文成在金秋时节畅游杭州时，感慨于西湖美景而作。那晚风轻拂、水波微漾的意境，正是西湖月夜的神韵所在。早在南宋时“平湖秋月”就已经是西湖十景之一了，只是当时并没有定所，而是人们泛舟赏月，看湖平如镜的景致，吟咏弹唱而已。到了康熙时期重新评定西湖十景，才定在了今天孤山与白堤的交接之处。

这里景区面积并不很大，湖面开阔，堤岸低矮，几乎与湖面平齐。唐代时建有望湖亭，清代在旧址前建御书楼，楼前架平台于水中，台周围以栏杆，以曲桥连接湖岸。东侧一座御碑亭内，至今仍立有康熙御笔“平湖秋月”碑刻。偏西处的湖天一碧楼，原是清末民初犹太富商哈同的私人别墅遗物，解放后整修时将其并入景区之内。楼上有联曰“万顷湖平长似镜，四时月好最宜秋”，正是此景的内涵所在。

到达

乘公交K7、Y1、Y2、Y9可达到断桥或者西泠桥步行前往。

门票：不需要门票。

开放时间：没有限制。

游览时间：游览不须半小时，晚上赏月则因游客雅兴而定。

最佳游览季节：顾名思义，当然是秋天晚上赏月最好。

下一站

- 继续游览：步行可至苏堤或者白堤。
- 美食：路对面就是楼外楼。

作者手记

到平台旁边的松鹤茶楼二楼，一边品茶，一边赏月，也是一大快事。

平湖秋月

白堤——断桥相会的故事

一般都以为，白堤是白居易在杭州为官时修筑的。但此说有不少的异议，认为白堤的历史甚或在更早以前。不管如何，白居易有诗云“最爱湖东行不足，绿杨荫里白沙堤”之句，也足见他对白堤的深情。

白堤上最为引人注目之处，当属断桥无疑了，而这都要归功于许仙和白娘子“断桥相会”的故事。断桥其实并不断，原来也不叫断桥，早在一千多年前的唐代，它就已经存在了，现桥建于民国时期。据说每每冬天雪后，桥中间的雪先融化了而两边还留有残雪，看起来象断了一样，因此后来就更名为断桥，“断桥残雪”也就成了西湖十景之一。除此以外，其实白堤上还有另一座外观相差无几的桥梁——锦带桥，却大都为人所忽略了。

白堤

到达： 乘公交K7、Y1、Y2、Y9可达。

门票： 不需要门票。

开放时间： 没有限制。

游览时间： 白堤很短，不到半小时就能游完。

最佳游览季节：

“断桥残雪”是西湖著名一景，但杭州冬天下雪不多，不容易看到。

下一站

- 继续游览：白堤不通公交车，可步行至孤山。
- 美食：走过白堤到孤山下就是著名的楼外楼。

作者手记

- 通常在白堤徒步即可，但如果连这都不愿意走，也有电瓶车可供乘坐，招手即停，沿路还有导游讲解。
- 租个自行车也是一种选择，白堤上可以骑，但到苏堤就只能下车推行了。

孤山——一山孤峙水中

孤山是西湖中惟一天然形成的小山，山不高大也没什么神仙，但却因文物荟萃而名，其中最重要的当为文澜阁，这是清乾隆皇帝为珍藏《四库全书》而建的七大藏书阁之一。阁体仿宁波天一阁形式，建在一处江南园林式庭院之内，阁前有假山叠石、亭榭流水。原本这是一处皇家禁地，太平天国第二次攻占杭州时阁身倒塌，却有一部分图书侥幸留存下来，流散民间。后光绪年间文澜阁得以重建，图书也重新藏入阁内，成为江南三阁中惟一留存的一座。今天这些珍贵的文物已安家在旁边新建的浙江省博物馆内，文澜阁也作为博物馆的一部分开放。

浙江省博物馆不仅仅有文澜阁的藏书，更是以河姆渡的陶器、良渚的玉器、越国的青铜器和南宋的瓷器见称。仿古园林式的现代大楼内，珍藏的可大都是数千年前的珍贵文物，分为历史文物馆、青瓷馆、书画馆、钱币馆、工艺馆、礼品馆、吕霞光艺术馆、常书鸿美术馆、明清家具馆、精品馆等十个展馆，藏品多达十万余件。留连于其中，仿佛在历史长河中游走，一日而历经数千年。

从博物馆西行，是以金石学著称的西泠印社。金石学在中国已经有数百年的历史，以研究铭文篆刻等为中心，北宋词人李清照的丈夫赵明诚，就是一位著名的金石学家。近代更是汇集叶舟、丁友仁、吴昌硕等一大批名家，西泠印社就是他们成立的一个研究基地，以临近西泠桥而命名。社内柏堂、仰贤亭、四照阁、题襟馆、观乐楼、还朴精庐等建筑，依山而建，错落有致。那座纤细的华严经塔，就是印社的标志。

在孤山的背后，还有一座不为人所熟知的放鹤亭。放鹤亭的主人，是同样不为人熟知的南宋诗人林逋。历代文人多在追求功名利禄，林逋偏偏沉迷于种梅养鹤，一生不仕，长期隐居孤山之中，被人称为“梅妻鹤子”。放鹤亭为后人为纪念他而建，亭内还置有清朝康熙皇帝临明朝书法家董其昌的《舞鹤赋》。

到达：同平湖秋月。

门票：免费开放。

开放时间

孤山不限时间，但里面的景点

有些有限制。如浙江省博物馆为周二至周日9:00-16:30（周一上午闭馆），西泠印社为7:00-17:30。

游览时间

粗看一下大概2小时，若要仔细参观博物馆则至少在半天以上。

下一站

- 继续游览：步行过西泠桥可到曲院风荷。
- 美食：楼外楼就在孤山脚下。

作者手记

- 一般旅游团都不到这里，所以游客并不多。
- 要进文澜阁，则要先进浙江省博物馆大门，然后从左边小门进内。

曲院风荷——接天莲叶无穷碧

荷花有“花中君子”的美誉，周敦颐笔下的“出淤泥而不染，濯清涟而不妖”的描述，使其深受文人推崇。在百花凋零的盛夏，偏是荷梗破水而出之时，“接天莲叶无穷碧，映日荷花别样红”的景致，无疑是炎炎烈日下最为夺目的焦点。

西湖的荷景早在南宋就已是远近闻名，在今洪春桥附近有朝廷开设的酿酒作坊名叫曲苑，因濒临当时的西湖湖岸，

水天一色的曲院风荷

近岸荷花遍植、酒香荷香飘逸而得名“曲苑风荷”。清康熙品题西湖十景时移至正对岳飞庙的里湖（又名岳湖），改名为“曲院风荷”，临湖建碑亭、迎薰阁、望春楼及曲径走廊。岸边碑亭内“曲院风荷”碑至今仍在，是仅存的两块康熙西湖十景原碑之一。不大的湖面之上，夏日里红莲、白莲、重台莲、洒金莲、并蒂莲等众多品种争相绽放，令人目不暇接。

到达

27/K27、81/K81、K7、Y1、Y2、Y3、Y9、J1、J6均可到达。

门票： 免费开放。

开放时间： 不受限制。

游览时间：

平时1小时足矣，荷叶开放的时候应多停留些时间。

最佳游览季节

夏日荷花盛放的时候尤为美丽，荷叶凋零以后剩下一堆枯杆就没什么看头了。

下一站

- 继续游览：对面是岳庙，往南走是苏堤。
- 美食：过西泠桥到孤山下的楼外楼。

作者手记

- 园北侧靠近岳王庙的位置开有风荷酒苑，内设仿古酿酒作坊和民族风情酒楼。
- 岳湖对面的密林景区是一处野炊、垂钓、娱乐、聚会的场所，还准备了帐篷、吊床、木屋等设施出租，以供游人休闲。
- 沿曲桥过对岸还可以到重建的玉带晴虹景观一览，那是一座带亭的小桥，十分别致。

苏堤——六桥烟柳

苏堤是苏东坡在杭州为官时所筑，当是没有什么疑问的了。这条全长近三公里的湖堤，南起南屏山麓，北至栖霞岭下，如长虹一般横贯于西湖的西侧。堤身是利用疏浚西湖挖出的葑泥筑成，原是一项造福百姓的水利工程，只是也许连他自己也从未想到，自建成后就深受人们喜爱，到南宋时“苏堤春晓”已是西湖十景之首。

早春之际，漫步走过种满香樟树的林荫小道，两旁的桃花争奇斗艳，犹如置身花海。除了桃花，苏堤上还栽有玉兰、樱花、芙蓉、木樨等多种花

木，一年四季，姹紫嫣红。跨过静卧的跨虹、东浦、压堤、望山、锁澜、映波六桥，湖山胜迹移步景移，多姿多彩。那位酷爱肆意仿造的乾隆皇帝，当然也没放过如此美景，北京颐和园昆明湖里的西堤，就是以此为蓝本，就连西堤上的六桥，也是依葫芦画瓢一般模仿了过去。只是后者的名气，却只限于皇家了。

到达：到曲院风荷或岳庙然后南行。

门票：免费开放。

开放时间：不受限制。

游览时间：视脚步快慢1～2小时即可。

最佳游览季节：春天桃花绽放的时候是最好的季节。

下一站

- 继续游览：步行到堤南端可到花港观鱼。
- 美食：过西泠桥到孤山下有楼外楼。

作者手记

- 苏堤比白堤要长得多，而且机动车不能入内，自行车也只能推行，如果嫌累只能坐电瓶车。
- 苏堤的南端，建有苏东坡纪念馆。

花港观鱼——花著鱼身鱼嘬花

花港因地近花家山而得名，在苏堤南段以西、西里湖和小南湖之间的一块半岛上。南宋时这里是内侍官允升的私家花园，以蓄养五色鱼为乐，渐渐吸引了不少游人，并成为了西湖十景之一。清康熙时题书立碑于鱼池之畔，乾隆时又作诗题刻于碑阴，诗中有句云："花家山下流花港，花著鱼身鱼嘬花。"

旧时的花港观鱼只有一池、一碑、三亩地，不过这也是全园的主景所在。红鱼池岸曲折自然，池中堆土成岛，池上曲桥凌驾。池里放养着数万条金鳞红鲤，一旦投入鱼食或鼓掌相呼，立即从四面八方聚集一处，上下翻滚红潮涌动，鱼乐人亦乐。池周经大力扩建，西首牡丹园中植有牡丹、芍药数十个品种，东面是绿树婆娑的密林区，南面借入葱茏的南屏山色，北面是开阔碧绿的大草坪，已成为一处多姿多彩的观鱼赏花乐园。

到达：乘K4、504、Y1、Y2、Y3、Y5、J1、J4、J5、J7线可到。

门票：免费开放。

开放时间：不受限制。

游览时间：1小时。

最佳游览季节：

观鱼不分季节，赏花则以春天的牡丹和秋天的菊花最佳。

下一站

- 继续游览：步行即可到雷锋塔和净慈寺。

● 美食：到楼外楼远了些，乘坐Y7可到河坊街和高银巷。

作者手记

不是什么食物都适合拿来喂鱼的，更不要随便把杂物扔进鱼池里。池旁有卖鱼食的地方，可以在曲桥上逐点投进水中，观赏成群金鳞红鲤争食的壮观场面。

雷峰塔——一湖映双塔

在西湖南岸一座叫雷峰的小山上，原来矗立着一座雷峰塔，与北岸的保俶塔遥相呼应，呈现出“一湖映双塔，南北相对峙”的景致。传说它下面压的是白蛇娘子，直到1924年的一天，雷峰塔轰然倒塌了，雷峰也从那时候起被改称为夕照山。鲁迅先生曾撰文叫好，因为白蛇娘子终于摆脱束缚了。然而从文物和建筑的角度而言，这却是一个很大的损失。

事隔七十多年，一直冷清的遗址却又重新吸引了人们的目光，雷峰塔

雷峰塔

的地宫重现天日了。白蛇娘子的踪迹没有发现，却出土了一大批珍贵的文物，令世人惊叹。如今，用现代钢筋玻璃筑就的塔身又重新矗立起来，虽然它已经和原来的古塔大不一样了，但是，西湖十景之一的“雷峰夕照”毕竟又重现了。

千万不要只把雷锋塔当成是一个崭新的人造景点，其实它还是一处重要的历史遗址、一座珍贵文物的陈列馆，同时也是西湖的一个很好的观景平台。新雷峰塔是仿照南宋画家李嵩《西湖图》中所建，每层四壁陈列着各式现代工艺作品，出塔檐之外可尽览西湖胜景和杭州市貌。现代化的塔身之下，就是原雷峰塔的地宫遗址，正中的地宫离得较远看不真切，但四条通道却是清晰可见，虽然只是一堆残砖和泥土，却是历史的真实见证。

到达：乘504、K4、Y1、Y2、Y3、J5、J7线可到。

门票：40元。

开放时间：夏7:30-21:00，冬7:30-17:30（提前半小时停止售票）。

游览时间：2小时。

下一站

● 继续游览：马路对面就是净慈寺。

● 美食：乘坐Y7可到河坊街和高银巷。

作者手记

● 登雷峰塔最好选择在夜晚，因为它晚上也是开放的，而且游客稀少，又能一睹西湖的夜景。

● 入口处的台阶中央有自动扶梯，可以直抵雷峰塔的脚下。塔身两层以上有升降电梯，可以直上顶层观光，当然也可以自己爬楼梯上去。

● 下塔以后沿着右边小路前行，可以到雷峰塔地宫出土文物陈列馆。馆中最为珍贵的，是那座藏有佛螺髻发舍利的“宝箧印经塔”，这种印度风格的佛塔形式国内已经非常罕见了。此外浮雕精美的皮带扣、镂雕银盒、银盘等文物，也非常引人注目。

净慈寺——晚钟重鸣

南屏山是西湖南岸一座小山，山高不过百米却延伸长达千余米。后周时期，吴越国王钱弘俶大兴佛法，在南屏山麓慧日峰下建永明禅院，后改名净慈寺，成为与灵隐寺齐名的西湖两大佛教道场之一。因寺内那口为人所熟知的大钟的缘故，“南屏晚钟”也成为了众所周知的西湖十景之一。

当然，这里还有济公和尚的故事，以及那口“运木古井”。当年寺院规模很大，寺内的五百罗汉堂是国内首创的，北京香山碧云寺内的罗汉堂，就是仿净慈寺的罗汉堂而建的。只是今天这里的罗汉堂已不复存在了，寺院主要的建筑，也只有天王殿、大雄宝殿和三圣殿等几座。山门右边的钟楼，仍然是高大雄伟，楼内的那座大铜钟，甚至超过了明朝时重铸的大钟。每天傍晚，浑厚的钟声在山谷中回响，发人沉思。

到达：乘504、K4、Y1、Y2、Y3、J5、J7线可到。

门票：10元。

开放时间：夏7:00-17:00，冬7:30-16:30。

游览时间：1小时。

下一站

- 继续游览：乘坐Y6、Y7可到柳浪闻莺。
- 美食：乘坐Y7可到河坊街和高银巷。

作者手记

平时这里的香火远不及灵隐寺鼎盛，反倒有几分佛寺的肃穆之感。每年除夕之夜在这里有辞旧迎新鸣钟活动，为众人所瞩目。

柳浪闻莺——青青柳色新

西湖的东南岸，原在南宋时临安城西城墙之外，临近宋室宫城。宋孝宗时为奉养禅位的宋高宗，在此建起了京城最大御花园——聚景园。当时园内有会芳殿和三堂、九亭以及柳浪桥和学士桥，沿湖汇集名柳500多株，其间黄莺啼鸣，故有“柳浪闻莺”之称，为西湖十景之一。宋亡后这里成为清真寺和墓地，直到清代才恢复旧景。

现在的景区也是解放后重新整修的，从北面的涌金门，到南面的清波门，占地达二十一公顷。在长达千米的堤岸和园路主干道两侧，栽种有垂柳、狮柳、醉柳、浣纱柳等各种特色柳树。又在园中部辟闻莺馆，置巨型网笼“百鸟天堂”。烟花三月时柳丝飞舞、莺声清脆，当年“柳浪闻莺”意境又重现于西湖之畔。更有大草坪北侧迁建而来的康熙御题“柳浪闻莺”碑亭，为此景作注。

到达：乘Y1、Y2、J5、J7线可到。

门票：不需要门票。

开放时间：没有围墙，不受限制。

游览时间：通常到此休闲比较合适，大概看看也就1小时左右。

最佳游览季节：春天杨柳拂岸是最佳的时期。

下一站

- 继续游览：步行向北可达西湖湖滨路景区。
- 美食：步行向西可到河坊街和高银巷。

作者手记

- 来这里的主要都是锻炼和娱乐的杭州市民，游客什么时候都不会很多。比较适合傍晚的时候到此，沿着湖边成排的杨柳、散散步，歇歇脚，看看湖景。
- 不定期地会有各种花展、灯会、民俗风情表演等活动在此举行，十分热闹。

西湖烟柳

岳王庙——青山有幸埋忠骨

来到杭州不可不去瞻仰一下西湖之畔的岳庙。这里没有巍峨的建筑，没有精美的雕刻，有的只是一位英雄的忠魂，那是我们民族的精神所在。

岳飞字鹏举，本是相州汤阴（今河南境内）人士。北宋末年金兵大举南侵，京城失陷，国土沦丧。岳飞愤而从军，多次率军大败金兵，屡建奇功。可惜当朝天子宋高宗惧怕危及自身地位，在主和派宰相秦桧等人的陷害之下，用十二道金牌召回岳飞，并以“莫须有”的罪名杀害于风波亭。岳飞死后，狱卒隗顺冒着生命危险私自收葬其遗体。孝宗即位后为岳飞平反，隆重迁葬于栖霞岭下，并建庙祭祀，就是今天全国三大岳飞庙之一的岳王庙所在。

岳庙的修缮代代相传，如今建筑大都是1979年全面重建。进门是忠烈祠，正殿中端坐头戴帅盔、身披战袍的岳飞塑像，上方“还我河山”牌匾是岳飞手迹。从忠烈祠西侧门出外面庭院，过精忠桥便是墓阙，进墓阙就是岳飞墓。墓道两旁对称排列石翁仲和石像生，正中“宋岳鄂王墓”碑后是岳飞墓冢，旁边是其长子岳云之墓，历代受人尊崇。正对岳飞墓的阙墙下两侧的铁栅内，有秦桧、王氏、万俟卨、张俊四大奸臣的铁铸跪像，为千古世人所唾骂，正所谓是“青山有幸埋忠骨，白铁无辜铸佞臣”。

到达：乘7、15、27、28、Y1、Y2、Y3、Y4、Y5、J1、J4、J6均可到达。

门票：25元。

杭州岳王庙大门

开放时间：7:30–17:30

游览时间：1 小时

下一站

● 继续游览：乘K7、Y1、Y2可到灵隐。

● 美食：过西泠桥可到孤山下的楼外楼。

作者手记

岳飞墓的北面还有一组庭院，名启忠祠，原祀岳飞父母，现改为岳飞纪念馆，陈列岳飞的生平和抗金事迹。

飞来峰 灵隐寺——深山藏古寺

飞来峰与灵隐寺，向来与济公和尚的传奇密不可分。飞来峰的来历，民间口耳相传也是源于“济公抢新娘”的故事。然而济公是南宋时人，飞来峰的名字则早在南朝时候就有了。相传1600年前，一位从印度来的僧人慧理来到杭州，看到这里怪石嵯峨，似曾相识，惊问：“此乃中天竺国灵鹫山之

灵隐寺

小岭，不知何以飞来？”，因此称为“飞来峰”。又认为这里是“仙灵所隐”，故而在此建寺弘法，寺即取名“灵隐寺”。数百年后，这里出了个疯癫和尚，救世扶贫，为世人所津津乐道，飞来峰–灵隐寺的大名，也就随之传进了千家万户。

沿平缓的山路前行，左边山体尽是怪石嶙峋，那是由于地质原因形成的钟乳石结构。又因地下水的溶蚀，而形成了大量溶洞。不过由于时代久远大多已湮没，只剩下有限的几个。从青林洞口五代时期的西方三圣，经玉乳洞、龙弘洞、射旭洞穿行，再沿山间小路迂回曲折，山壁上洞穴中，随处可见各种精致的佛教窟龛造像。南朝以寺为名，石窟远不如北朝，晚唐后北方石窟逐渐衰落，却在南方延续了下来。飞来峰上的这些造像，从五代开始开凿，一直到元代为止，历经几个世纪，在中国石窟史上占有一席之地。和北方高大雄伟且深居洞窟的佛像不同，南方造像大都小巧精致，且直接开凿于岩体之上，飞来峰的造像也不例外。尤其那尊凿于宋代的袒胸露腹、笑逐颜开的弥勒佛像，虽已是整个造像群里最大的佛像，却一点不觉庄严凝重，反倒颇感平易近人，佛教的世俗化进程，于此也可见一斑。

走过造像群，就是当年那位道济和尚修行所在的灵隐寺了。早在北宋时期，这里就是全国十大名寺之一，千百年来香火鼎盛。站在寺前苏东坡守杭时常在此画扇判案的冷泉亭上，抬眼仰望，寺的匾额之上，刻的却不是灵隐之名，而是康熙皇帝御赐的“云林禅寺”。天王殿弥勒佛像背后，由香樟木雕成、手执降魔杵的韦驮菩萨，是寺内存留不多的南宋遗物之一。过天王殿，主殿大雄宝殿三层重檐的高大殿体之下，供奉的是1953年重塑的木雕释迦牟尼佛像。在众多巍峨的殿宇中，最为容易忽略的是天王殿前两座刻满经文的石经幢，以及大雄宝殿前两边对立的八角九层仿木结构石塔，两者同样都是建于吴越时期。尤其石塔高虽仅为七米多，但每面都有精美的雕刻，有很高的建筑艺术价值。

到达：乘7、807、Y1、Y2、Y4路到灵隐站下。

门票：飞来峰35元，灵隐寺香火券35元（要先进入飞来峰景区）。

开放时间：8:00–17:00

游览时间：3小时

下一站

- 继续游览：乘坐Y1、Y2到净

慈寺转 Y 7 可到虎跑。

● 美食：乘坐 Y1、Y2、K7 到岳庙过西泠桥可到孤山下的楼外楼。

作者手记

● 飞来峰的造像虽然残缺不全，却是珍贵的历史文物，值得一观。周围那些仿造的各大佛像，则属于粗制滥造的伪劣作品，不看也罢。

● 除灵隐寺外，在飞来峰东麓，沿景区入口门前的那条山路沿溪西南行，还有隋时的下天竺法镜寺、中天竺法净寺和上天竺法喜寺，三寺都是观音菩萨的道场，合称“三天竺”。昔日香火很盛，但现存建筑大都是近年来重建。

虎跑泉——天下第三泉

龙井茶和虎跑水，向来是西湖的两绝。泉名来历还有一个故事：相传唐朝时候高僧性空禅师住在这里，因缺乏水源准备离开，却梦见两头猛虎在山上刨地出泉，于是在泉址旁建起大慈定慧禅寺，民间一般俗称虎跑寺。当然，虎跑泉并不真的是老虎“刨”出来的，而是得益于这里的特殊砂岩地质条件。由于是从难溶解的石英砂岩中渗出来的，矿物质比一般泉水都低得多，水质相当纯净，入口特别沁人心脾，被誉为杭州名泉之首。当年茶圣陆羽品天下泉水，虎跑泉落在镇江金山泠泉、无锡惠山泉之后，得了这个第三泉的名头。后来乾隆皇帝又评，还是第三，不知道是不是一个巧合。

虎跑泉处在西湖西南的群山之中，环境非常优雅。走过一段平坦的青石板路，中间经过一个方池，池水即是从山上流下来的，听潺潺之声是“听泉”。过了照壁右转进叠翠轩，“虎跑泉”石碑前小池是泉眼所在，看泉水涌出之态是为“观泉”。再就是到茶室里用虎跑水泡龙井茶，细细品尝那是“品泉”，当然不是免费的。至于如何“梦泉”，那就自己发挥想像了。泉前还有一个大方池，池中堆叠假山，四周围以栏杆，连接泉眼方向有一个虎头状喷口不断往外注水，只是这虎头也被铁笼套住，大概是怕游人在此“试泉”吧。

到达：乘 K4、504、Y5 路、J5 线到虎跑站下。

门票：15 元

开放时间： 6:00-18:30

游览时间： 1 小时

最佳游览季节： 夏季。

下一站

- 继续游览：到动物园乘坐 Y3 路可到龙井村。
- 美食：到动物园乘坐 Y7 可到河坊街和高银巷。

作者手记

- 除了泉水以外，据说南宋的济公和尚也圆寂于此，虎跑茶室边上的济颠塔院是他葬骨灰之处。
- 近代著名学者和高僧李叔同也曾在虎跑寺出家，沿茶室前沿级而下有为他而建的纪念室。

龙井村——茶乡第一村

中国的十大名茶，杭州龙井名列第一。到了杭州，似乎不喝上几口龙井茶，都好像是一种遗憾，当然能用上虎跑水冲泡就更是完美无缺了。龙井的产地，在西湖西面的凤篁岭上的龙井村，这里远离城市和西湖中心区，山清水秀，林木葱茏。古人认为这里是龙的居所，三国东吴时就开始来此祈雨，开始有“龙井”之名。龙井的兴盛始于北宋元丰年间。上天竺寺高

清明时节杭州的龙井新茶

僧辩才法师退居龙井后，开通山道，香火渐盛。辩才在寺周山林遍植茶树，于是龙井茶也就逐渐流传。到明清时更是声誉鹊起，当然这也与文人的推崇有一定关系。

今天的龙井寺是否当年的龙井寺旧址有待考究，但现在出产正宗西湖龙井名茶的地方就是在西湖乡龙井村内，这里有一口据说搅动时能看到“龙须”的龙井。四面山上植满茶树，还有乾隆所封的十八棵“御树”，以及他亲题的“龙井八景”（也就是凤篁岭、过溪亭、涤心沼、一片云、方圆庵、龙泓涧、神运石、翠峰阁）。当然游客到此的目的主要还是品茶，如果三四月份的时候到这里，更是可以看到家家户户炒茶忙得景象。西湖新十景里有“龙井问茶”一景，其实就是挨家挨户去品茶。

到达：乘 27 路、508 路龙井村站下。

门票：35 元。

开放时间：8:00-17:00

游览时间：1 小时

最佳游览季节：最好是三四月份，可以看看茶叶制作的过程。

下一站

● 继续游览：乘 27 到动物园转乘 K504、K808、K4、Y5、J5 到六和塔。

● 美食：乘坐 Y3 回六公园可到附近的知味观。

作者手记

如果不是对龙井茶有相当的鉴别能力，不建议在农家里购买茶叶，因为品质并不那么货真价实，价格甚至要比在正规商店里贵。

刚刚采摘的西湖明前茶

六和塔——遥望钱塘

塔是从印度传进中国的一种佛教建筑形式，原本大都是高僧的墓冢。钱塘江畔的这座六和塔，却和墓冢没有什么关系，外观上也早已中国化，看不到多少印度的风格。钱塘江潮水汹涌，吴越

胡雪岩故居百狮楼

郭庄

王钱弘俶时为镇潮在此建九层高塔。原塔要比现在高大，塔身上装上塔灯，还有作为航标之用。北宋宣和年间塔毁于战火，到南宋绍兴年间又再重建，高度已不如从前，层数也减为七层。后来外面的木构部分被火烧毁，仅剩砖构塔身，现在的木檐是清光绪时重建，和原来也有所不同。

从外面看六和塔，是八角十三层形式，登塔后发现其实塔身还是七层。从塔内沿阶梯螺旋而上，每到一层都有方形的塔室，室内用仿木斗拱承托天花藻井，塔壁雕刻有各式花纹图案。每层还有乾隆皇帝的题字，依次为：初地坚固、二谛俱融、三明净域、四天宝纲、五云覆盖、六鳌负载、七宝庄严。从塔室到外面檐廊四面都有壶门连通，但只有同级七层可以出外，其余六层都是封闭的。钱塘潮是看不了的，但从这里可以眺望一下钱塘江的壮阔，还有江上那座由茅以升设计建于1937年的我国第一座双层式公路铁路两用桥——钱塘江大桥。当然，现在钱塘江上已经不止这一座大桥了。

到达：乘2、K4、308、504、Y5路、J5线到六和塔站下。

门票：20元，登塔另收10元。

开放时间：6:30-18:30

游览时间：1小时

下一站

- 继续游览：乘坐J1可回到湖滨的六公园。
- 美食：乘坐K808可到河坊街和高银巷。

作者手记

- 塔下人多，登塔的人则要少得多。
- 如果对古建筑感兴趣，塔下旁边还有新建的“中华古塔博览苑”可以参观。虽然微缩模型制作得实在不怎么样，但也可以增长很多知识。

第八章

绍兴——水乡桥乡名人乡

绍兴，江南一带典型的水乡小城，不算典雅大气却很玲珑别致。城外鉴湖湖面如镜、风光如画，城中水道纵横交错、密如蛛网，城内人家枕河而居、与水为邻。乌篷船往来如梭，乌毡帽如影随形，加上随处晾晒的乌干菜，构成了一道道浓郁而独特的水乡风情。在现代化的推动进程中，绍兴老城保存虽已不再完整，河道也被填埋不少，但旧城内的不少历史街区却得到了很好的保护。蕺山街、仓桥直街、鲁迅路等街巷古貌依然，众多的台门和谐淡雅，历史名城风韵不减。

因水而有桥，绍兴又是著名的桥乡，光是城里现存古桥就有一百多座，加上散布乡间的足有近千座之数。这些桥梁品类齐全、形态各异，个中不乏结构奇妙的八字桥、高大挺拔的宝珠桥、精巧细致的题扇桥、绵长曲折的纤道桥这样的精品之作。其本身就是一件件难得的工艺品，在为路人出行带来方便的

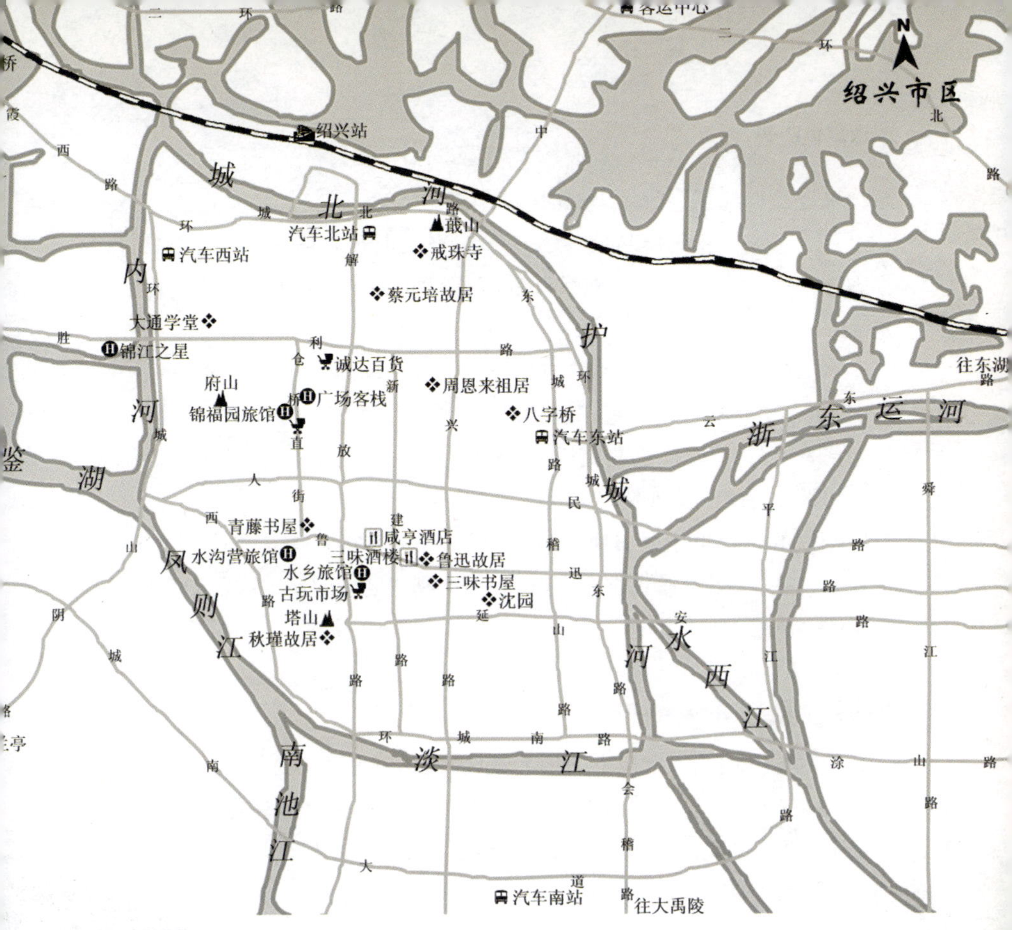

同时，更给人以赏心悦目的感受。

绍兴师爷声名远扬，然而绍兴出的绝不仅限于师爷。远的如治水明君夏禹、书法圣人王羲之、爱国诗人陆游、青藤鼻祖徐渭，近的有鉴湖女侠秋瑾、学界泰斗蔡元培、文坛巨匠鲁迅、一代伟人周恩来，等等等等，真的是英才辈出，文人荟萃，不愧为名副其实的名士之乡。昔日名人出生、居住、学习、工作过的所在，如今很多成了游客缅怀和凭吊之所，名人故居已成为了绍兴的一大亮点。

旅游指南

鲁迅故居、百草园、三味书屋等等，都是绍兴举足轻重的旅游景点。而这些，都集中在鲁迅故居门前的那条笔直小路以及路旁的狭窄小河周边，如今这里已被辟为了步行街，常常人流如织。

连带那座在鲁迅作品里只是一介小酒馆、而且老早就关门大吉了的咸亨酒店，在重建之后也迅速地红火起来，几乎成为了游客争相品尝茴香豆和黄酒的地方。

名人故居是绍兴旅游的重点，而这些故居大都位于城内的历史保护街区内。蕺山老街、仓桥直街，以及大量古老的台门，在现代化的大潮下，仍然保持着古朴的风貌。而与街道并行的小河，以及上面不时划过的乌篷船，又是绍兴独有的一道风景。

绍兴的住宿也十分方便，但档次相对江南其它大城市要低一些，价钱也便宜一些。除了普通宾馆旅店，还有一些利用老台门住宅改建的客栈，是体验绍兴风情的最佳选择。

小城春秋

绍兴是全国第一批历史文化名城之一，其历史之久远甚至要超过作为七大古都之一的杭州。史前的“鱼米之乡”河姆渡文化就在包含绍兴在内的宁绍平原之上，之后的马家浜文化继续在这一带发展，并延至后来的良渚文化时期。相传四千多年前的五帝末期，大禹为治水先后多次来到绍兴，死后就葬在了会稽山之麓。后人在陵旁为其建起了禹庙和禹祠，历代祭祀不断。

绍兴老城民居

夏时少康封庶子无余于会稽，国号“于越”。春秋时越王勾践在这里卧薪尝胆，并以此为基地灭掉了吴国，今天市郊的兰亭附近还有当时的王陵之一的印山越国王陵。同时绍兴也是古越文化的发源地，以此为中心的长江中下游的越文化，与黄河中游的汉文化、长江中游的楚文化鼎立，构成了中国历史上的三大文化。

秦统一六国后，以越地置会稽郡，治吴（今苏州）。西汉时会稽郡受扬州刺史部管辖，东汉分会稽郡置吴郡，钱塘江以南仍为会稽郡，治山阴（今绍兴）。晋以会稽地封骠骑将军孙秀，称会稽国。隋朝废会稽郡设吴州，后改称越州。南宋朝廷曾在此短暂驻跸，后改越州为绍兴府，除元代一度更名绍兴路外，一直延至清朝灭亡。

民国初期废州府，实行省县两级制，原府辖县直属浙江省。后设行政督察区，解放后改绍兴专区、地区，辖区基本与现在无异。1983年撤地设市，市区设越州区，直到现在。

山水地理

绍兴位于浙江省北部，杭州湾以南，西北紧邻省会杭州，东近重要港口城市宁波，南接台州和金华。绍兴是地级市，市政府驻越城区，下辖绍兴县、新昌县、诸暨市、上虞市和嵊州市两县三市。

绍兴地势南高北低，北部为水网平原，称宁绍平原；西部为丘陵山地，约占全市面积的2/3。境内水网密布，河流总长达1900多公里。城东南会稽山是中国古代九大名山之一（其余八座分别为泰山、王屋山、首山、太华山、岐山、太行山、羊肠山、孟门山），又是隋代四镇山中的南镇（其余三镇为东镇青州沂山、西镇雍州吴山、北镇幽州医巫闾山），大禹陵便位于山之西北麓。城西鉴湖为古鉴湖淹废后的残留部分，也是长江以南著名的水利工程，始建于东汉时期，除蓄水和灌溉外，现已成为娱乐休闲的旅游区。城东东湖原为一处青石山，因千百年来采石不断而形成峭壁林立、岩洞广布的山水大盆景，是浙江三大名湖之一。

名人与革命家

鲁迅（1881—1936）　出身没落的士大夫家庭，1898年到南京江南水师学堂求学，1902年赴日本留学，先是到仙台医学专科学校学医，后因意识到拯救国人的灵魂比身体迫切，而改从文学，最终成为中国现代文学的奠基人。绍兴也因其笔下的描写而扬名天下，他在绍兴的故居也顺理成章地成为今天游人争相拜访的圣地。

蔡元培（1868–1940） 清末曾录为进士，后与陶成章等组织革命团体光复会，并任会长，第二年加入同盟会。民国建立后不久，出任南京临时政府教育部长，开始谋划在国内建立新的教育制度。1917年任北京大学校长，提倡科学，倡导民主，使北京大学成为“五四”新文化运动的摇篮。其故居位于萧山街笔飞弄，是一座三进的小院落，为全国重点文物保护单位，现辟为蔡元培纪念馆。

徐锡麟（1873～1907） 山阴（今绍兴）东浦人。清末时积极参与革命活动，1904年加入光复会，与陶成章等人创办大通学堂，宣传民主主义思想，并与秋瑾等人一道，密谋策划推翻清朝的起义。为了便于行事，用钱捐了一个巡警学堂监督之职，分配在安庆并取得了巡抚恩铭的信任。后因被察觉，仓促提前起义，枪杀恩铭，不幸寡不敌众被捕，次日惨遭挖心酷刑捐躯。他的故居在绍兴县东浦镇孙家，当年他创办的大通学堂，在绍兴城内卧龙山北。

秋瑾（1875–1907） 出生于福建闽县，后随家人回到绍兴。1904年留学日本，年底回国，由徐锡麟介绍加入光复会。1905年七月再次赴日，并参加了同盟会。回国后积极宣传民主革命，组织光复军并策划起义。但因受徐锡麟在安庆仓促起义失败的波及，在清兵围攻大通学堂中被捕，就义于绍兴轩亭口。秋瑾故居位于绍兴古城南部塔山南侧和畅堂，是一座五进院落，秋瑾曾长期在此生活和奋斗，已被列为全国重点文物保护单位。

周恩来（1898～1976） 祖籍绍兴，后因祖父出仕江苏，才迁居淮安。周恩来虽生在淮安，但始终以绍兴为故乡。少年时立志“为中华之崛起而读书”，后积极投身革命，终成一代伟人。周恩来在绍兴的祖居位于劳动路东端，现故居已修复一新，并辟为周恩来纪念馆。

绍兴戏剧

越剧 绍兴是越剧之乡，越剧发源于现辖下的嵊州市（原嵊县），前身是民间的落地唱书，清末时搬上舞台，至今已有上百年的历史。其间经历了小歌班、文戏、越剧几个阶段，也从嵊州一直传到绍兴、宁波、杭州和上海等地，继而成为影响全国的地方戏曲。演员多为女性，甚至全部由女演员组成。越剧曲调婉转优美，长于抒情，表演比较真切细腻，有不少优秀的剧目。

社戏　社戏并非绍兴所特有，却因为鲁迅笔下传神的描写而声名远扬。这种民间的表演在当地已有上千年的历史，演出形式主要是绍剧。一般是在固定日子的祭灶仪式之上，在土地庙之类的寺庙前搭个戏台唱戏，名为供奉神灵实际上是娱乐大众。又由于戏台常在河边，观众也常可以坐着乌篷船在水中观看，尤有一种独特的水乡气息。

绍兴黄酒　中国黄酒之冠，全国八大名酒之一。据考古发现的酒具证明，其历史可以追溯到七千多年前的河姆渡时期，史书记载在春秋战国时期就有“箪醪劳师”的故事。绍兴老酒的品牌主要有女儿红、咸亨、古越龙山、会稽山、越宫等，一般都陈放三年以上才上柜销售，酒越陈则越香，价格相对也越贵。花雕酒是其中的高档酒工艺品，适合于收藏和陈列。

霉干菜　也叫乌干菜，俗称的

绍兴戴山老街

绍兴“三乌”之一。多由油冬儿菜和芥菜制成，也有采用高脚白菜的，外表油亮乌黑，香味特殊，而且渗透力强。除了可以用来作佐餐以外，还可以作为各式菜肴的辅料，开胃增食。配上嫩笋干作汤料，还能生津止渴。

茴香豆　相信很多人早已从鲁迅的小说《孔乙己》里知道这种小食的大名。茴香豆是用干蚕豆（当地称罗汉豆）泡浸后沥干，与茴香、桂皮、食盐和食用山萘入锅，加水用文火慢煮再揭锅冷却而成。外表呈青黄色，表皮起皱，内里韧软，清香味甘，通常用作下酒小吃。绍兴几乎所有酒店四季常备，当然包括那家不少游客慕名而去的咸亨酒店。

旅游路线和时间安排

绍兴主要是名人故居，一般两天时间可以从容游一遍。

老城河道

如果你有1天时间

主要是几大名人故居，上午游鲁迅故里，中午到咸亨酒店用餐，下午游沈园、青藤书屋，如果还有时间的话可以到戒珠寺参观，并在历史保护区里转转。

如果你有2天时间

第一天，如以上一天游所述；

第二天，上午到大禹陵，中午返回市区，下午坐公交去兰亭。

如果你有3天时间

前两天如前所述，第三天可以根据自己的喜好，在市内自由活动，或去东湖或者柯岩一带走走，又或者去安昌古镇，这里不作叙述。

预算

绍兴主要是看名人故居，景点大都集中在市区之内，即使是市郊的兰亭和大禹陵离市区也不太远，交通开销不大。住宿也不算贵，当然黄金周涨幅会比较大。以两天为例，预算大致如下：

景点	价格	合计
鲁迅故居	80	210
沈园	30	
戒珠寺	5	
青藤书屋	5	
兰亭	40	
大禹陵	50	

经济档 360元

经济档食宿，住40元的普通房间，饮食以小吃为主，一天25元，市内交通基本乘坐公交，一天大约10元。加上门票，区内预算合计为：(40+25+10)×2+210=360。

舒适档 590元

舒适档食宿，住100元的标准间，饮食以饭店和小吃相结合，一天60元，市内交通公交和出租相结合，一天大约30元。加上门票，区内预算合计为：(100+60+30)×2+210=590。

到达绍兴

航空

绍兴没有机场，但市区距离杭州萧山国际机场只有30公里，可在王朝大酒店门口乘坐机场大巴前往，从6:40点到19:00每小时一班，单程票价30元。在解放南路35号通联民航票务中心可以买到杭州前往全国各地的机票，订送票电话：0575–5138835。

铁路

杭甬铁路经过绍兴，每天有三十余班列车到发，但都是开往或发自宁波的过路车，始发车得到杭州乘坐，在绍兴可预订杭州、上海始发全国各地车票，订送票电话：0575–88017925。

火车站问讯电话：0575–88022584

公路

绍兴公路交通比较顺畅，沪杭甬高速公路经过市北，到杭州、上海、宁波等地每天都有很多班次客车。市区有客运中心和东、南、西、北共五个长途汽车客运站。跨省跨市快速班车一般在客运中心站发车，全程高速，沿路不停站，价格虽然贵点，但时间和舒适度上都有保障。

客运中心站在中兴北环线口，坐8、12、13、17、23路到昌安洞头下车就到，城里打个车也用不了多少钱，问讯电话0575-8018852-8004。

汽车东站问讯电话：0575-88650990

汽车西站问讯电话：0575-85151026

区内交通

公交车

绍兴市公交线路不算多，而且间隔较大，收车也比较早。公交已采用IC卡或投币式无人售票，分一票制和多票制两种，票价一般1元或2元，最好准备零钱投币。另外还开设有两条旅游观光线路，前往市内及市郊各大景点，线路如下：

路线	停靠站点
观光东线	火车站－大通学堂－周恩来祖居－东湖－吼山－沈园－大禹陵－香炉峰
观光西线	火车站－周恩来祖居－鲁迅纪念馆－秋瑾故居－兰亭－东浦－羊山石佛风景区

出租车

绍兴出租车多为桑塔纳，打表计价。起步价5元（3公里），超3公里后每公里2.2元。市区面积不大，一般都不会超过10元，但要到郊外就另说了。

人力车

起步价2元，3公里左右要4元，比出租车稍便宜，包车另砍价。通常在一些不允许汽车通行的历史街区，租个人力车代步游览比较合算。大多数车夫比较诚实，对外地人也不会漫天要价。

乌篷船

乌篷船是绍兴水乡的一大特色，已有上千年的历史，因船篷涂成黑色而得名，船身木质构成，小巧玲珑，靠船夫用脚蹬踩。城内好些地方都能租到，通常可在三味书屋对面码头上船，选择三味书屋－沈园－咸亨酒店－三味书屋这条线路，大概需时半小时。一条船可坐4人，半小时收费40元，摇到最后船夫会叽哩咕噜向你说一堆话，其实就是要点小费，通常给他一两块钱就成。

住宿攻略

锦江之星旅馆——绍兴店

锦江之星是一家比较质优价廉的连锁型旅馆，其绍兴店位于胜利西路的胜利大桥南侧，东边紧邻环城河，风景秀丽，环境幽静。不大的楼房，内部装饰简洁明了，一层服务台提供订票、复印、传真、打印等服务。旁设有餐厅，提供中西简餐和锦江大厨菜肴，早上有15元的自助餐，但是要另外交钱的。

绍兴周恩来祖居

有标准房、单人房共191间。承锦江之星的一致风格，环境比较优雅，房间干净、舒适。价格也不贵，单人房159元，标准房169元（一大一小两床，可住1～3人），而且执行固定价格，节假日不提价。

地址：胜利西路748号

电话：0575-85175888、4008209999

到达

- 绍兴火车站乘环线巴士、7路公交车到胜利大桥站下车。
- 客运中心乘坐3路公交到元培中学下。

游览：乘坐11、24路可到鲁迅故里及沈园街区。

美食：乘坐11、24路可到咸亨酒店。

购物

乘坐3、11、19、22、24、37路到市政府下，可到城市广场和仓桥直街。

锦福园旅馆

从仓桥古街向西转府山横街过桥不远就到，一座三层小楼房上，是一处个体式小旅馆，一层是各种店铺，服务台在一二层之间的楼梯间里，二三层都是客房。周围环境一般，里面卫生条件还行。

标准间平时价格为80，黄金周可能要涨一倍。

普通间只有两张床和一台电视，平时价格为40，黄金周大概也要涨一倍。

地址：府山横街205号

电话：0575-85136866

到达

- 绍兴火车站乘坐7路公交到市政府下，沿仓桥直街转右侧府山横街可至。
- 客运中心乘3路公交到市政府下，沿仓桥直街转右侧府山横街可至。

游览

到城市广场乘坐7、10、24路公交可到鲁迅故里及沈园街区。

美食：同上可到咸亨酒店。

购物：往东过桥就是仓桥直街，再往北可到城市广场。

水乡旅馆

位于绍兴古玩一条街上，在路口牌坊一旁，往东步行不多远便是鲁迅故居。外观是三层仿古式楼房，一层是古玩店铺，二三楼都是客房，从右侧楼梯上楼就能到旅馆。楼梯正对就是服务台所在，右侧走道铺有地毯，走道两头都是房间。

标准间双人房88元，黄金周可能会涨到150～160元。

普通间不带卫生间，但有电视，卫生也还可以。平时双人房50元。

地址：解放路和鲁迅路交叉口

电话：0575-85223679、85875431

到达

- 绍兴火车站乘2、4、7、15、303路到鲁迅路口东面牌坊南边。
- 客运中心乘9、12、32路公交到鲁迅路口东面牌坊南边。

游览：往东步行几分钟可至鲁迅故里及沈园街区。

美食：往东步行不远就是咸亨酒店。

购物

- 西行十分钟左右转北就是仓桥直街南口，可直通至城市广场，也可乘7、11路公交直接到城市广场。
- 门口那条街是绍兴的古玩交易市场。

水沟营旅馆

从仓桥直街南端出来到鲁迅西路就能看见招牌，是一座弧线外形的三四层楼。一楼是些店铺，从一侧小门进去，沿楼梯上二楼是川辣子火锅店，三楼楼梯正对是旅馆的服务台，客房在后边。这也是一处个体式旅馆。

标准间卫生条件还可以。平时价格只需80元，黄金周期间要涨到100元甚至更高。

普通间小一点，不带卫生间，但有电视。平时价格为50元，黄金周可能要稍高一些。

地址：水沟营138号

电话：0575-5226979

到达

● 绍兴火车站乘2、4、7、15、303 路到鲁迅路口西行不远。

● 客运中心乘9、12、32 路公交到鲁迅路口西行不远。

游览：往东步行几分钟可至鲁迅故里及沈园街区。

美食：同上可到咸亨酒店。

购物

北面就是仓桥直街南口，可直通至城市广场，也可乘7、11 路公交直接到城市广场。

广场客栈

位于旧城内较著名的一条古街仓桥直街之上，是一处家庭式旅馆。门面古旧，进门服务台不一定有人看着，有时老板娘就在屋里。从后面小天井上楼梯，二楼有一些客房，但数量并不很多，设施也一般，不过还算干净。

房间都是普通间，空间不大，只有两床一桌一电视，没有卫生间。平时每间要价50，黄金周得涨到80–90。

地址：仓桥直街31 号

电话：0575–85132640

到达

● 绍兴火车站乘坐7 路公交到市政府下，沿仓桥直街步行可至。

● 客运中心乘3 路公交到市政府下，沿仓桥直街步行可至。

游览：到城市广场乘坐7、10、24 路公交可到鲁迅故里及沈园街区。

美食：同上可到咸亨酒店。

购物：门前就是仓桥直街，再往北可到城市广场。

咸亨酒店和三味酒楼

绍兴菜富有江南水乡的风味，通常以淡水鱼虾及家禽、豆类为烹调主料，品种分为腌菜、臭菜、霉菜三大系列。霉系列有霉干菜、霉千张、霉毛豆等；腌菜是把鱼肉鸡鸭及各种内脏，或酱或腌，在户外日晒风吹，直至水分被风干；臭菜最知名的就可谓是臭豆腐了，虽然极不入鼻，但外脆内松十分入口。绍兴黄酒更是醇香甘甜，令人回味无穷。

许多人都是通过鲁迅的作品而了解的绍兴饮食，今天绍兴很多知名的餐饮店也都在鲁迅故居前面的一条路上，游览之余就可以顺便体验一下绍兴菜了。

咸亨酒店

绍兴咸亨酒店的大名早已因《孔乙己》而扬名于外，而酒店的名字确实也已有百年以上的历史了，早在清光绪年间就由鲁迅一位远房本家秀才创办，不过这家小酒店开张才两三年就倒闭了。新的咸亨酒店于1981年重开，并很快就成为当地的名店，虽已摇身一变成为一家现代代的星级酒店，但内部摆设仍按鲁迅小说中的描述布置。绍兴的黄酒自然是少不了的，诸如茴香豆、盐水笋、卤水花生、咸鸭蛋、臭豆腐、霉干菜等等下酒菜肴也一应俱全。不过服务员只管收拾桌子，其他找座、买票、取菜全部自己动手。

地址：鲁迅中路179号

交通：乘2、4、5、7、9、11、12、15、21、32、36、303到鲁迅路口东行

三味酒楼

在鲁迅中路西口，离鲁迅故居十分近，向东走不远对岸就是三味书屋，酒楼的名字就是由此而来。楼为仿古风格，里面装饰也古色古香，一楼是绍兴小吃和特色风味菜，二楼为雅座包间。地方不大，和不远处的咸亨酒店相比就相形见拙了。招牌菜有白鲞扣鸡、干菜焖肉、霉菜梗蒸豆腐、酱香排骨、霉千张蒸肉饼等，同时还有茴香豆、五香花生米、酱鸭、醉鸡、醉鱼干等地道食品。菜价不贵，量也精致，但烧得很有些绍兴乡土特色。

地址：鲁迅中路

交通：乘车方法同咸亨酒店

绍兴购物

绍兴的特产远近闻名，霉干菜和绍兴老酒可以说是街头巷尾随处可见。

绍兴还有很多著名的工艺品，比如乌毡帽、王星记纸扇、绍兴花边，以及腐乳、麻鸭、年糕等土特产，在超市里都可以很容易地买到。比较方便的，是在游览完鲁迅故居以后，直接在门前的那一条步行街上买。

诚达百货

在绍兴古城中心的城市广场地下，是全国性的连锁店，也是目前绍兴最大的零售超市之一。这里既有全国各地的商品，又集中了当地著名的名优特产，是游客购买旅游商品的一个不错的选择，当地人也常在此购物。广场上及周边有很多文化和休闲设施，有时还举行一些文娱活动，购物之余还可以亲身感受一下古城的文化气氛。

地址： 胜利西路

交通： 乘坐3、7、10、11、19、22、24、37路到市政府下

仓桥直街

仓桥直街是绍兴的一处保存完好的历史街区，与河道并行的青石板街道两旁，是黑漆木门的传统民居。高大台门参差错落，酒肆茶楼旗幡招展，店铺商家林林总总，是一条集居住、商业、旅游为一体的历史文化街区，充分反映了古代绍兴的城市风貌。在这里，传统的土特产和工艺品都可以以很便宜的价格买到。当然，也可以到茶楼里喝上几杯，听听优雅的民族音乐。

交通： 到城市广场沿西边的入口可至

古玩市场

在鲁迅路南府院河旁，高大的仿古牌坊就是其入口所在。这里主要是古玩、文物、字画、珠宝、玉石、邮票、钱币、磁卡、古旧图书、文房四宝、工艺美术品等交流的主要场地。绍兴文物公司还在此设有古玩专业门市部，龙堂品艺术有限公司则是供应字画、文房四宝、高档艺术书刊和工艺美术品的专业商店。

交通： 乘2、4、5、7、9、11、12、15、21、32、36、303到鲁迅路口

乌篷船上看绍兴

鲁迅故里——从百草园到三味书屋

鲁迅故居位于绍兴城内都昌坊，门前一条小道与河平齐，两边连片黛瓦白墙的台门建筑，是绍兴再寻常不过的一处街景。

周家是绍兴旺族，原籍湖南道州，始祖周逸斋明正德年间迁居绍兴，清嘉庆年间八世祖周熊占在此兴建了一处上规模的屋宇，称为周家老台门，也就是今天鲁迅路东口的鲁迅祖居。老台门四进院落，至今保存完好，从正门进内，依次是台门斗、德寿堂、香火堂和座楼。因鲁迅的祖父周福清曾为翰林，因此家庭台门的门楣上都悬蓝底金字“翰林”匾额。

后来因家族繁衍老台门容纳不下，又在西边不远处都昌坊建周家新台门，鲁迅就诞生在这里。不料周福清由于卷入一起科场舞弊案下狱，鲁迅父亲周伯宜又疾病缠身，家道中落，生活困难。1918年整个台门卖与邻居朱阆仙，房产易主后，大部分被拆除重建，而鲁迅居住过的主要部分却因朱家实力不济中

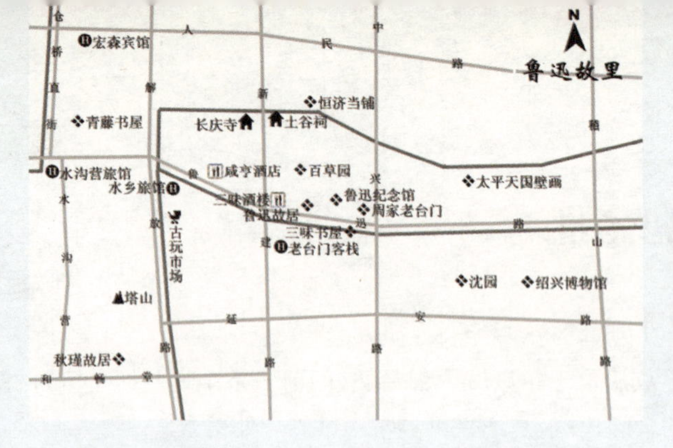

途停工而意外保存下来，经多次修缮基本已恢复了旧貌。从台门斗过侧门经长廊就到鲁迅当年居住过的住房，而鲁迅家人吃饭会客的“小堂前”、鲁迅母亲的卧室等等，都按当年的原状陈列着，家具摆设也多是收集回来的旧物。至于被改造过的部分，以及邻居的朱家台门，也和鲁迅故居连在了一起对外开放。

故居后面是百草园，当年是周家十多房族人共用的一个菜园。园子甚为简单，总体格局没有多少改变，泥砖院墙和古井、皂荚树等仍是当年遗物，园里也如当年一样种些普通蔬菜瓜果等。园北还有一个小花园，是朱家买下新台门之后改建的，但未及完工就破产了，百草园也因此而留存了下来。鲁迅的童年就常在这里嬉戏玩耍，拔何首乌、捉蟋蟀，这个普通的园子也就因为那篇《从百草园到三味书屋》而脍炙人口。

从故居出来，向西走不远到周家老台门前，过一道石板小桥，就是鲁迅当年念私塾的三味书屋。三味书屋原为私塾主人（也即鲁迅的老师）寿镜吾的私宅寿家台门的书房，如今寿家台门反被作为三味书屋的一部分开放。书屋名取自“读经味如稻粱，读史味如肴馔，诸子百家味如醯醢”之意，当年的书斋仍完好保存着，鲁迅的桌子在一旁的角落里，桌面上的“早”字仍依稀可辨。屋后的小园子，或许就是小孩子们当年的乐园。

三味书屋内景

三味书屋门外

如果意犹未尽，还可以顺着故居旁的一条小道，到鲁迅幼时寄名拜师的长庆寺，以及对面阿Q曾经寄身的土谷祠一看。再过小河往右走，那是鲁迅当年为给父亲买药而典当家资的恒济当铺。昔日穿着长衫的孔乙己站着喝酒的咸亨酒店早已关门大

百草园　鲁迅故居

吉，现在鲁迅路上的那家豪华富丽的仿古酒楼虽是上世纪八十年代新建，但里面仍复原了书中的场景，当然少不了乌干菜和茴香豆。

如今故居前的小道已被命名为鲁迅路，鲁迅幼年生活过的这一片地区已被列为历史保护街区妥善保护，包含百草园和三味书屋在内的鲁迅故居已是全国重点文物保护单位，成为游人寻访这位文坛巨匠昔日足印的场所。

到达：乘7、8、10、13、17路车或旅游观光巴士东线可达。

门票：

联票80元，含鲁迅故居、百草园、三味书屋、鲁迅祖居、鲁迅纪念馆、寿家台门和朱家台门。

开放时间：8:00-17:00（16:15停止售票）

游览时间：约3-4小时

下一站

- 继续游览：往东步行可到沈园，或也可坐乌篷船前往。
- 美食：往西步行可到咸亨酒店和三味酒楼。

作者手记

- 鲁迅故里前面是步行街，同时也是餐馆店铺聚集的地方，饮食购物都十分方便。
- 要详细了解鲁迅不能不去趟鲁迅纪念馆。纪念馆就在鲁迅祖居和鲁迅故居之间，三味书屋斜对面，最早成立于1953年，现馆址是一处仿古式建筑，分上下两层。里面以大量的实物、手稿、照片、书信等资料，展出鲁迅先生的生平和事迹。

沈园——梦断香销四十年

沈园是绍兴古城内著名的园林，原是南宋时一位沈姓富商的私家花园，故名“沈园”。初建时规模很大，池台极盛。但在名园荟萃的江南，沈园并不以园林规模或是造园艺术见称，却因为一段凄美的爱情故事而传扬四方，被誉为“中国第一爱情名园”。

南宋时，爱国诗人陆游与表妹唐琬成婚，两人相敬互爱，却为陆母所不喜，被迫分离。后来陆游再娶王氏，唐琬也改嫁名士赵士程。十余年后两人在沈园重遇，感伤不已，诗人满腔悲愤，在园壁上题下一首《钗头凤》词。唐琬见词衷肠寸断，也和词一首。两首《钗头凤》，情真意切，哀婉凄怨，令人动容。不久唐琬郁郁而终，陆游悲痛欲绝。四十年后重游沈园，物是人非，触景伤情，陆游又写下了《沈园二首》：“城上斜阳画角哀，沈园非复旧池台。伤心桥下春波绿，曾是惊鸿照影来。”“梦断香销四十年，沈园柳老不吹绵。此身行作稽山土，犹吊遗踪一泫然。”传为千古绝唱。

历经八百余年的兴衰，沈园早已荒废凋零，仅存一隅。上世纪八十年代，当地政府在考古发掘遗址的基础上，仿宋代园林式样重建了沈园。古迹区内葫芦池、水井、土丘均为宋时遗物，环湖四周之孤鹤轩、半壁亭、宋井亭、冷翠亭、闲云亭、放翁桥等建筑均按宋代法式构建。虽非旧物，也非旧人，但怀古凭吊之意味深长。

到达：乘7、16路车或旅游观光巴士东线可达。

门票：30元

开放时间：8:00-17:00

绍兴沈园石峰

游览时间：约2小时

下一站

● 继续游览：乘坐8、13、30、88路到宋梅桥，然后步行可到戒珠寺街区。

● 美食：往东行过了鲁迅故居到咸亨酒店和三味酒楼。

作者手记

● 古迹区东侧开辟有东苑，被称为情侣园；南面设南苑，由连理园和陆游纪念馆组成。

● 沈园东侧紧邻绍兴市博物馆，藏品十分丰富，是了解古越文化的好地方。

戒珠寺——书圣、和尚与宝珠

在绍兴旧城的蕺山街区，有一座不太起眼的小寺庙。庙很小，只有一进院落，山门、正殿和东厢房尚存，且都是重建于1924年，建筑简朴，也没什么特异之处。一般人很难把它与东晋时期的大书法家、人称“书圣”的王羲之联系到一起。

王羲之出身贵族，原籍山东琅琊(今临沂)，后随家族南迁，定居会稽山阴(今绍兴)。相传王羲之曾失落一颗非常喜爱的明珠，思来想去，怀疑到与他来往甚密的一位老和尚身上。老和尚知道了很委屈，但也没有辩白，最

绍兴戒珠寺

后郁郁而终。后来王羲之发现珠其实是被家中白鹅误服，知道错怪了老和尚，懊悔不已，于是舍宅为寺，亲题“戒珠讲寺”匾额，以示终身不再玩珠。

寺庙历经沧桑，屡毁屡建，当年风貌如何已难考究，但流传下来的传说却着实不少。寺门前的墨池，传为王羲之洗砚之处，水色深暗，似确有其事。戒珠寺前不远，有一座精致的小拱桥名题扇桥，据传因为王羲之为老妇题字卖扇而名。还有王羲之为躲避老妇索字的躲婆弄，以及不堪纠缠愤而扔笔的笔飞弄等等。传说终归是传说，真与假无从查究。但在这片古街古弄里，一边漫步寻古觅迹，一边缅怀一代书圣的生平逸事，也不失为一件乐事。

到达： 乘8、10、13路到路口步行不远。

门票： 5元

开放时间： 8:00—17:00

游览时间： 约一小时，包括邻近古迹。

下一站

● 继续游览：乘坐6、23路到鲁迅小学下，沿路标可到后观巷青藤书屋。

● 美食：乘坐9、21路到鲁迅路口，东行可到咸亨酒店和三味酒楼。

作者手记

● 一般游客很少到此，节假日也如此，周围都是传统住宅区。

● 戒珠寺所在的蕺山街区也是历史保护区，机动车不能进内，不过步行并不需要多少时间。

● 寺东到路口有一条商业街，两旁多是出售传统商品的小店。

青藤书屋——青藤画派发源地

徐渭字文长，明绍兴山阴(今越城区)人。自幼聪颖，精通书法、绘画、诗文、戏曲，自言“吾书第一、诗二、文三、画四”，可谓多才多艺。然而这位旷世奇才，偏偏命运多舛。年轻时屡试不第，感于倭寇横行，愤而投笔从戎，入闽浙总督吴宗宪帐下，颇有建树，深得赏识，本可干一番事业。谁料吴宗宪获罪被杀，不得已惧祸出逃，一度精神失常，后又因杀继妻而下狱，赖好友营救才免于一难。晚年更是穷困潦倒，以卖书画为生，在贫病交加中凄然死去。后人对他的画最为推崇，称其画清新潇洒别具一格，尊他为青藤画派的鼻祖，清朝扬州八怪之一的郑板桥曾喊出“愿为青藤门下一走狗”之言。然而徐渭在世时并不为世人所认同，一生不得志，留给民间口耳传诵的，也就是他的诙谐口才和传奇经历而已。

青藤书屋是徐渭的诞生地和读书处，位于仓桥直街的前观巷大乘弄。书屋建于明朝，规模很小，然而却闹中取静。进门是一个小院，里面种满了竹子，一股清幽之气扑面而来。进左边的月洞门，一个小方池呈现眼前，池中石柱上“中流砥柱”为徐渭亲书，池旁一株青藤据说当年也是徐渭手植，但如今早已不是原物。书屋因青藤而名，主人也据此自号“青藤居士”。池北三间平屋就是书院正房，隔成前后两室。后室辟为纪念馆，展示画家的生平和作品。前室正中悬挂徐渭的画像与陈洪绶手书之“青藤书屋”四字木匾，两边一副对联“几间东倒西歪屋，一个南腔北调人”，正是画家个性的真实写照也。

青藤书屋

到达

乘2、5、32路车或旅游观光巴士东线到鲁迅路口下车，按指示牌步行200米。

门票：5元

开放时间：8:00-17:00

游览时间：约半小时

下一站

● 继续游览：乘坐2路公交可到大禹陵。

● 美食：步行往东可到咸亨酒店和三味酒楼。

作者手记

● 游客一般很少，节假日也如此。

● 青藤书屋地处隐僻，要拐几个弯才能到，不是很好找。但从仓桥直街开始一路都有指示牌，实在找不到可以询问当地居民。

大禹陵——此身已作稽山土

大禹治水的故事，家喻户晓。据史书记载，禹为黄帝轩辕氏之玄孙，姓姒，名文命。父亲鲧受尧命治水，无功而被杀。禹继父职，改堵截为疏导，十三年在外栉风沐雨，三过家门而不入，终于成就了千古功勋。后受舜禅让，建立了我国第一个王朝——夏朝。传说禹治水时，曾数度上会稽（今绍兴），即位后在此大会四方群臣，晚年巡狩至此病亡，葬在了会稽山之麓。后人为纪念这位古代的治水英雄，建起了禹庙和禹祠，和禹陵一道构成了一组庞大的建筑群，并数次修缮兴建，历代祭祀不断，成为了久负盛名的一处胜迹。

从青石牌坊开始，走过一段100余米的神道，正中部就是禹陵。沿古石板铺就的125米甬道顺势而上，尽头是大禹陵碑亭，碑上“大禹陵”三个大字是明代绍兴知府南大吉所书。陵以整座山体为墓冢，据说大禹就葬在山下，周围遍植槐树、松柏、绿竹等植物，森然肃穆。

禹庙居于禹陵左侧，是历代祭祀大禹的场所，也是大禹陵中最值一观的建筑。庙最早建于南朝梁时，以后历代均有修建。棂星门前碑亭中立着明代翻刻的岣嵝碑，又名“禹王碑”，以奇古的文字记述了大禹治水的经历和功绩。过午门是祭厅，是举行祭祀大典的地方。后殿即禹王殿建于民国时期，钢筋混凝土结构，重檐歇山顶，高大雄伟，殿中大禹像是近年重塑。禹王殿旁有一窆石亭，“窆”为下葬之意，

绍兴大禹陵碑亭

大禹陵

原有一石相传为大禹下葬时所用工具，石上刻有许多文字，不过已被文物部门妥善保存起来了。

禹陵右侧是禹祠，相传最早建于夏代少康之时，其后屡毁屡建，现存建筑为近年重建。极富江南民间特色的两进院落，以天井相隔，匾额由著名画家吴作人题写。祠前一方清池，名曰“放生池”。

到达

绍兴火车站坐2、20路公交或者旅游观光巴士东线，20-30分钟可达。

门票：50元

开放时间：7:30-17:00

游览时间：约1小时

下一站

● 继续游览：乘坐2路车到城市广场转乘3路车到兰亭。

● 美食：乘坐2路车到鲁迅路口，步行往东可到咸亨酒店和三味酒楼。

作者手记

每年清明节都会在此举行盛大的祭祀仪式，比较热闹。

兰亭——曲水流觞

相传春秋时越王勾践在今绍兴市区西南郊的兰渚山下植兰，于是有了兰亭一名，而它的知名却是得益于东晋“书圣”王羲之。这片风景优美之地原为王羲之的寄居处，一次三月三“修禊日”，王羲之与当时名士谢安、孙绰、支遁等人齐聚于此，曲水流觞，饮酒作诗。王羲之即兴之下，为之作了一篇324字的《兰亭集序》，被称为“天下第一行书”，兰亭也因此被誉为“第一书法圣地”，成为了历代书法家趋之若鹜之处。

昔日亭台楼阁早已不存，《兰亭集序》真迹据说也被唐太宗带入陵墓，流传于世的只有历代名家的摹本。如今的兰亭是明嘉靖时郡守沈启重建，几经反复，到1980年全面修复如初。兰亭碑亭是全国四大名亭之首，四角攒顶，亭檐飞翘，造型十分优美，亭内石碑上“兰亭”二字为康熙御笔。亭前有曲水流觞，即将酒置于清流之上，漂流到谁的前面谁就要即兴赋诗，否则罚酒三杯。王羲之酷爱养鹅，曲水流觞旁有鹅池和鹅池亭，三角形的鹅池亭

兰亭鹅池

内竖一碑，上刻“鹅池”两字，据传上面的“鹅”为王羲之亲书，而下面的“池”为其子王献之补书，父子合璧为后人传为美谈。附近八角“御碑亭”内御碑正面还有康熙临摹的《兰亭集序》全文，背面则为其孙子乾隆皇帝的亲笔诗文《兰亭即事》，也可谓是祖孙碑了。

后人为纪念一代书圣，在园内北建立了“右军祠”，祠内安置王羲之像，还有一幅王羲之爱鹅构想图。祠内天井是个池塘，名“墨华池”，中建墨华亭，池周有回廊环绕。这样的布局在中国的古建筑里也算特别。

到达

绍兴火车站乘3 路车或旅游观光巴士西线可达，行程约1 小时。

门票：90 元

开放时间：7：30—17：00

游览时间：约2 小时

下一站

- 继续游览：乘3 路车或旅游观光巴士西线，可返回市区。
- 美食：乘旅游观光巴士西线，可回到鲁迅纪念馆，然后步行至咸亨酒店。

作者手记

- 每年三月有书法节，仿效古人曲水流觞雅事，是游客较多的时候。
- 园之西面，过小河，在一片茂林修竹之间，有新辟的“兰亭书法博物馆”，收藏和展出古今书法名作。

八字桥——最古老的水上立交

绍兴是桥乡，大大小小的桥梁如点点繁星般散落在城里乡间，而八字桥就是其中最为耀眼的一颗。桥位于绍兴古城内八字桥直街东端三河交汇处，始建于南宋，而后虽经多次维修仍保存古时式样。桥身全为石砌，梁式主桥东西横跨于稽山河之上，七根微拱石梁组成桥面，两侧立覆莲望柱和栏干，桥身斑驳，古貌浓郁。主桥两岸，东端分南、北落坡与沿河小路相连，西端西落坡直通八字桥直街，而南落坡则跨过支河后搭上另一条石板小路。从桥南往北望，形如八字，桥名即因此而来。八字桥很巧妙地解决了三河和三路的通行问题，是我国早期简支梁桥中的孤例，具备现代立交桥的雏形，有很高的建筑和艺术价值，被列为全国重点文物保护单位。

在交通现代化的今天，八字桥仍担负着行人往来的功用，桥下的河道里乌篷船畅行无阻。站在桥上四望，四周街区原始朴素，居民们仍在延续着传统的生活，实乃感受古城风韵的一大好去处。

到达：乘10、13路车到市妇保院，然后沿八字桥直街直行。

门票：无。

开放时间：不受限制。

游览时间：

看一下八字桥不需要几分钟，到周边街区走走一两小时也可。

下一站

- 继续游览：乘坐8、10、13、20、30、88可到鲁迅故里。
- 美食：乘坐21路到鲁迅路口，可到咸亨酒店。

作者手记

- 一般游客不到这里来，周围都是当地的普通居民。
- 八字桥周围是传统保护街区，机动车禁止通行，要从主干道路口步行而至。
- 有时间还可以去看看北面的广宁桥和南面的东双桥，或者游览一下传统街巷和台门民居。

第九章

上海——江海之交的都会

上海作为一座城的历史，虽然只有七百余年，但这并不妨碍它成为国家级历史文化名城。直到元明清时期，上海还只是一个小县城，隶属于松江府管辖，地位远不能和苏州、杭州、扬州这些江南名城相提并论，但因棉纺织业的发达，也曾兴旺一时，留存下来的古迹并不少。市中心有明清古园林豫园、道教宫观城隍庙、佛教禅院沉香阁，近郊有上海第一古刹龙华寺及建于宋代的龙华塔，远郊有典型的水乡古镇朱家角，这些也是江南文化的重要组成部分。

上海成为影响全国的重要城市是从清末开始的，鸦片战争后的被迫开埠把上海推向了中外抗争与交融的前沿。近现代许多重要事件，如小刀会起义、五卅运动、上海工人三次武装起义、淞沪抗战等，都在这里发生并影响全国。外滩建筑群见证了上海近百年来的风风雨雨，至今仍在黄浦江畔矗立。石库门住宅浓缩了市民的日常生活，中国共产党就诞生于卢湾区的一处石库门中。无数仁人志士曾在这座城市里活动，留下了大量弥足珍贵的遗迹。

上海市区
299
N
1 江苏沪办招待所
2 宝钢招待所
3 解放日报招待所
4 云南城招待所
5 迎泽旅馆
6 汇江假日宾馆
7 上海都市旅馆
8 福州路文化街
9 南京路步行街
10 云南南路美食街
上海西站
桃浦站
新宇之星
如家快捷
沪太站
中山站
上海站
虬江站
恒丰站
沪航招待所
莫泰168
吴淞江
苏州河
黄浦江
外滩
东方明珠
市一百
延安东路隧道
易途青年旅舍
人民广场
老船长青年旅舍
金茂大厦
豫园
城隍庙小吃街
新天地
一大会址
杨浦大桥
南浦大桥
卢浦大桥
打浦路隧道
旅游集散中心
锦江之星
虹桥站
往虹桥机场
往浦东机场
嘉源宾馆
龙华寺

近代外国资本的涌入和民族工商业的发展奠定了上海初步的经济基础，解放后半个世纪的建设又使其成为了全国最大的综合工业基地。尤其在上世纪九十年代以浦东开发为序幕，包括南浦大桥、东方明珠、金茂大厦等大批现代建筑的落成为标志，上海已成为全国经济的龙头、金融商贸的中心、对外开放的窗口。随着2010年世博会的申办成功，上海又展开了新一轮的前进步伐，日益成为现代繁华的国际性大都会。

旅游指南

站在黄浦江边上，你就能感受到东岸的外滩和对岸的浦东的巨大反差。一条越江隧道沟通两者，方便游客快速穿梭。白天看不够，晚上还开行游船，可以一览浦江的夜色。

城隍庙已经远不止是一个旅游热点，除了豫园和城隍庙值得一游，周边的老字号、小吃店，大商厦、小摊档比比皆是，人声鼎沸。最有名的要数豫园外面的绿波廊，那里是以上海菜和上海点心为主的酒楼。

想要现代的享受，可选的去处更多。新天地就是时尚的中心之一，建立在古老的石库门之内，集餐饮、购物、休闲于一体。南京路和淮海路则是购物的天堂，前者以大型百货为主，后者以名店和专卖店为主。这两条街虽然都历史久远，但设施和商品绝对跟得上时代。

住宿更加不用愁，光锦江之星和如家快捷这些连锁酒店，就各自开有一二十家分店，青年旅馆也为数不少。其它从超五星级酒店到普通旅馆，简直数不胜数，市区内几乎可以走到哪住哪。当然价格差距也很大，而且相比其它城市通常要高一些。想要住得好一点，一般都得一百以上了。

如果去过江浙的六大古镇，可能不会把目光放在上海市郊的朱家角上。不过如果时间允许，花个一天时间到那游玩也不会让你失望，当年的APEC部长们也是到那里喝的茶。从上海体育场下的旅游集散中心坐上专线车，一个小时左右就能到达，十分方便。

申城历史

上海的西部大约在六千年前成陆，史前属于马家浜文化、崧泽文化、良渚文化的一部分。随着海岸线的推移，东部约在两千多年前成陆。古时上海为海边的小渔村，居民多以捕鱼为生，渔民创制一种用以捕鱼捉蟹的工具“扈”，后演变为“沪”，也就是今天上海的简称。春秋战国时期，上海先是吴越之地，后又归楚，相传曾是春申君黄歇的封邑，上海的别称“申”即由此而来。

汉时上海已有铸钱、冶铁、煮盐业等手工业的产生，隋代方开始设镇，称华亭，唐代升为华亭县，位置在今天的松江区。南宋在松江的一条支流上海浦的西岸设置市镇，名为上海镇，元朝时从华亭县划出设立上海县，此为上海建城之始。明朝中叶，上海成为全国棉纺织手工业的中心。清初政府在上海设立海关，至中叶逐渐形成全国贸易大港和漕粮运输中心，被称为“江海之要津，东南之都会”。

鸦片战争以后，上海被列强强制开辟为通商口岸，设立租界，作为其侵华的据点。租界的面积数倍于旧上海县城，成为中国土地上的“国中之国”。开埠后的上海，成为殖民者倾销商品和搜刮原料的口岸，吸引着大批外国人到此投机，上海成为了“冒险家的乐园”。同时由于洋务运动的兴起，清政府也陆续创办了一部分近代企业，民族工商业也不断兴起壮大。伴随着经济发展，上海成为中国近代工业的重要基地，一度成为远东贸易、金融和航运中心。不料抗战开始，上海被日军占领，经济一落千丈，人民生活困苦，给上海带来了深重灾难。直到抗战胜利和上海解放后，上海才走出困境，进入了新的发展时期。

地理风光

上海是我国最大的城市，中央直辖市之一，简称沪，别称申。上海地处我国海岸线中部，长江三角洲前缘，北界长江口、南临杭州湾、东濒东海、西接江苏和浙江两省。全市共辖18个区1个县，其中中心城区10个：黄浦、卢湾、徐汇、长宁、静安、普陀、闸北、虹口、杨浦和浦东新区；郊区8个：宝山、嘉定、闵行、松江、青浦、金山、奉贤、南汇；郊县一个：崇明。

境内基本为冲积平原，地质松软，坦荡低平，只有西部有零星丘陵和低山。黄浦江穿市区而过，苏州河流贯浦西，淀山湖为市域内最大湖泊，郊区河港密布，一派江南水乡风貌。市北长江口内的崇明岛是全国第三大岛，其他还有长兴岛、横沙岛等。上海腹地广阔，交通便利，地理位置优越，是国内最大的港口和世界第三大港。

上海名人

徐光启(1562~1633) 明神宗万历年间中进士，明思宗崇祯时任礼部尚书，兼东阁大学士，后兼文渊阁大学士。徐光启是中国历史上著名的科学家，科学研究范围广泛，跟从耶稣会传教士利玛窦等学习西方数学、水利、地理、火器等专业知识，以农学和天文学最为突出，有《农政全书》、《崇祯历书》和《几何原本》等译著，是最早把欧洲数学引入中国的人。同时他也是中国较早的基督教信徒，教名徐保罗，其墓位于今徐家汇区，是全国重点文物保护单位，徐家汇就是因为其子孙聚居之地而得名。

黄道婆 又名黄婆，生卒年不详，松江府乌泥泾人（今属上海）。很小的时候被送给人家当童养媳，因不堪虐待只身逃往海南岛的崖州（今海南省海口市）。在那里她学到不少纺织技术，回乡后积极进行改革，制成一套扦、弹、纺、织工具（如搅车、椎弓、三锭脚踏纺车等），对当地的棉纺织业效率的提高起到了很大的贡献。元惠宗至元三年人们为她建立祠堂，1957年又在上海在曹行乡（今龙华乡东渡村）为她建墓园并立纪念碑。

宋庆龄(1893–1981) 原籍海南文昌，生于上海，早年追随孙中山先生致力民主革命事业，1915年两人结婚。她在上海的故居位于淮海中路，是一座假三层的花园别墅。她在此居住和从事国务活动长达30年之久。逝世以后，安葬在上海万国公墓她的家族墓地内。这两处地方如今都被列入国家重点文物保护单位，并对外开放瞻仰。

张闻天(1900–1976)　中国共产党早期的领导人之一，1933年到达中央革命根据地任中央书记处书记。在遵义会议上，和王稼祥等人坚决支持毛泽东的军事主张，为长征的胜利进行做出了重要的贡献。之后在延安从事宣传工作，解放后又转向外交战线，成绩显著。他是上海人，出生于南汇施湾镇(现属浦东新区机场镇)，他的故居是一座具有江南农村特色的两层砖木民宅，现已列为全国重点文物保护单位。

海派绘画与嘉定竹刻

海派绘画　“海纳百川，兼容并蓄”的海派文化，体现在建筑、音乐、戏剧、书画等诸多方面，但其最早是由海派绘画艺术开始的。海派绘画上承明清传统、下开新世纪的格局，是中国近现代绘画史的转折点。虽然只有一百多年的历史，但艺术成就令人瞩目，很多画家都或多或少地受其影响。在人民广场后南京西路上，有一座利用上海原跑马总会旧址开办的上海美术馆，里面就是以展出海派大师的绘画作品为主，并不时会开办一些临时书画展览。

嘉定竹刻　竹刻艺术流传于江南一带，而嘉定(现在是上海的一个郊区)则是我国的竹刻之乡，已有400多年的悠久历史，明代嘉靖年间已经十分盛行。嘉定竹刻以留青阳刻为主，即利用竹皮、竹肌的色泽不同，雕镂出浓淡相间、绚烂多彩的艺术品。有作为观赏的竹根雕、挂屏，以及作为实用品的的笔筒、骨扇等。

特产

枫泾丁蹄　产于市郊金山区，有一百多年历史，采用黑皮纯种“枫泾猪”的蹄子精制而成。骨细皮薄，肥瘦适中，煮熟后色泽红亮，肉嫩质细。热吃酥而不烂，汤质浓而不腻；冷吃喷香可口，另有一番风味。

梨膏糖　始于唐朝名相魏征，距今已有一千三百余年历史。制法是将草药同梨汁一起煎熬，现在有采用杏仁、山楂、川贝、桔梗、桔红等十余种中草药材加工制成的止咳梨膏糖，还有姜汁、薄荷、胡桃、虾米、肉松、松子等各种花式梨膏糖。

松江鲈鱼　产于上海松江区西门外秀野桥下，与黄河鲤鱼、松花江鲑鱼、兴凯湖　鱼齐名，是中国四大名鱼之一，自魏晋以来就闻名全国。其体型呈纺锤型，长约十二厘米，肉嫩而肥，鲜而无腥，没有细毛刺，滋味鲜美绝伦。

旅游路线和时间安排

上海主要是看近现代的风貌，另外老县城中心的城隍庙、豫园一带是集旅游、餐饮、购物一体的区域，市郊的朱家角镇水乡风情也很浓郁。一般有两天时间就可以，但有三天更好，可考虑如下安排：

如果你有 1 天时间

粗略参观一下市区主要景点，或可作朱家角镇一日游：

方案一，上午到豫园、城隍庙一带参观，中午在这里找一家餐馆用餐（如绿波廊）。下午到浦东新区，游览东方明珠和金茂大厦，傍晚到对岸外滩一带散步，然后到南京路购物。

方案二，到上海体育场旅游集散中心乘旅游专线车到朱家角镇，在镇内游览一天，午饭在镇内解决，下午游览完毕后乘旅游专线车返回上海体育场。

如果你有 2 天时间

可以组合一天游的两个方案，或者如下面所列只游市内景点：

第一天，上午到人民广场，参观上海博物馆、上海大剧院和城市规划馆。中午到城隍庙小吃街用餐，下午游览豫园和城隍庙，傍晚到南京路一带购物，晚上宿上海市区。

第二天，上午游外滩近代建筑群，参观外滩历史陈列馆。下午到对岸浦东新区，登东方明珠和金茂大厦，俯瞰上海全景。傍晚可到一大会址旁边的新天地用餐。

如果你有 3 天时间

市区和古镇基本可以兼顾，安排参见上面的2天游和1天游的方案二。

预算

上海是现代的繁华大城市，市区内的食宿相对比较贵，景区的门票也不低，尤其一些现代的观光点，如东方明珠、金茂大厦等更是如此。交通则比较便利，主要景点都有地铁或公交到达，开销不大。下面以三天为例，可以考虑如下几种安排：

景点	价格	合计
上海博物馆	免费	348
上海大剧院	40	
上海城市规划展示馆	30	
豫园	30	
城隍庙	10	
外滩陈列馆	10	
东方明珠	50	
金茂大厦	50	
中共一大会址	免费	
龙华寺	10	
朱家角镇	60	

往返交通费统计如下：

区间	价格	合计
上海－朱家角（往返）	18	18

经济档 608元

经济档食宿，住60元的普通房间，饮食以小吃为主，一天30元，市内交通基本乘坐公交，一天大约10元。加上门票和往返交通费，区内预算合计为：(60+30+10) × 3+290+18=608。

舒适档 1058元

舒适档食宿，住150元的标准间，饮食以饭店和小吃相结合，一天60元，市内交通公交和出租相结合，一天大约40元。加上门票和往返交通，区内预算合计为：(150+60+40) × 3+290+18=1058。

到达上海

航空

上海是我国三大航空港之一，有虹桥和浦东两个国际机场，是国内惟一拥有两个国际机场的城市。除国际航班主要在浦东机场以外，两者并没有明确的区别，但买票时要注意航班的起降机场。

虹桥机场位于市区西部，可乘坐806（卢浦大桥）、807（真光新村）、

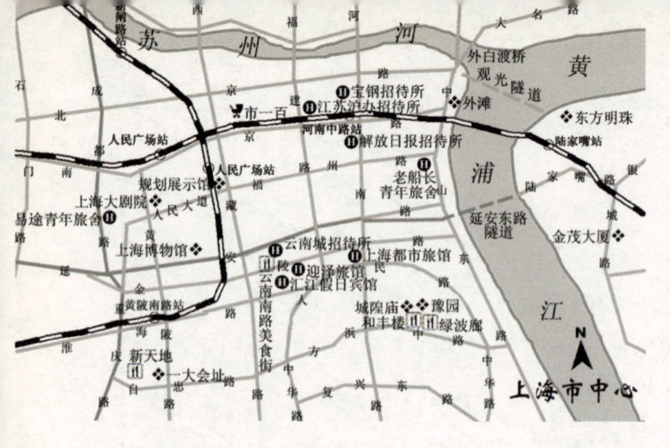

938（杨家渡）、941（上海火车站）、925（人民广场）、机场专线（陕西北路）到达。

浦东机场位于市东郊外，离市区较远，可乘坐机场二线（机场城市航站楼）、机场三线（银河宾馆）、机场四线（虹口足球场）、机场五线（上海火车站）、机场六线（桃浦路）、机场七线（东方路）、机场环线（行城园），也可到二号地铁龙阳路站转乘磁悬浮列车。虹桥机场和浦东机场之间有机场一线往返穿梭。

虹桥机场航班问讯：62683659

浦东机场航班问讯：38484500

航运客运问讯：63261261

铁路

上海现有三个铁路客运车站，每天有上百趟列车发往全国各地。其中上海站承担了大部分的旅客运输，有部分由北向南方向的过路列车停靠上海西站（原真如车站），上海南站（原新龙华车站）目前正在扩建，沪杭间的短途列车改在梅陇站发送。

铁路问讯：63179090

上海西站问讯：52829500

公路

上海现有长途客运站四十多个，遍布市区和各郊区，客运班线1680多条，发往全国17省市。年旅客发送量超过2000万人次，在对外交通各种方式中承运量位居第二。长途客运站只预售明后两天车票。

水运

上海是中国第一大港和世界十大港口之一，是我国惟一兼有海运和内

上海主要长途汽车站一览表

站名	地址	电话	交通
上海交运高速客运站有限公司	恒丰路258号	63173912	41、64、104、109、114、128、234、573、722、723、741、767B、768、801、835、837路、地铁一号线
巴士长途快捷客运站	沪太路605号	56538590	40、47、58、69、128、129、140、213、216、224、510、524、525、710、741、839、844、845、849、866路、原野线、北罹线、北罗线、上浏线
上海公交长途客运有限公司上海站	中山北路1015号	56520268 56538064	40、47、58、69、128、129、140、213、216、224、510、524、525、710、741、839、844、845、849、866路、原野线、北罹线、北罗线、上浏线
上海交通大众客运有限责任公司	桃浦公路168号	62545300 62160536	01、62、106、129、136、215、319、516、551、562、708、724、727、742、750、754、807、766、768、856、866路、机场六线、西佘专线、静嘉专线
上海交通大宇运业有限公司徐家汇站	虹桥路211号	64697356 64697325	02、15、42、43、44、50、56、72、76、93、122、126、205、401、931、548、572、593、712、732、754、770、806、814、820、824、830、840、847、855、864、872、920、926、927、946路、机场三线、大桥六线、徐闵线、徐川线、徐华线、游7、游10线、地铁一号线徐家汇站
上海公交长途客运有限公司虬江分公司	虬江路865号 56538064 56538590 56524623		18、21、231、305、318、848、939

河航运的客运港口。由于近年航空和陆上交通的快速和便利，除发往普陀山、泗礁嵊泗等地，以及每四天有一班客轮开往大连以外，其余沿江沿海航线均已停航。客运航班大部分集中在新建成的吴淞客运中心码头，市区到吴淞客运中心公交车大约在1.5小时左右，乘51、116、522、952、968、旅游5号线、宝扬码头专线、虹桥机场—吴淞客运中心、浦东国际机场—吴淞客运中心、淞嘉线、淞安线等公交车可达。

区内交通

地铁

上海是中国大陆第三个建成地铁的城市，目前运营线路总长达234公里 ，居全国首位。已开通八条线路：一号线（富锦路—莘庄）、二号线（淞虹路–张江高科）、三号线（江杨北路–上海南站）、四号线（上海火车站–上海火车站环

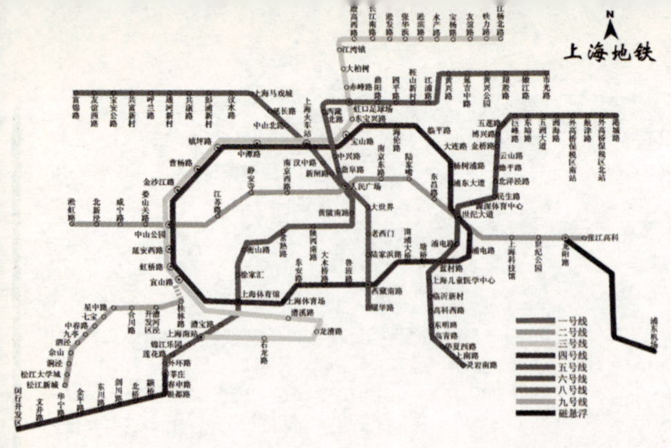

线)、五号线(莘庄—闵行开发区)、六号线(港城路—灵岩南路)、八号线(市光路－耀华路)、九号线(桂林路—松江新城),并有磁悬浮列车从龙阳路直达浦东国际机场。

上海地铁全部使用电子车票,票种有单程票(由自动售票机或售票窗口出售)、旅游纪念票(由运营企业发行的纪念车票)、公共交通卡(可以反复充值使用的储值 IC卡)三种。地铁票价采用分段计程, 0−6公里2元、6−16公里3元、16−22公里4元、22−28公里5元,28−34公里6元。磁悬浮单程票普通席/贵宾席票价分别为50/100元,往返票普通席/贵宾席票价分别为80/160元,凭当日机票限购一张单程普通席/贵宾席票,价格分别为40/80元。

公交

上海公交分为数字线路、文字线路和特殊线路(机场线、旅游线)三种,目前共有上千条公交线路,密如蛛网,以价格低廉、服务时间长、线路分布广等优点,成为出行的主要交通工具。

上海体育场开有10条旅游专线,分别发往周边的著名景点,线路如下:

公交问讯:16088160

线路名称	途径站点
旅游一线	A线:上海体育场—漕河泾—桂林公园—七宝—九亭—泗泾—颛桥—洞泾—松江镇 B线:上海体育场—漕河泾—桂林公园—七宝—九亭—泗泾—颛桥—漂流世界—森林公园—佘山索道
旅游二线	上海体育场—打浦路—十六铺—北蔡—周浦—下沙—茜琦—航头—新场—野生动物园—薛家宅—惠南镇
旅游三线	上海体育场—人民广场—陆家嘴中心绿地—东方明珠—滨江大道—金贸大厦—证券大厦—五牛城—名人苑—金　桥—张江—孙桥—华夏文化公园—华夏旅游城
旅游四线	上海体育场—上海动物园—上海马术场—青浦曲水园—朱家角—水上运动场—保园寺—福克俱乐部—大观园
旅游五线	上海体育场—人民广场—纪念路—吴凇—厦园宾馆—宝杨码头
旅游六线	A线:上海体育场—长风公园—真如镇—古猗园—汇龙潭—嘉定宾馆(秋霞圃)—上海汽车活动中心 B线:上海体育场—长风公园—上海陶瓷艺术中心—轻纺市场—锦田乐园—梦幻乐园—美丽华渡假村—上海汽车活动中心
旅游七线	上海体育场—龙华烈士陵园—宋庆龄故居上海图书馆—上海图书馆—历史博物馆—"一大"会址—周公馆孙中山故居—上海体育场
旅游八线	上海体育场—静安寺—福建中路(下行单向)—南京东路外滩
旅游九线	上海体育场—无锡
旅游十线	上海体育场—淮海路—人民广场—四川北路—鲁迅公园

出租

上海的出租车有小型车和中型车两种，起步价分别为10元和15元，起租里程都是3公里。超过起租里程后每2元一公里，运距超10公里（不含）超过部分按起租里程单价加价50%。夜间（晚11点至凌晨5点）起租价和里程价均上浮30%。出租车实行计时计程并用的方式，停车每5分钟按1公里计算，计价器显示以元为单位，元以下位数四舍五入。时速低于12公里或应乘客要求停车等候时，每5分钟计收1公里运价。除外环线以外的高速公路以外，其他道路、大桥、隧道基本不收费，高速收费由乘客支付。

出租车可电调，出租汽车调度信息服务中心96965。各出租公司电调电话见下表：

电调公司	叫车电话
强生	62580000
大众	82222
锦江	65287751
巴士	84000

住宿大全

嘉源宾馆

准三星级宾馆，座落于繁华徐汇区商业街、八万人体育场南侧，东依龙华古寺，南靠铁路南站、上海植物园，西毗邻明珠轻轨线，交通十分便捷。门前有个停车场，大堂宽敞豪华，中央空调，内部拥有欧式风格、舒适雅致的各类客房88套。

只有标准间，卫生间设有淋浴房，24小时供应热水。房间内有电视和电话，另有配备沙发和茶几的小客厅。单人房和双人房价格均为388元，平时可打折到300元。

地址：龙吴路71号

电话：021-64708888

到达

● 上海火车站乘坐轻轨明珠线到龙漕路站下。

● 虹桥机场乘坐809路到龙漕路下。

● 浦东机场乘坐机场五线到徐家汇站下。

游览

● 乘坐地铁一号线到人民广场转乘二号线可到外滩和浦东新区（东方明珠和金茂大厦）。

● 步行不远可到龙华寺和龙华塔。

美食

乘坐932路可到豫园和城隍庙地区。

购物

乘坐地铁一号线可到人民广场和南京路步行街。

锦江之星旅馆——上海万体馆店

锦江之星旅馆有限公司所属的锦江国际集团总部就设在上海，在市区和远近郊区的连锁店总数达二十几家之多，都是统一设施、统一服务，价格也差不多。其上海万体馆店就在八万人体育场对面，背靠龙华古镇，临近繁华的徐家汇商业区，尤其是要从上海旅游集散中心乘车到各大古镇的话十分方便。旅馆一层设有餐厅，前面是停车场，服务台提供购票、传真、复印、打印等服务。

客房遵循连锁店统一布局原则，都带有卫生间，24小时供应热水。房间内有空调、电视、电话和宽带网线，清洁而舒适。房间分单人房和标准房，区别在于前者只有一张双人床，后者有一张单人床和一张双人床，可住1～3人。单人房209元，标准房198元，固定价格。

地址：天钥桥路873号

电话：021-38764588

到达

● 上海火车站乘坐地铁一号线到上海体育馆站，或乘轻轨明珠线到漕溪路站，然后步行至上海体育场对面。

● 虹桥机场乘坐938路到宛平南路，步行约1公里至上海体育场对面。

● 浦东机场乘坐机场三线到徐家汇站，然后步行至上海体育场对面。

游览

● 乘坐地铁一号线到人民广场转乘地铁二号线到河南中路，或乘旅游三号线到延安东路，然后步行可至外滩。

● 乘坐地铁一号线到人民广场转乘地铁二号线到陆家嘴，可达东方明珠和金茂大厦。

美食

乘坐932路公交可达豫园、城隍庙地区。

购物

乘坐地铁一号线、旅游三号线、旅游五号线可到人民广场及南京路步行街。

周边信息

对面是上海体育场，体育场内有个旅游集散中心，那里有发往邻近各古镇的旅游专线车。

上海锦江之星其他分店地址及电话一览表：

名称	电话	地址
锦江之星白兰宾馆	021—65986888	四平路1251号
漕宝路店	021—64519000	漕宝路440号
长寿店	021—52524538	昌化路826号(长寿路口)
共和新路	021—56770127	共和新路1418号
沪太路店	021—56614880	沪太路893号
华师大店	021—62859998	中山北路3500号
金桥路店	021—61461858	栖山路1875号（靠近金桥路）
龙漕路店	021—64703898	徐汇区三江路68号
浦东机场店	021—68353568	浦东国际机场启航路8号
四平路店	021—65979188	四平路1251号
莘松店	021—51108877	莘松路855号(乐购超市旁)
叶家宅店	021—62766767	叶家宅路83号
新锦江商旅酒店(原名新锦江假日酒店)	021—63010800／63012949	蒙自路118号
安顺店	021—62090808	杨宅路278号
长宁店	021—52731538	长宁路1600弄5号
长途车站店	021—56082266	沪太路500号
虹口店	021—65163286	西江湾路718号
花木店	021—50590938	浦建路1121号
胶州路店	021—62535577	胶州路339号
锦江乐园店	021—54217878	虹梅路227号
浦东干部学院店	021—68920708	芳华路37号
四川北路店	021—56630808	东宝兴路440号
外滩店	021—63260505	福建南路33号
武宁路店	021—62058111	中山北路2701号
莘庄店	021—54132358	水清南路19号
真北店	021—52767878	真北路2051号

如家快捷酒店——上海闸北公园店

如家快捷酒店是由首都旅游国际酒店集团和携程旅行服务公司共同投资组建，在上海的连锁店也有十多家之多。闸北公园店是如家在上海的第一家特许经营店，在上海四大商业区之一的闸北商业中心区域内，临近上海火车站和汽车站。如家酒店的外观都比较明亮显眼，闸北店是座五六层黄色楼房，上立两个仿西式穹顶。酒店内设有300个餐位的餐厅，提供各式美食。

如家连锁店都是按统一设施布置，客房都设有标准的席梦思床具及配套家具，卫生间提供24小时热水淋浴，空调、电视、电话、免费宽带网全部齐备。共有各类客房123间，其中单人房179元，大床房和双人房198元，固定价格，会员价按各卡的折扣计算。

地址：柳营路518号

电话：021－51064600

到达

● 上海火车站乘地铁一号线延长路站下，2号出口朝洛川东路柳营路方向。

● 虹桥机场乘坐833、941路公交到上海火车站，然后转乘地铁一号线到延长路站下。

● 浦东机场乘坐机场五线到上海火车站，然后转乘地铁一号线到延长路站下。

游览

● 乘坐地铁一号线到人民广场转二号线到河南中路，步行可到外滩。

● 乘坐地铁一号线到人民广场转二号线到陆家嘴，可达东方明珠及今茂大厦。

美食：乘坐66路公交车可达豫园、城隍庙地区。

购物：乘坐地铁一号线可达人民广场及南京路步行街。

周边信息：往北走不远就是闸北公园和上海马戏城。

上海如家快捷酒店其他分店地址及电话一览表：

名称	电话	地址
世纪公园店	021-68458090	浦东新区浦建路1151号
江苏路店	021-62101595	长宁区东诸安浜路165弄25号
塘桥店	021-50901808	浦东新区塘桥新路190号(浦东南路口)
徐家汇店	021-54250077	徐汇区天钥桥路400号(斜土路)
和美酒店	021-51320101	张江高科技园区蔡伦路782号(近爱迪生路)
陕西路店	021-62536395	昌平路421弄/陕西北路835弄50号
体育馆店	021-54257900	徐汇区蒲汇塘路51号(近漕溪北路、裕德路)
长宁店	021-52373939	长宁区武夷路11号
光大店	021-64083377	徐汇区柳州路280号
北虹路店	021-62906611	长宁区北虹路1129号
松江方舟园店	021-57703300	松江区荣乐中路12弄282号
龙东大道店	021-58583666	浦东新区龙东大道5385号
鲁迅公园店	021-56961828	虹口区四川北路2146号
火车站店	021-56557979	闸北区大统路1128号(中山北路口2号出口)
松江工业区店	021-57742626	松江区松卫北路679号
大木桥店	021-51703999	徐汇区清真路65号
闵行体育馆店	021-64791818	闵行区新镇路288号(近顾戴路口闵行体育馆内)
欧阳路店	021-56711999	虹口区吉祥路69号(近欧阳路)
镇坪路店	021-52901999	普陀区中山北路2052号

莫泰168——上海安远路店

由上海美林阁餐饮及酒店管理有限公司投资经营，完全按照国际通行的经济型酒店标准设计，单间店在连锁旅馆里属于规模比较大和设施比较豪华的。莫泰168在上海有十几家分店，其中安远路店在长寿路商业街附近，七八层红色楼房。二楼设有融中餐、茶座、酒吧、咖啡为一体的欧式怀旧风格餐厅——“美林小厨”，提供纯正的美林阁创新菜系，自助早餐提供几十种中西口味的点心和饮料。

共有各类客房388间，其中顶层有160多间特色复式房，是其他酒店所少见。客房均有卫生间、中央空调、国内/国际直拨电话、视频点播系统和有线电视节目，还提供无线有线上网。标准房268元，大床房278元，复式家庭房298，均含自助早餐。经济房128元。

地址：安远路678号

电话：021-62322228

到达

- 上海火车站乘坐113、506到胶州路下。
- 虹桥机场乘坐941、833路到胶州路下。
- 浦东机场乘坐机场五线到上海火车站，然后乘坐113、506到胶州路下。

游览

- 乘坐316、935路公交可达外滩。
- 乘坐935路公交可达东方明珠和金茂大厦。

美食：乘坐24、316路公交可至豫园和城隍庙地区。

购物：乘坐23、935路公交可达人民广场及南京路步行街。

新宇之星宾馆——上海闸北公园店

浙江大学新宇酒店连锁的经济型宾馆直营店，位于上海四大商业区之一的闸北商业中心区域，距离火车站不到2公里。300平方米的中餐厅供应价廉实惠的各式美食。

有客房100间，欧式简约别致风格，提供免费宽带上网。标准房188，大床房199元，会员可享受减低20元左右的优惠价。

地址：柳营路590号共和新路口

电话：021－56983360

到达：同如家快捷酒店——上海闸北公园店，其他信息也一样。

上海都市旅馆——外滩店

位于市中心外滩和豫园周边，属上海市国内旅游指定接待单位。五层的红白两色楼房，大堂在一楼，设有休息的沙发，二层以上是客房。餐厅能容纳100多人就餐，供应早、午、晚餐，主要是海派菜系，还有本土风味小吃。酒店共有59套客房，98张床位，适合各类中低档的住宿要求。

标准间内铺木地板，卫生间有隔开的淋浴房，24小时供应热水。床铺整齐清洁。平时大床房198元，双人房188元，三人房250元。

普通间除了没有卫生间外，以及床铺是较窄的单人床以外，其他都差不多。双人房88元。

地址：金门路2号近河南路金陵东路口

电话：021－63202135

到达

- 上海火车站乘坐930路公交车到老北门下。
- 虹桥机场乘坐911、945到老北门下。
- 浦东机场乘坐机场五线到延安东路外滩下。

游览

- 步行可至豫园和城隍庙地区、人民广场、外滩。
- 乘坐783、隧道五线可达东方明珠和金茂大厦。

老船长青年旅舍

就在外滩边上，对面可望见东方明珠和金茂大厦，到豫园地区也不太远，可谓占尽地利之便。旅舍所在也是一座西式楼房，里面经现代装修，带有电视厅、餐厅、咖啡厅、网吧、自助洗衣、行李寄存、空调、电梯、酒吧等设施。楼顶还有一个休闲观光平台，栏杆布置成船的样式，很有特色。

共有标准间20间，平时450。

多人房共有五人房2间、六人房2间、六人以上房8间，共120个床位。上下铺简单床位，每床一个带锁柜子，卫生间、淋浴间公用。每床位70元。

地址：福州路37号

电话：021-63235053

新天地弄堂

到达

- 上海火车站乘坐801到汉口路。
- 虹桥机场乘坐806到枫林路转乘49路到汉口路。
- 浦东机场乘坐机场五线、机场六线到延安东路外滩。

游览

步行可至豫园、城隍庙和外滩。

从外滩乘坐观光隧道或地铁二号线可达东方明珠和金茂大厦。

购物：乘坐地铁二号线，或乘145、935、旅游三线等均可达人民广场。

易途青年旅舍

位于上海最繁华的人民广场地区，整个旅舍呈上海民居中的三合院结构，拥有自己独立的天井和露天平台。配套服务设施有酒吧、餐厅、自助洗衣房、因特网、国际国内长途电话、商务中心等，还提供旅游信息、代订票务、预定车辆等附加服务。

标准间二十余间，都有卫生间、空调和电视。每间250元。

旅舍内有错层式床位164个，每床位配一个带锁的柜子，卫生间、淋浴间公用。六人房每床位60元。

地址：黄浦区江阴路57号

电话：021－63277766

到达

- 上海火车站乘坐地铁一号线到人民广场。
- 虹桥机场乘坐925路到人民广场。
- 浦东机场乘坐机场五线、机场六线到人民广场。

游览

乘坐地铁二号线可达外滩和浦东新区（东方明珠和金茂大厦）。

美食

乘坐581、930、980路公交可达豫园和城隍庙地区。

往西不远的云南南路是美食一条街。

购物

步行可至人民广场和南京路步行街。

汇江假日酒店

座落在云南南路美食街上，从门口进去上楼梯可到前台。地方不大，客房也不多，只有32间。但看起来比较整洁、舒适，据介绍是按星级酒店标准管理。黄金周价格可能上浮，可致电咨询，最好预先订房。

标准房都铺深色木地板。双人房178元，三人房228元。

普通房除了少个卫生间，其他都一样。单人房98元，双人房108元。

地址：云南南路27号

电话：021-63281284

到达

- 上海火车站乘坐地铁一号线到人民广场下，然后步行至云南中路。
- 虹桥机场乘坐911、925、945到人民广场下。

寻常巷陌

● 浦东机场乘机场五线、机场六线到人民广场下。

游览

● 乘坐145、隧道三线、旅游三线可达外滩。

● 乘坐775、935、隧道三线、隧道五线、隧道六线可达东方明珠和金茂大厦。

美食

● 乘坐932路可到外滩和城隍庙地区。

● 门口就是云南路美食街，餐馆饭店一大堆。

购物：步行可至人民广场和南京路步行街。

江苏沪办招待所

江苏省人民政府驻上海办事处的招待所，位于繁华的南京路步行街，地铁二号线出口附近，离地铁一号线也不甚远。招待所在一条小弄路里，两边大都是居民楼，从弄口不远右边楼梯口上四层就是招待所，4–6层都是客房，地方不算很大，只有共有32间客房。

标准房每间180元。普通间分二人、三人、四人几种，每间120元。

地址：南京东路486弄1号4–6楼

电话：021–63604940

到达

● 上海火车站乘坐地铁一号线到人民广场站下，然后沿南京路步行街东行。

● 虹桥机场乘坐925路到人民广场下。

● 浦东机场乘坐机场五线、机场六线到人民广场下。

游览

● 步行可至人民广场、外滩。

● 乘坐地铁二号线可到东方明珠和金茂大厦。

美食：乘坐66、306、929可到豫园和城隍庙地区。

购物：门口就是南京路商业步行街。

宝钢招待所

宝山钢铁集团所属的招待所，位于南京路步行街和河南中路交界附近，距离地铁二号线出口仅几步之遥。招待所外观不大显眼，四层小楼房，前台不算小，还有休息的沙发。上二、三层楼是客房，地面铺地板，干净卫生。

全部是标准间，共有38间，平时单人房和双人房180，三人房240，黄金周分别为238和328。

地址：天津路128号

电话：021-63220368

到达： 同江苏沪办招待所，其他信息也一样。

解放日报招待所

地处上海最繁华地段，紧临南京东路步行街，那座高大的解放日报大楼十分显眼，招待所就在一旁的裙楼内，是解放日报附属的宾馆。大堂在一层，楼上是客房，招待所内设有餐厅，所有设施都有中央空调。此外还提供室内停车场。

标准间房间种类很多，价格也分很多档次，单人房有140/170两种，双人房有190/210/220/248/268/300几种，三人房都是330。

普通间单人房110，双人房有128/148两种，三人房210。

地址：汉口路300号解放日报大厦裙楼

电话：021-63511161-8000

到达： 同江苏沪办招待所，其他信息也一样。

迎泽旅馆

隶属山西省忻州市沪办，从云南南路平行相距不远的永寿路口就能看到旅馆的招牌，往里走几分钟就到。从一楼小亭子般向外突出的门口进内，走几步楼梯就是服务台，地方不是很大。旅馆备有车辆接送，服务台还提供代购车、船、机票。

全部是标准房，标准房220，单人房200。

地址：永寿路35号延安东路口

电话：021-63201114

到达： 同汇江假日酒店。

购物： 乘坐地铁一号线可到人民广场和南京路步行街。

上海浦东夜景

云南城招待所

在热闹的云南南路美食街上，是上海针织服务部云南城服务中心开办。楼下是餐厅，对外营业，服务台就在餐厅右侧。从餐厅里的老旧电梯可上二、三层客房，走廊里卫生条件一般。客房数量也不多。

标准间房间里卫生还可以。分198、228两种。

地址：云南南路15号

电话：021-63288680

到达：同汇江假日酒店。

美食指南

上海是个海纳百川的城市，虽然中国的八大菜系中并没有沪菜，但各大菜系都汇集在上海，连世界各地的异域风味也都在上海落户，各类风味快餐也总是首先在上海登场。上海人对于饮食的要求已从单纯的色、香、味、觉的品尝发展到了养身、防病、健身、美容的保健食疗。上海的餐饮市场也永远是高潮迭起，除了传统的城隍庙小吃区域外，各种美食街区争相并起，形成一个餐饮店铺的海洋。

饭店

上海的传统老字号大都集中在豫园和城隍庙一带的区域，这里餐馆几乎是一家挨着一家，全都是飞檐青瓦的仿古建筑。来往客人也总是络绎不绝，有时光等位就要花上不少时间，当然这也是物有所值的。

绿波廊

就在豫园门口正对的九曲桥畔，湖心亭也是其一部分，原来这是明嘉靖年间潘氏豫园西园楼阁轩厅，1979年改为绿波廊餐厅，1991年扩建为绿波廊酒楼，曾接待过诸多外国政要名人。绿波廊以选料精细、操作考究、质量稳定、特色鲜明而著称，形成了上海菜、上海点心、蟹宴、鱼翅宴四大特色系列品牌。上海菜有八宝鸭、锅烧河鳗、乳汁扣肉、红烧　鱼、虾子大乌参等几十种菜肴，点心有眉毛酥、萝卜丝酥饼、枣泥酥、香菇菜包、桂花拉糕等，无不色香味形俱佳，在沪上独树一帜。

地址：豫园路131号

交通：乘坐932路到城隍庙或66、306、929、969、980路到福佑路。

和丰楼

上海开办较早规模较大的小吃广场，在豫园商城中心广场，外观仿明建筑风格。上下两层全是经营各种小吃，尤其是上海小吃为主，其牌号是“和招四方客，丰聚八方味”。点心有蟹肉生煎、老庙三黄鸡、多味豆腐花、酱汁田螺、蟹黄鱼翅汤包等，种类多达300余种。全都采用自助形式销售，十分方便。

地址：文昌路10号

交通：乘坐932路到城隍庙或66、306、929、969、980路到福佑路。

美食地带

上海的美食街很多，比较有名气的就有云南路美食街、黄河路小吃街、乍浦路美食街、吴江路美食街、天钥桥路餐饮街和仙霞路休闲小吃街等几条，经营特色也各不相同。近年又兴起了新天地这样的时尚场所，更是为食客们提供了一个崭新的选择。

云南路美食街

旧称八里桥，早在上世纪三四十年代就是食贩云集、摊档林立的小吃荟萃之地。建国以后由于种种原因炊烟渐散、风貌无存，改革开放后以经营名特优小吃著称的小绍兴集团在此创建了上海第一条美食街，经十多年的发展已今非昔比。美食街现有名特餐饮企业十多家，可品尝小绍兴白斩鸡、小金陵盐水鸭、鲜得来排骨年糕、福生楼烧鹅、长安饺子楼的百饺宴、南翔小笼馆的小笼包、稻园生煎馒头店的生煎、大世界的酒吧酿等诸多美味食品，还可以在大世界美食园和大众食廊领略各式风味小吃和传统点心。

地址：云南南路（人民广场附近）

交通：乘坐地铁一号线、二号线到人民广场然后西行可达。

新天地

新天地所在原来是一片传统石库门居住区，从十九世纪中叶开始出现，是中西方建筑风格融合的产物，代表了上海近代历史文化的一个重要部分。2001年经整治改造，外观保留了石库门当年的砖墙、屋瓦、门楣等历史元素，内部则改建成国际画廊、时装店、主题餐馆、咖啡酒吧等场所，成了集餐饮、购物、休闲于一体的场所。现建成区域分北里和南里，既有传统的中式风味餐馆，也有世界各国的酒吧餐厅，也算是新的中西合璧的产物。

地址：兴业路和黄陂路交叉口

交通：乘坐地铁二号线到黄陂南路站下然后南行。

购物天堂

上海的“十里洋场”，近代以来一直是洋人富商聚集之地。现代上海成为工业、商贸中心，更是各种高档进口、国产商品荟萃，素有“购物天堂”的美称。长期以来逐渐形成了以“四街四城”为主的购物场所，功能定位互有差别，从传统到现代、从综合到专业、从国产到进口不一而足，购物是上海旅游不可或缺的一项内容。

上海第一百货商店

创办于1936年的大新公司，是当年的四大“环球百货”（另外三家是先施、永安、新新）之一。1952年改为上海第一百货商店，经多次改建现已有一老一新两座相邻的大厦。老大楼连地下商场共七个铺面，属于面对工薪阶层和外地游客的中档消费；新东楼则无论装修还是商品都比较新潮前卫。上海第一百货商店现已成为全国规模最大、商品最齐全、顾客最多的百货商店之一。

地址：南京东路830号

交通：地铁一号线到人民广场、地铁二号线到河南中路站下。

南京路 淮海路

上海南京路被誉为是“中华商业第一街”，早在百年以前就已是闻名遐迩的购物场所，目前已改建成步行街，是外地游客来上海的购物首选之地。长达十里的南京路，两旁分布有上海第一百货商店、新世界商城、华联商厦、第一食品商店、上海时装公司等知名商店，也有老凤祥金店、老介福呢绒绸缎店、亨达利钟表店、邵万生南货店、吴良材眼镜店等众多老字号，商品之丰、物品之美，堪称全国之最。与南京路平行的淮海路，则是以名店和专卖店为主的时尚购物场所，在淮海路上游览，犹如进入“世界时装之苑”。

地址：人民广场周边

交通：地铁二号线静安寺站、石门一路站、人民广场站、河南中路站。

福州路文化街

福州路是与南京路平行的一条东西向马路，也是旧租界最早开辟的马路之一，旧称“四马路”。早在一个世纪以前，这里就有不少书局和报馆，开设了一些出售笔墨纸砚的商店，早就有“文化街”之美称。如今更是汇集了上百间各种书店和文化用品店，27层高的上海书城就建于此地，此外还有中国科技书店、外国语书店、古籍书店等各种专业书店，可以说是一个书的海洋。

地址：福州路（豫园和外滩附近）

交通：地铁一号线到人民广场后东行、地铁二号线到河南中路站然后南行。

春节逛南京路的人们

南京路

感受现代都市

人民广场——新上海的心脏

在上海市中心的人民政府对面，有一处开放式的绿地广场，那就是人民广场。广场不仅为市民或游客提供休闲运动的场所，同时也是新上海文化活动的中心。上海博物馆、上海大剧院、上海城市规划展示馆等体现上海文化气息的现代设施都集中在这里。

广场南部正中是上海博物馆，对文物考古感兴趣的话绝对不容错过。1995年在现址建成的这座新馆，外观呈青铜器“鼎”的形状，上圆下方，寓“天圆地方”之意。别看它没有多少本地的东西，藏品却着实不少，要不怎么能和国家博物馆、南京博物院、陕西历史博物馆并称为中国四大博物馆。展馆共分四层，进门中间是一个贯通中庭，一楼为中国古代青铜器馆和中国古代雕塑馆，二楼为中国古代陶瓷馆和暂得楼陶瓷馆，三楼为中国历代书法馆、中国历代绘画馆和中国玺印馆，四楼为中国历代钱币馆、中国古代玉器馆、中国明清家具馆和中国少数民族工艺馆，并不时会举办各种临时展览。馆内尤以青铜器和陶瓷器为特色，馆藏的历代书画，素有江南半壁江山之称。

广场对面市政府大楼西侧是上海大剧院，建成于1998年，通体白色，上部的反向圆弧形屋顶尤为引人注目，敞开顶部的玻璃篷盖这里可以作为一个露天的音乐厅。剧院常年有各种歌舞剧、音乐会等演出，普通游客可购买观光票沿指定路线参观。从正门进去，可到目前亚洲最大的拥有1800个座位的大剧场一览。出大剧场从右侧楼梯按箭头指示前行，还可依次参观有550个座位的中剧场、250个座位的小剧场，以及排练厅、练功房等附属设施。

青铜器是上海博物馆的特色收藏

青铜器是上海博物馆的特色收藏

广场对面市政府大楼东侧是上海城市规划展示馆，是了解上海城市发展和未来规划的好去处。展馆建成于2000年，同样以白色为主调，上部四个弧形网架宛如四朵绽放的白玉兰。馆内大量采用最新的高科技展示方式，从下到上依次设有序厅、历史名城厅、建设成就厅、总体规划厅、会议影视厅等。其中三楼的城市规划大模型尤为壮观，逼真地浓缩了中心城区六层以上的大小建筑，并将2020年上海规划蓝图完整地展现在观众眼前，令人叹为观止。

到达

乘地铁一号线人民广场站下，公交车18、46、49、71、112、123、202、505可以到达。

门票

博物馆60元（配多语种语言导览设备），大剧院40元，规划展示馆30元。

开放时间

博物馆9:00-17:00（16:00停止售票），大剧院上午8:30-11:00、下午13:00-16:00，规划展示馆周一到周四9:00-17:00（16:00停止售票），周五到周日9:00-18:00（17:00停止售票）。

游览时间

博物馆约4小时，大剧院1小时足够，规划展示馆约2－3小时。

下一站

● 继续游览：乘坐地铁二号线可达外滩和浦东。

● 美食：乘坐581、930、980路公交可达豫园和城隍庙地区。

作者手记

● 上海博物馆门口有提供多语种语言导览设备，馆内一般允许拍照。

● 上海大剧院有演出时无法进内参观，但若是遇上有排练的时候，则可以旁观一下，当然能进去看一场演出最好。

豫园 城隍庙——老上海的记忆

上海古时是松江府辖下的一个小县，县城位于黄浦江西岸，相当于今天人民路和中华路围合的区域。城墙早于民初拆除不存，仅余大镜阁及相连的一段残迹。城壕被城墙渣土所填，成了今天的马路。城内建筑也多经改造重建，古迹留存不多，主要就集中在豫园和老城隍庙一带。

豫园是上海县城内惟一留存至今的古典园林，最早是在明嘉靖年间，由四川布政史潘允端所建，取“豫悦老亲”之意而称“豫园”。后来家境衰落，园池荒弃，转手他人，又被当地同业公所分割占据，更几经侵略者的蹂躏，满目疮痍。直到解放后开始重新整修，才逐渐回复旧观。从老城隍庙背后荷花池之北，走过弯弯曲曲的九曲桥、掠过翘角飞檐的湖心亭就到现豫园的园门。原来这里也是豫园的一部分，后被辟为茶楼。进门过三穗堂、仰山堂，便是那出自江南著名叠山家张南阳之手的大假山。自东麓萃秀堂绕过花廊，经鱼乐榭到万花楼，可到点春堂。清咸丰年间，这里曾作为上海小刀会的指挥部。从点春堂到玉华堂，这片庭院是豫园的精华所在。院墙上的飞龙舞动，极富神韵；庭院内廊轩相连，花木葱茏；玉华堂前的石峰“玉玲珑”，据说是花石岗遗物，被誉为江南三大名石之首，是豫园的镇园之宝。东南角之东园原本自成一体，现也作为豫园一部分开放。从玉华堂后小门进入，其主体建筑是晴雪堂，还有运云楼、静观大厅等附属建筑，出园后由左侧小门可回至荷花池。

豫园湖心亭

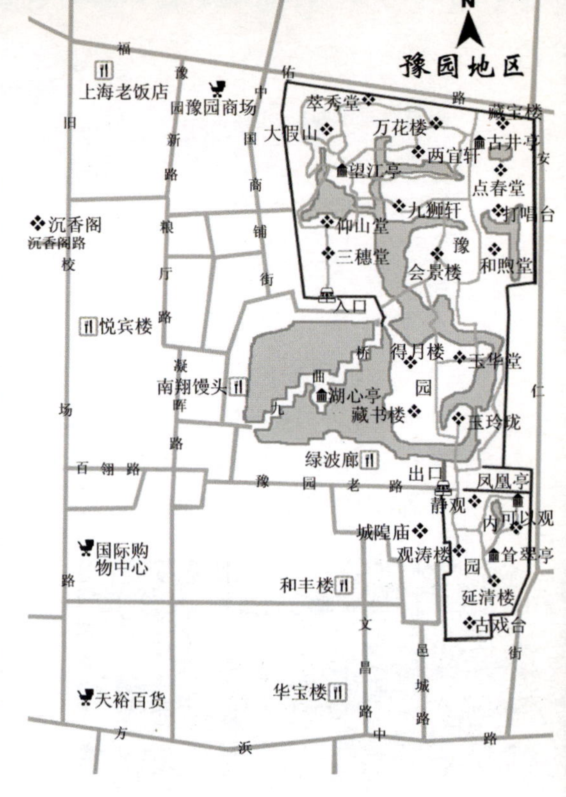

中国古代县级以上的城里通常都建有城隍庙，且和县衙东西分立，遥相呼应。旧时人认为县官管人间，城隍管阴间，真可谓是奇妙的分工。上海的城隍庙就与豫园紧邻，为和后来租界内的新城隍庙区别，而称老城隍庙。别看庙不大，只有两进院落，且现存建筑都是民国时期用钢筋水泥重建，价值不高，但在清朝时期可谓是香火鼎盛、妇孺皆知。庙址最初是明永乐年间由金山神庙（也即霍光行祠）改建而成，这位西汉时的大将军也就顺理成章地坐上了前殿的位置，而后殿则由上海的本地城隍秦裕伯坐镇。清康熙年间邑人集资兴建东园，又将邻近的豫园购入作为西园，可谓盛极一时。

到达

乘公交车11、42、45、55、66、64、126、906、911、926路可达。

门票： 豫园30元，老城隍庙10元，沉香阁5元。

开放时间： 8:00–17:00（售票时间8:30–17:00）。

游览时间： 约3小时。

下一站

- 继续游览：步行可至外滩。
- 美食：周边就有很多餐馆饭店，如绿波廊、和丰楼等。

作者手记

- 城隍庙和豫园一带，早在清代就有商人在此开铺设集，到近代更是百业荟萃，解放后在此建立了大型综合性商场。近年来经过大力整治，业已成为游览、购物、餐饮的集散地，具有浓厚老上海风情的历史街区，几乎是每个来上海的游客必到之处。
- 从街中段沿旧校场路左转沉香阁路，有一处寺院叫沉香阁，原来也是豫园园主潘允端所建，以阁内供奉“沉香观音”而闻名。今寺虽不在原地，观音也非原像，但仍为全国著名的佛家道场。1996 年沉香阁也被列入了全国重点文物保护单位，归入豫园。

外滩——十里洋场

外滩指黄浦江西岸，北起苏州河口南至旧上海县城的狭长地带，直到清道光年间，这里还只是一片滩地。鸦片战争后，清政府被迫对外开放通商口岸，上海成为了第一批开埠的城市之一。西方各国看中了这里的有利位置，纷纷在此一带圈定租界，大兴土木营建楼舍，其规模甚至几倍于原上海县城。租界不受清政府管辖，华人不得擅入，是横架在中国领土上的“国中之国”。1843年起，英美等国先后在此建立洋行，继而设领事馆，银行、饭店、办公楼等也纷纷涌入，这里成了最早开发的黄金地段。滩涂被填平，纤道被垫高，泥土道路被煤屑和卵石铺筑，然后再在两旁种上树木，这就是当时的临江大道。不同的国家、不同的业

城隍庙一隅

豫园九曲桥

豫园院墙

外滩夜色

主、不同的设计师，在不同的时期用不同的材料建起了各种不同风格的建筑，横列在外滩不到两公里的马路内侧，形成了一道独特的景观。

如今站在外滩之上，已看不到什么“滩”的痕迹。煤渣土路被宽阔的柏油马路所替代，沿江架起了观光平台，两者之间修起了弯曲绵延的绿化带。然而那一排布满风尘之色的建筑，却似乎永远定格在了过去的某个时刻。其实外滩建筑群并非是静止不动的，自第一幢建筑打下地基的时候开始，就不断地上演着更新的进程。早期的建筑被拆除，新的建筑又取而代之，前赴后继，此起彼伏。原本这一进程还将延续下去，却不料因飞来的炮火嘎然而止。解放后租界被收回，这批建筑归中国人民所有，各大银行、证券、保险机构纷纷进驻，这里一度成了上海的金融中心。1996年外滩建筑群成为全国重点文物保护单位，无论内部如何改变，外观却始终一切照旧，成了旧上海的永久象征。

从北面的解放纪念碑起步，沿观光平台一路南行，隔街望去，哥特式的尖顶、拜占庭式的圆拱、巴洛克式的风亭、文艺复兴式的立面，乃至中国民族风格的栏杆及窗格，高低错落、和谐统一。走近细观，看看那爱奥利尼亚式柱廊、藻井式天花板、紫铜制作的栏杆、精致入微的雕刻，还有繁复的石膏花饰和脚线，更能深切体会这“万国建筑博览会”的魅力。

上海外滩夜景

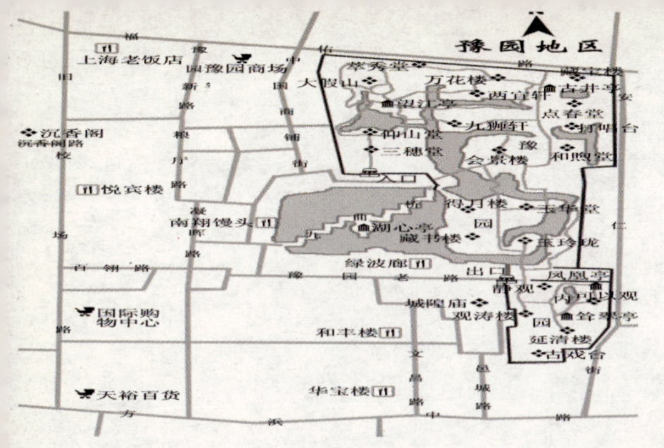

到达

乘地铁二号线河南路站下，公交车20、22、37、42、55、65、123、126、127、135、145、576路可达。

门票：外滩不要门票，陈列馆门票10元。

开放时间：陈列馆8:00-16:00。

游览时间：约2小时，其中陈列馆半小时就能看完。

下一站

● 继续游览：乘坐观光隧道可到对面浦东新区，如果想省钱坐地铁二号线也可以。

● 美食：步行可至豫园和城隍庙地区。

作者手记

在外滩南部靠近观光平台一侧，有一座竖着高高灯塔的小型建筑，那是建于1865年的外滩天文台。1999年在原地基础上平移了22.4米，上层作为酒吧，下层开设外滩历史陈列馆，还可以登临灯塔上部，从高处远眺整个外滩建筑群的壮阔全景。

浦东——走向新时代

如果说外滩建筑群是在数十年的漫长岁月里一砖一石地堆砌起来的话，那浦东新区几乎就是在一夜之间从地下冒出来的。直到上世纪八十年代末，从外滩望向黄浦江对岸，那里还是一片荒芜，比之开埠前的外滩有过之而无不及。然而浦东开发的号角一经吹响，短短几年之内，东方明珠、金茂大厦、国际会议中心、上海证券大厦等等一批现代建筑相继拔地而起，一跃而成为上海新的金融商贸中心，和外滩形成鲜明的对照。

高度492米的上海环球金融中心可谓中国第一高楼，是这片新区中的代表之作，2007年9月封顶，成为浦东的新地标。上海环球金融中心的屋顶高度为492米，超过了目前屋顶高度世界第一、480米的台北101大厦。观光天阁在100层，距地面472米，是世界上人能到达的最高建筑。位于78层至93层的酒店区，将超过金茂君悦酒店成为世界最高的酒店。中餐厅在93层，将成为全球最高中餐厅。

东方明珠电视塔是新上海的标志性建筑之一。电视塔落成于1994年，总高468米，是目前亚洲最高塔，世界排名第三(前两位是多伦多电视塔和莫斯科电视塔)。塔体由三根和地面成60度角的斜撑支持，以三根粗大的立柱串连起着十一个大小不一的圆球体，营造出"大珠小珠落玉盘"的意境。塔座为上海城市历史发展陈列馆和大型购物中心，从这里登上高速电梯，只需40秒即可到达259米主体观光层。若"欲穷千里目"，还可"更上一层楼"，到350米太空舱一览。置身其上，蜿蜒的黄浦江、南浦和杨浦大桥、外滩的近代建筑群、浦东的现代高楼大厦可尽收眼底。

金茂大厦也是浦东的地标之一，金茂大厦建成于1998年，楼高420米，位居世界第五位。虽然通体由现代的钢材和玻璃构筑，但出自美国SOM公司之手的设计方案，却采用了中国的古塔造形，融中国传统建筑风格和世界高新技术于一体。尽管高达88层，从大厦裙楼地下一层坐上每秒9米的高速电梯，45秒钟即可直达顶层的观光厅。向外可以俯瞰上海市区面貌，向内可以一睹高达152米、直径27米的世界最高酒店的豪华中庭，除了震撼，还是震撼。

到达

乘地铁二号线陆家嘴站下，从外滩乘观光隧道可达，或者乘公交车81、82、85、870、985路等。

门票

东方明珠陈列馆35元，主观光层50元，下两球85元（送陈列馆），三球联票100元（送陈列馆），主观光层+陈列馆70元。金茂大厦50元。

开放时间：8:30-21:30

游览时间

上观光厅顺利的话1小时可以，参观历史陈列馆还需用时约1小时。金茂大厦1小时足矣。

下一站

- 继续游览：乘坐地铁二号线可达外滩、南京路和人民广场。
- 美食：到人民广场那里的云南南路是一条美食街。

作者手记

- 浦东新区不仅仅是个高楼大厦的森林，其绿化和休闲设施也搞得非常不错。游览之余，在国际会议中心门前的陆家嘴花园里稍作休憩，闲庭信步也是一种难得的享受。
- 晚上登临东方明珠或金茂大厦都能看到上海的夜景，也是一个很好的选择。
- 东方明珠人比较多，尤其是黄金周要大排长队，金茂大厦要好一些。
- 东方明珠的入口处就可以免费存包，金茂大厦比较麻烦一些，包要拿回到地面的小亭子里存放。
- 东方明珠和金茂大厦的观光层里都设有多部望远镜，投币1元即可使用，每次只限1分钟。

中共一大会址——弄堂深处现曙光

石库门是老上海的传统民居建筑，兴起于19世纪60年代，融合了东西方文化的成分，很有老上海的味道。原本分布很广，随着现代化的进程，已经越来越难觅踪迹。但在上海浦西的卢湾区，却始终保留着一片传统的石库门建筑群。从外边看起来，花岗岩的门框、黑色厚木的门扉，既坚固又美观，“石库门”之称即由此而来。

这里面有一座，原是李汉俊和其胞兄李书城的寓所。1921年7月23日，毛泽东、董必武、何叔衡、陈潭秋等13名共产党员，以旅行团的名义包下了这里，秘密地举行中国共产党第一次全国代表大会。后期因为租界巡捕的觉察，被迫转移到嘉兴南湖的一艘游船上举行。大会制定了党纲，选举了中央领导机构，中国共产党从此诞生，在上海的近代史上又写下了光辉的一页。

上海一大会址

建筑还是当年的建筑，青砖墙、黑瓦顶、红窗格，都已被修葺一新。走进狭长的天井，两边窄小的厅房一如当年般陈列着。西式的圆凳、靠椅、茶几，简易的床铺、衣物、茶具，无不折射出当时的艰苦和朴素。就是在这种隐秘的条件下，老一辈的无产阶级革命家，开启了划时代的征程。

到达

乘地铁一号线黄陂南路站下，或者乘旅游7号线、公交109、126、911、932、42、24路等。

门票：无。

开放时间：9:00-17:00（16:00停止入场），节假日照常开放。

游览时间：约2小时。

下一站

● 继续游览：乘坐地铁一号线到上海体育场，然后可步行至龙华寺，或乘旅游专线车到朱家角。

● 美食：会址旁的新天地就是一个很不错的餐饮天地，中西式饮食风味都有。

作者手记

● 一般游客不多，除了有单位组织的参观活动除外。

● 旧址西侧建有新纪念馆，外观仿石库门的规格，里面按现代设施布置。展馆共有两层，主要展示中国共产党的创建历史。

龙华寺 龙华塔——比上海还老的寺庙

上海置县不过700多年历史，而位于市区边缘徐家汇区的龙华寺，建寺可追溯到1700余年前的三国东吴时期，有“上海第一古刹”之称。寺名按佛经上弥勒菩萨在龙华树下成佛的记载而定，现存建筑大多建于清末同治和光绪年间。基本保持了宋代伽蓝七堂制的格局，中轴线上建有弥勒殿、天王殿、大雄宝殿、三圣殿、方丈室五进殿院，两侧建有三层重楼的钟楼、鼓楼和偏殿。

寺门那座五间六柱的大型牌坊外，有建于宋代太平兴国年间的七层八角砖木塔，是今上海市区留存不多的古塔之一。砖砌的塔身外，木制的飞檐曲栏层层环绕，角下还有铜铃随风而动。顶有露盘宝瓶组成的塔刹，高大雄壮，造型美观。可惜只能近观，不能登临，不能不说是一种遗憾。

到达

乘地铁三号线龙漕路站下，或者乘公交车41、44、73、87路可达。

门票：平时10元，春节期间20元。

开放时间：7:00—15:30

游览时间：约1小时。

下一站

● 继续游览：到不远处的上海体育场下的旅游集散中心，有旅游专线车到周边各大古镇。

● 美食：到上海体育馆站乘坐地铁二号线，可到黄陂南路附近的新天地，或到人民广场附近的云南南路美食街就餐。

作者手记

每年除夕在龙华寺举办新年撞钟盛会，昭示着新的一年的开始。农历三月三，这里会举办盛大的龙华庙会，吸引着众多的市民和游客前来参观购物。

朱家角镇——长街三里、店铺千家

和江浙六大古镇相比，上海市西南郊淀山湖之滨的朱家角镇规模不算大，名气也小得多。但因为开发较晚，古貌保存较好，加之出于地利之便，正越来越受到游人尤其是上海市民的青睐，逐渐成为江南古镇游的一颗新星。这里没有辉煌的历史，没有巍峨的建筑，没有耀眼的名人，只有一座水乡小镇的悠闲、安逸。

朱家角码头

廊桥 三岔河道 朱家角小景

放生桥

放生桥

江南的古桥何止成千上万，但象放生桥这样大跨度的五孔联拱石桥却是不多见的。桥凌空飞架，坡度顺缓，轻盈灵动，全长70.8米，宽5.8米，高7.4米，无论长宽高都是当之无愧的“沪上第一古桥”。明隆庆年间，募资建桥的性潮和尚，规定桥下只能放生鱼鳖，不能撒网捕鱼，这一规定一直为当地人所恪守，桥名也即因此而来。昔日24里长漕港河仅此一座大桥，加之水运繁忙，行人穿梭，更凸显放生桥的气魄。

课植园大门

课植园

从放生桥拾级而上，再缓步而下，到对岸沿河边东井街前行，再经永安桥或中龙桥过小河，不一会就到镇上最大的私家园林——课植园。园建于民国元年，在包容传统江南园林风格的同时，又兼收了部分近代特色。园主马文卿，清末花钱捐了一个道台衔，却把园名定为“课植园”，以示“课读之余，不忘耕植”之意。园规模甚大，直到马文卿去世时尚未完工，现存大致可以分为厅堂区、假山区、园林区三部分。进门是四进的厅堂，是园主待客之地，建筑十分考究。最后一进迎贵厅之东有藏书楼，当为“课读”之用。南侧过碑廊为假山区，一座仅5米长的小小“课植桥”微跨于荷花池上，是全镇36座桥里最小的一座，和前面所见放生桥简直就是天壤之别。荷

课植园一角

课植园俯瞰

花池西为园林区，内有一“五角亭”造型颇为特别。假山南面一座五层高的“望月亭”，是镇上最高建筑，可从楼梯直上顶层，一览全园风貌。

稻米乡情馆

出课植园，从原路折返，过放生桥，转桥右侧到北大街，那是古镇保存较好的一条古街，也是古镇最繁华的一条商业街。街中段左侧有家稻米乡情馆，是以北大街历史上的繁华景象作为主体的人文展馆。里面有一幅大型的作品《合丰米行》，并以春耕、夏耘、秋收、冬藏和各种农历节气的模型，营造出昔日朱家角水乡田园牧歌式的景致。

城隍庙

城隍庙

往南到北大街尽头的美周弄，过新建的城隍庙桥，影壁背后是古镇的城隍庙。庙很小，原址在镇南的雪南浜，清乾隆时迁至现地。庙门朝东开，山门背面是戏台，旧时乡间常有大戏上演，两边廊庑是供观众看戏的席位。正对是供奉城隍老爷和夫人的大殿，单檐歇山顶，前出抱厦。值得一提的是抱厦内匾额居然是一副算盘，实在新奇。

圆津禅寺

出庙门左拐，沿河边小路往北，路过古镇惟一的木构廊桥（惠民桥），到泰安桥前，有镇里最大的一座寺庙——圆津禅寺。原寺建于元代，规模比现在大得多，珍贵文物也不少，曾有诸多名人雅士到此游览题词。可惜大部被毁，文物也所剩无几，现存建筑大多为近年重建。寺内主殿重塑有辰州圣母像，故又称为“娘娘庙”。院内王昶所撰“振华长老塔铭记”、沈光莹撰“重修大殿记”等石碑，倒还是原物。

王昶纪念馆

回到城隍庙前，再往前走又是一条古街，叫西湖街。和熙熙攘攘的北大街相比，这里有的是几分幽深和僻静。两旁多是镇上普通人家，灰瓦白墙，木门隔扇，简朴自然。经戚家桥后街道右弯，右侧为王昶纪念馆。王昶是朱家角人，乾隆年间进士，入军机处，最高做到邢部右侍郎。同时他也是个大金石学家，学术地位也很高。为官时曾为家乡人作过不少好事，不幸晚年穷困潦倒，故居早已失落无考，现在纪念馆是利用一处古民居开办的。馆内有经训堂、春融堂、书房、卧室等建筑，还有一个小后花园，住宅内设有王昶生平的展室。

大清邮局

王昶纪念馆斜对面的大清邮局，是清朝撤驿站后在江南设置的十三家通邮站之一，也是仅存至今的一座。门内厅堂是邮局收发的柜台，在这里买上一张明信片邮寄，还可以分别盖上大清邮局和放生桥的戳。到屋后临河有一个码头，当年邮件主要就是从这里以船只运送。上右侧楼上现设有

王昶纪念馆
大清邮局

展馆,以大量的图片和实物,展出中国邮政从古代驿站到近代邮局的发展历程。

丝绸之路馆

从大清邮局过回头过永丰桥和中观音桥,那里有一座由三馆一区组成的丝绸之路馆,主要展示中国古代丝绸发展、以及江南水乡纺织工艺。馆内有三层展室,展品有唐三彩驼队、丝绸纺织品、纺车模型等,尤其是三楼上的“天下第一屏”巨幅玉石更是再现了盛世“丝绸之路”的壮阔场景,令人侧目。经楼上过道到展馆后面,那是一个幽静的古典小园,供游人驻足小憩。

远古文化展示馆

从大新街回城隍庙桥前,右转沿美周弄到一个小广场,右侧有个远古文化展示馆。这里展示的主要是朱家角周边出土的一些远古文物,其中尤以良渚时期的玉器和中国最早的水井最有价值。展示的方式也颇为新颖,很多精美的玉器就是吊放在玻璃盒子里,在灯光的照射下,几乎就象是触手可及,还可以随意拍照。

渔人之家

远古文化展示馆前的广场对面是渔人之家,这是一处新开办的人文展馆,外观建成草棚状,有点水乡特色。里面主要是陈设一些渔船、渔网、渔具模型和实物等,呈现水乡渔民劳动和生活的情景。到后面院子里,还有几条木筏和独木舟的实物,现在都已经从实用工具转变成陈设的文物了。

到达

到上海体育场的旅游集散中心,乘坐旅游四号线,1 小时左右可达。市中心的人民广场也有专线车直达。

门票

套票60 元,包含人门票和镇里所有收费景点(课植园、园津禅院、城隍庙、王昶纪念馆、大清邮局、稻米乡情馆、丝绸之路、远古文化展示馆、渔人之家),并以三轮车送游客到第一个景点——渔人之家,其实不过也就是几步之遥,倒不如直接步行。若不想全部游完可单购古镇人门票10 元,想看的景点另外买票。

开放时间

8:30-17:00，这个时间之外也能进镇且不需要门票，但不能进入景点之内。

游览时间：至少半天，最好能有一天。镇子很小，旅馆不多，不推荐在此过夜。

作者手记

- 城隍庙前的码头有那种50元半小时的小船，可以坐六个人。当然也可以花100元游1小时，但朱家角镇子不大，不是很合算。
- 在放生桥畔有一个游船码头，有数艘豪华游船开行淀山湖水上游路线，来回约40分钟左右，沿途可了望华东地区天主教堂、东方绿舟、报国寺、淀山湖和元荡湖等自然和人文景点。

餐饮

古镇中最多的是店铺茶楼，大都分布在北大街的两边，其中在街西边的茶楼大都临水而居。这是古镇居民交往、休息、娱乐、饮食的重要场所，不过现在更多的是外地游客体现水乡饮食文化的去处。那家看似普通的阿婆茶楼，却是2001年APEC的部长夫人们品茗交谈的地方，茶楼也因此声名大振。至于江南第一茶楼，那更是已经有百年以上的历史，本地人都叫“俱乐部茶楼”，其规模是当时江南屈指可数的。

朱家角是典型水乡，盛产河鲜，青、草、鳊、鲤、鲫、银鱼、鳗、鳝、甲鱼、河蟹、河虾，活蹦鲜跳，应有尽有。小吃大都出自石板街上的寻常百姓家，阿婆粽随处可见，豆腐干片、扎肉、香糯糖藕、排骨王、菜苋、状元糕、薰青豆等诸多美点更是充满浓郁的古镇韵味和江南田园风情。

购物

北大街也是古镇最主要的购物场所，青石板路面的两旁店铺鳞次栉比，茶楼酒肆、南北杂货、米行肉铺，百业俱全，个中不乏“涵大隆酱园”、“茂苏馆”等百年老店，有“长街三里，店铺千家”之称。大新街上的童天和国药号也是百年老店了，现在门前的石库门还是当时的原物，里面的陈设也是传统中药房的格局。出售的主要是自制的六神丸、行军散、人参再造丸、驴皮膏、龟板膏、鳖甲膏、薄片阿胶等九散补膏，还聘名医坐堂处方。古镇入口处到城隍庙桥的美周弄也是一条购物街，不过多是以出售旅游纪念品为主的小摊小贩。

附录

漫话江南

七千年的鱼米之乡

大约在7000多年前，一批原始先民来到今天杭州湾地区的河姆渡，种起了水稻，养起了家畜，搭起了干栏式建筑，在这里定居下来。2000年后的良渚文化，更是以其丰富而精巧的玉器，揭开了中国礼制社会的序幕。文明的火种，从此在江南的大地上点燃。

双桥下的摇橹小木船

青铜时代，这里是吴国和越国的所在。今天的苏州和绍兴，就曾分别作为两国的都城，吴越争霸的故事，就在这里上演。后越灭吴，又被楚所灭，直至秦攻灭六国，统一中华。越地被始皇划为会稽郡，郡治在吴县（今苏州）。西汉时曾先后在广陵（今扬州）置吴国和广陵国，曾经影响一时的吴楚七国之乱的战火，就是从这里燃起。东汉分置吴郡（治今苏州）和会稽郡（治今绍兴），归扬州刺史部管辖，广陵国改为广陵郡，属徐州刺史部。

汉末天下大乱，孙权据江东称帝，定都建业（今南京），南京开始了作为都城的命运。西晋短暂统一，不久被北方五胡推翻，镇守江东的琅琊王司马睿于建康（也即南京）登位，是为东晋。延至其后南朝的宋、齐、梁、陈，这六个割据南方、建都南京的政权就统称为六朝。六朝在政治和军事上并没有多大作为，却以金粉之地而著称，直至隋朝大兵压境，陈后主仍念念不忘“玉树后庭花”。

隋代天下重归一统，江南地区分为丹阳、江都、吴、会稽、余杭等郡。唐改郡为州，设扬州、润州、苏州、杭州和越州。后又置道一级行政区，除扬州属淮南道外，其余四州均属江南东道。隋唐时扬州曾是与长安、洛阳比肩的繁华城邑，隋炀帝甚至为观琼花不惜劳民伤财开凿大运河，最终也身死在扬州。而那一条旷绝古今的大运河，却为后世的江南带来了无尽的繁荣。

唐亡后中原政权更迭，地方势力割据称王，江南曾先后建立起吴（都江都，今扬州）、吴越（都临安，今杭州）、南唐（都金陵，今南京）三国。北宋时又分属淮南东路、江南东路和两浙路。金兵南侵，北方国土沦丧，南宋皇室仓皇南渡，以临安为行都。这群君臣只知终日笙歌燕舞，不思收复中原，最终仍免不了灭亡的命运。

元时在江南置江淮行省，后改称江浙行省。明为南京和浙江布政司，初期南京曾为国都，靖难之役后明成祖朱棣迁都北京，但终明一代南京地位仍十分显要。清初经“扬州十日、嘉定三屠”，也很快就恢复了过来，继续其作为钱粮仓库的地位。乾隆曾不惜七次下江南，并将其看得上眼的园林美景大肆搬回其皇家园林里仿造。政区上则承明制，置江苏省和浙江省，辖区与今天相比已无太大出入。

进入民国，南京曾一度成为国民党的短命首都，和上海一道为院辖市。解放后南京降为省辖市，上海则改称直辖市，并一直延续至今。

水网密布的三角洲

江南地属长江三角洲，范围大致包括上海、南京、扬州、无锡、苏州、湖州、嘉兴、杭州、绍兴等市。境内地势低平，偶有一两小山丘陵，基本是一马平川。北面为长江中下游平原，南面有江南丘陵和浙闽丘陵，西面与安徽、江西毗邻，东面为黄海与东海的交界之地。海岸线漫长平直，海水黄浑，有一条宽约几公里到几十公里的潮间带浅滩。长江三角洲就是由长江携带的泥沙冲积而成，并且还在缓慢地向外推进。北部长江口分布着若干岛屿，其中崇明岛是中国的第三大岛。南部的杭州湾是一个喇叭形海湾，是著名的钱塘潮产生地。京杭运河贯穿南北，加上纵横密布的支流，以及全国第三大淡水湖太湖等大大小小的湖泊，真可谓名副其实的水乡。

冷暖早心知

江南为暖温带和亚热带过渡区，四季分明，春秋短促，冬夏绵长。气候温暖湿润，雨量充沛。每年6月中旬到7月上旬为梅雨期，期间阴雨连绵，空气中弥漫着潮气，衣物很难晾干。梅雨过后西南风盛行，高温干燥，形成伏旱，气温最高的是七八两月，南京一带为我国四大“火炉”之一。8月下旬到9月上旬沿海地带则易受台风和暴雨影响。

沟通无距离

居民绝大部分为汉族，通行吴方言，也叫江浙话或江南话，是中国大陆第二大汉语方言，比较接近古汉语。吴语按其语言特点可区分为太湖片、台州片、东瓯片、婺州片、丽衢片五个区域，沪宁杭地区一般都属太湖片。太湖片即北吴语片，以上海话或苏州话为代表，可再细分常州小片、苏沪嘉小片、湖州小片、杭州小片、临绍小片、明州小片。各城市的口音会有些区别，且有些地方互相掺杂，一般不大容易听懂。如上海话日常用语有侬（你）、阿拉（我们）、伊（他/她）、伊拉（他们/她们）、笛格（这个）、伊格（那个）、再为（再见）、下下（谢谢）等等。但大多数人都会普通话，沟通应该不成问题，但有时和一些如船夫之类的本地人交流会有些困难。实在不行就用手比划或者用笔写，因为汉字是通用的，除非对方是不识字的老年人或者学龄前儿童。

宽容的宗教

没有绝对一统的宗教，佛教、道教、伊斯兰教、基督教在此都能占有一席之地。佛教在汉代传入中国以后，南北朝时达到了兴盛时期，其中南朝以佛寺众多闻名，直到现在仍称得上是寺庙林立，较著名的有苏州寒山寺、杭州灵隐寺等。道教是中国土生土长的宗教，在某些朝代皇帝的提倡之下也有相当根基，江南的道观也为数不少，如苏州的玄妙观、杭州的抱朴道院等。伊斯兰教自公元七世纪传入中国，著名清真寺则有扬州的仙鹤寺、杭州的凤凰寺等，都是全国的四大伊斯兰教名寺之一。天主教早期曾几度传入，鸦片战争后基督教开始大规模传播，在上海等地建有一些教堂，如徐家汇天主堂等，明代杰出的科学家、中国天主教先驱徐光启的墓地就位于那里。

节日拾零

江南地区以汉族为主体，所过

扬州瘦西湖徐园

节日也和其他汉族的聚居区没有太大区别，不外都是春节、清明、端午、中秋、重阳这些传统节日。但在象上海这样的特大城市，年轻人也逐渐喜欢过些如情人节、圣诞节等西方节日。此外，近年在许多旅游城市，还在特定的时间特定的地点设立一些特定的节日，举办各种各样的活动，以吸引游客的到来，如上海的国际茶文化节、杭州的桃花节、绍兴的兰亭书法节等，详情见各章介绍，这里就不一一列举了。

文化大舞台

江南地区经济繁荣，手工业发达，享誉国内外的优秀文化艺术数不胜数。昆曲是中国首个申报成功的人类口头和非物质遗产，曾经是剧坛中的盟主。越剧流传于江南一带，现已成为影响全国的地方戏曲。以杭州为代表的江南丝绸，与黄河流域、四川并为全国三大生产中心。南京的云锦，与成都蜀锦、苏州宋锦、广西壮锦并称“中国四大名锦”。苏州的刺绣，与蜀绣、湘绣、粤绣并称“全国四大名绣”。还有苏州的木版年画、无锡的泥人、扬州的漆器，以及各大古镇的蓝印花布等，诸如此类，品种繁多，工艺精湛。在全国很难找到哪个地区同时汇集了如此之多的珍贵传统文化和工艺。

丰饶的物产

江南的名优特产也是难以计数的。杭州的龙井茶叶，以色绿、香郁、味醇、形美“四绝”而闻名于世。南京的雨花茶，也是全国十大名茶之一。绍兴的黄酒，一直可以追溯到春秋战国至南北朝时期。太湖的银鱼，与梅鲚鱼、太湖白虾合称“太湖三宝”，清代康熙年间就被列为贡品。苏式的蜜饯，是我国最早生产的蜜饯之一。还有西湖藕粉、无锡的大浮杨梅、上海水蜜桃、扬州牛皮糖、嘉兴的南湖菱等等，也是颇有代表性的江南特产。

后记

虽不是生于江南，也并非长在江南，更没有长期在江南居住过，然而始终对江南有着某种特殊的情感。初中的时候第一次随父母出远门，去的就是华东五市；大学时候跟团旅游，又再去了一趟杭州；到自己开始独自出门，更是接二连三地到江南盘桓。那里很多的城市，我都去过不止一次。但江南的山水与文化，却对我有着莫大的吸引力，时时期盼着能故地重游。

年初本来计划着去江南水乡的几大古镇感受一下乡土风情，恰巧这时接到了《旅游圣经》编辑部的邀请函，丛书的主题和我的理念也比较接近，没费多少思量就接受了下来。经过自己主动争取，期间也有小小波折，最终还是确定了这本书，或者这也是一种缘分。

几年的旅行生涯，去过的地方难以尽录，写过的文字也不下二三十万，但毕竟这和出书不是一回事。从前可以随心所欲地自由挥洒，可这回却是要把自己的经验推己及人。首先这就要求对目的地有个全方位的了解，而不仅局限于自己感兴趣的方面。起初并非是一帆风顺，主要是内容多、时间紧，而且经验欠缺、估计不足。交通、住宿、饮食、购物、设施等等都要自己亲身采线，而要写出完整的文字来，还必须翻阅大量的书籍和资料，对写成的文稿再三

地订正修改。这对于我这么一个一周五天朝九晚五的上班族而言，不是一件容易的事，要牺牲掉很多休闲娱乐的业余时间。写作正如旅行一般，要克服很多很多想像不到的困难，甚至走过很多很多预料之外的弯路，才能到达理想中的彼岸。而这一过程，需要的是信心，需要的是毅力，需要的是百折不挠的精神。

还记得当初开始自助旅行的时候，凭的只是初出校门时的一份不知天高地厚的热情，什么装备、书籍统统没有，和几位同学携起手来，买张车票就能出发。后来开始独自上路，行装也只包括一个背包、一部相机，以及一本简单得不能再简单的《中国旅游地图集》。曾经盛行一时的自虐派、装备派，也没有改变我的这一习惯。一直觉得旅行是因人而异的个性选择，就如我本身是个历史文化爱好者，大可不必背上沉重的帐篷睡袋去野外露营，更犯不着花上几天几夜去徒步穿越。专业的户外人士值得敬佩，却不是人人应该模仿的对象。相信绝大多数的旅行者，也不过是去游山玩水、领略文化、感受乡情而已，大可以选择一种适合自己的休闲方式。

很少带自助旅游书和攻略出门，一般都是到目的地后随到随问，当然这能增加旅途中的未知成分，更具新鲜感和挑战性。但交通、住宿、饮食这些日常琐事在旅途中的困难，恐怕会令很多有心摆脱跟团走马观花方式的人们望而却步。尤其对于社会发展水平相对落后的地区和乡村，更是如此，在我曾经的旅途中也深有这样的体会。而一本好的自助旅行书，或者正可以帮助解决这些困难，让旅行者可以真正投入到享受旅行乐趣之中。衷心希望我们的这一努力成果，能够充分做到这一点。由于江南地区的底蕴实在太过丰厚，碍于时间和篇幅，很多我所知道的或者我尚未了解的方面，未能一一尽录，希望在将来的修订版中能逐步得以改进。

经过一年多的辛勤努力，这本书终于要正式付印了，心中的成就感自然是难于形容的。在这一期间，得到了howfool、豆豆年华等朋友的悉心指点，以及蜡染布、胡桃佳佳、紫_菜等几位当地或曾在当地生活过的驴友无偿提供信息，在此表示衷心的感谢，并把我的这份快乐与他（她）们共同分享。

西湖日落

作者简介

罗志英，网名蓬舟，取自李清照词《渔家傲》中“蓬舟吹取三山去”之意。不过要是觉得跟绍兴的乌篷船有着某种关联的话，我倒也不以为意。因为本来就是一条轻快的小船，在悠闲地四处漂流。

爱上旅行可以说是一种意外。上学学的是计算机，基本是三步不出校门，直到毕业也就是和家人跟团出去过两三回。工作以后从事的又是网络软件业，偶尔与同学同事结伴出行，去过的地方也屈指可数。直到2000年开始独自上路，才一发不可收拾，不到五年的时间里席卷祖国大陆的31个省市自治区和港澳特区。从旅行方式的三级跳，由单纯的游山玩水到逐渐醉心于历史文化，旅行理念也在不断探索中转变。如今虽然侧重点已经从城市转向乡土，从中原转向边陲，从建筑转向考古，但对旅行的那一份热情却始终未变。

从当初小心翼翼地踩出第一个脚印，到现在已有将近十年之久。期间有过风发的意气，有过艰难的抉择，有过丰收的喜悦，也有过难言的辛酸。一边在创新着未来的世界，一边在探索着消逝的过去；一边在从事着理性的职业，一边在书写着感性的文字；一边生活在平静的日子里，一边在旅途中感受新奇。人就是在这种貌似背道而驰的矛盾中寻求平衡，在纷繁复杂的世界里感受生活的乐趣。正如我曾在主页上勉励自己的一句话："在寻寻觅觅的旅行过程中，领略中华文明的博大精深；在磕磕碰碰的成长道路上，感悟生命历程的酸甜苦辣"。